五年制高职专用教材

财务会计类专业精品课程规划教材

财务管理实务

（第三版）

宋小萍　李其银　主编

苏州大学出版社
Soochow University Press

图书在版编目(CIP)数据

财务管理实务 / 宋小萍,李其银主编. — 3 版. — 苏州：苏州大学出版社,2022.7（2023.8重印）
ISBN 978-7-5672-3930-2

Ⅰ.①财… Ⅱ.①宋… ②李… Ⅲ.①财务管理－高等职业教育－教材 Ⅳ.①F275

中国版本图书馆 CIP 数据核字(2022)第 071538 号

财务管理实务(第三版)

宋小萍　李其银　主编

责任编辑　薛华强

苏州大学出版社出版发行
(地址：苏州市十梓街 1 号　邮编：215006)
苏州工业园区美柯乐制版印务有限责任公司印装
(地址：苏州工业园区双马街 97 号　邮编：215012)

开本 787 mm×1 092 mm　1/16　印张 13.5　字数 323 千
2022 年 7 月第 3 版　2023 年 8 月第 4 次印刷
ISBN 978-7-5672-3930-2　定价：46.00 元

若有印装错误,本社负责调换
苏州大学出版社营销部　电话：0512-67481020
苏州大学出版社网址　http://www.sudapress.com
苏州大学出版社邮箱　sdcbs@suda.edu.cn

出版说明

五年制高等职业教育(简称五年制高职)是指以初中毕业生为招生对象,融中高职于一体,实施五年贯通培养的专科层次职业教育,是现代职业教育体系的重要组成部分。

江苏是最早探索五年制高职教育的省份之一,江苏联合职业技术学院作为江苏五年制高职教育的办学主体,经过20年的探索与实践,在培养大批高素质技术技能人才的同时,在五年制高职教学标准体系建设及教材开发等方面积累了丰富的经验。"十三五"期间,江苏联合职业技术学院组织开发了600多种五年制高职专用教材,覆盖了16个专业大类,其中178种被认定为"十三五"国家规划教材,学院教材工作得到国家教材委员会办公室认可并以"江苏联合职业技术学院探索创新五年制高等职业教育教材建设"为题编发了《教材建设信息通报》(2021年第13期)。

"十四五"期间,江苏联合职业技术学院将依据"十四五"教材建设规划进一步提升教材建设与管理的专业化、规范化和科学化水平。一方面将与全国五年制高职发展联盟成员单位共建共享教学资源,另一方面将与高等教育出版社、凤凰职业教育图书有限公司等多家出版社联合共建五年制高职教育教材研发基地,共同开发五年制高职专用教材。

本套"五年制高职专用教材"以习近平新时代中国特色社会主义思想为指导,落实立德树人的根本任务,坚持正确的政治方向和价值导向,弘扬社会主义核心价值观。教材依据教育部《职业院校教材管理办法》和江苏省教育厅《江苏省职业院校教材管理实施细则》等要求,注重系统性、科学性和先进性,突出实践性和适用性,体现职业教育类型特色。教材遵循长学制贯通培养的教育教学规律,坚持一体化设计,契合学生知识获得、技能习得的累积效应,结构严谨,内容科学,适合五年制高职学生使用。教材遵循五年制高职学生生理成长、心理成长、思想成长跨度大的特征,体例编排得当,针对性强,是为五年制高职教育量身打造的"五年制高职专用教材"。

江苏联合职业技术学院
教材建设与管理工作领导小组
2022年9月

序言

2021年3月,教育部公布的《职业教育专业目录(2021年)》对职业教育专业体系进行了系统升级和数字化改造,会计专业改为大数据与会计专业,也由此拉开新一轮会计职业教育改革的大幕。2022年,教育部公布的《职业教育专业简介(2022年修订)》对会计职业教育的课程体系和教学内容又做了较大的调整。针对这一系列变化,江苏联合职业技术学院会计专业建设指导委员会(简称"专指委")组成了课程改革专题工作项目组,承担五年制高职教育会计专业建设和课程改革的实践与研究工作,重点探索在国家中职和高职专业教学标准的基础上,结合五年一贯制贯通培养的特点,探索和实践五年制高职会计专业的教育规律和教学特色,推动专业建设和教学改革,提升教育教学质量。

专指委在总结、借鉴国内外各类职业教育课程模式的基础上,依据高职教育培养质量要求和会计工作岗位个性特征,综合高职大数据与会计专业群课程体系构建的基本要素,经过不断探索、论证、反思、实践,构建并实践了大数据与会计专业群"岗课赛证"融通的课程体系;将会计职业岗位知识、会计技能大赛赛项应用知识、"1+X"证书所需实践知识等有效融入课程体系;深化产教融合、校企合作,从实践层面上构建以"岗"促教的实践教学机制、以"课"促改的"三教"改革机制、以"赛"促学的学习激励机制和以"证"促训的人才评价机制。该课程体系主要指向系统培养学生的职业技能,突出专业技能训练与会计工作的实际相协调,实现专业能力培养与职业岗位需求的一致性。

为确保五年制高职财务会计类专业新课程体系的实施,"十二五""十三五"期间,学院财务会计专业协作委员会课程改革工作专题工作项目组以贯彻实施五年制高职会计类专业人才培养方案和课程标准为目标,以精品课程建设为核心,开发建设了一批体现五年制高等职业教育特色、体现课改精神和成果,有特色、新颖的会计专业精品教材,有效推进了江苏五年制高职会计类专业课程建设和教育教学质量的提升。

2022年,学院印发《江苏联合职业技术学院教材建设与管理实施办法》,该办法规定了学院教材的规划、编写、审核、选用、征订与使用、评价与监督的具体要求。学院会计专业建设指导委员会根据学院要求,制定了"十四五"教材建设规划。本系列教材符合党和国家的教育方针与政策,符合五年制高职学生认知水平、成长规律和培养目标要求,具有特色鲜明的创新性、精品性、系统性,体现五年制高职会计类专业课程改革最新成果。教材内容、文本格式新颖,文字简练,层次分明,结构合理,特色鲜明。

本系列教材主要适用于五年制高等职业教育会计类专业,也适用于三年制高等职业教育、中等职业教育的财经类专业,还可以作为会计从业人员的学习、培训用书。

江苏联合职业技术学院会计专业建设指导委员会
2022 年 11 月

第三版前言

本书是为适应高等职业教育会计类专业课程改革和精品课程建设的需要,在会计专业人才培养方案和"财务管理实务"课程标准的基础上,由江苏联合职业技术学院会计专业建设指导委员会开发编写的精品课程教材。

财务管理是由企业再生产过程中客观存在的财务活动和财务关系产生的,利用价值形式对企业生产经营过程进行管理,组织企业财务活动,处理企业与相关各方财务关系的一项综合性经济管理工作。财务管理是企业管理的核心之一,企业的生存与发展离不开良好的财务管理环境和先进的财务管理手段。市场经济越发展,财务管理越重要。科学有效的财务管理是企业价值保持持续增长的基本前提。

本书从企业财务管理的基本概念入手,以财务预测、财务决策、财务预算、财务控制和财务分析为体系,以企业财务活动为主线,以筹资管理、投资管理、营运资金管理和利润(股利)分配管理为主要内容进行组织和编写。本书系统地讲述了现代企业财务管理的主要内容,阐述了企业财务管理的基本理论和基本方法。全书共有七个单元,包括财务管理基本理念的确立、筹资管理、证券投资分析、项目投资决策、营运资金管理、收入与分配管理、财务控制与分析等内容。编写过程中我们依据教育部"十四五"职业教育国家规划教材编写修订标准及要求和高等职业教育同类专业的人才培养目标、专业教学标准以及税法等最新财经法规要求,更新了学习目标、案例和例题,增加了课程思政内容,引导学生树立正确的世界观、人生观、价值观,思政内容具体,具有较强的可操作性,同时吸收借鉴了国内外学者在财务管理领域研究的最新成果,融合了会计专业技术资格考试、专转本考试以及高职会计技能大赛、高职智能财税技能大赛对相关知识、技能与能力的要求,结合高职院校财务管理教学的实际需要,经过反复研讨、多次(2014年、2018年、2022年)修改,构建了立体化、实景化、动态化和递进式的教材内容体系。本书具有以下几个特点:

(1) 针对性强:通过案例、图示、相关链接、相关搜索等编写形式,使学生能在学中做、做中学,理论联系实际,树立法治、规则、诚信、成本和风险等意识,且便于学生根据个人的学习情况自行阅读与练习,以强化职业能力的训练与培养,符合高职学生的特点和其认知规律。

(2) 科学实用:将许多晦涩难懂、抽象的专业术语,以通俗易懂的语言予以表达,且风格新颖,案例生动,贴近中国资本市场实际。通过大量的案例和图表将财务管理的基本理论与我国企业的现实情况相结合,帮助学生树立正确的理财观念。

(3)内容新颖:借鉴国内外最新的教材,融会当前最新的理论,遵循最新发布的各项准则、规范,把握财经管理专业相关学科、课程之间的关系,贴近企业实际,力求所涉及的经济业务翔实、规范。

(4)形式多样:单元内有"请思考""提醒您""请注意""想一想""议一议"等形式;单元后附"单元小结""搜索关键词""主要名词中英文"等内容,以引起学生的思考,激发他们的学习热情。

为帮助学生掌握书中内容,我们还编写了与之配套的《财务管理能力训练与测试》实训教材,并通过校企合作,共建了按照工作流程设计的《财务管理实务》实践教学平台,以加深学生对相关理论与方法的理解,促进其高素质、高技能和创新品质的养成。以加深他们对相关理论与方法的理解。

由于编者水平所限,本书难免存在一些缺点和不足,恳请广大读者批评指正!

编　者
2022 年 7 月

CONTENTS

目录

单元一 财务管理基本理念的确立   001

    模块一 认识财务管理   001

    模块二 树立理财观念   017

单元二 筹资管理   033

    模块一 认识筹资管理   033

    模块二 预测资金需要量   038

    模块三 学会资金筹集   045

    模块四 运用杠杆原理   058

    模块五 计算资金成本与确定资金结构   068

单元三 证券投资分析   079

    模块一 认识证券投资   079

    模块二 学会债券投资分析   083

    模块三 学会股票投资分析   089

    模块四 认识证券投资组合   094

    模块五 认识基金投资   099

单元四　项目投资决策　　　　　　　　　　　　　　　105
模块一　认识现金流量　　　　　　　　　　　105
模块二　学会项目投资的评价与决策　　　　　113

单元五　营运资金管理　　　　　　　　　　　　　　　127
模块一　认识营运资金　　　　　　　　　　　127
模块二　学会现金管理　　　　　　　　　　　132
模块三　学会应收账款管理　　　　　　　　　140
模块四　学会存货管理　　　　　　　　　　　147

单元六　收入与分配管理　　　　　　　　　　　　　　157
模块一　学会营业收入管理　　　　　　　　　157
模块二　学会利润管理　　　　　　　　　　　167

单元七　财务控制与分析　　　　　　　　　　　　　　184
模块一　认识财务控制　　　　　　　　　　　184
模块二　认识财务分析　　　　　　　　　　　187

附　录　　　　　　　　　　　　　　　　　　　　　　195

单元一

财务管理基本理念的确立

模块一 认识财务管理

 学习目标

1. 认知企业资金运动、财务、财务管理和理财目标。
2. 掌握财务管理的特点和基本方法。
3. 理解企业外部理财环境。
4. 培养理财的兴趣。
5. 树立正确的、具有全局观的财务理念和财务管理的规则意识。

 学习重点

1. 财务、财务活动和财务关系的概念。
2. 财务管理。
3. 企业理财目标。

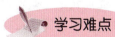 学习难点

1. 财务活动与资金运动的关系。
2. 企业实现理财目标的过程中存在的矛盾与协调方法。
3. 理财环境对企业财务活动的影响。

案例导入

有一次,世界银行发布了对中国 23 个城市投资环境的评价排名,在这项排名中,长江三角洲和珠江三角洲区域的城市排名靠前,其中,上海和杭州等城市获得最高评级 A^+,评级为 A 的城市有重庆和温州等,还有一些城市被评为 A^-、B^+、B 和 B^-。

请思考:1. 这项评级结果对企业理财行为会有怎样的影响?
　　　　2. 我们应怎样维护所在城市的良好形象呢?

一、财务管理的含义

财务管理是一项古老的活动,从有人类生产劳动的那一天起就有了财务管理。在商品经济初期,财务管理虽是企业一项基本的管理活动,但由于财权的重要性和早期财务活动的简单性,财务管理往往由企业业主自己进行,当时财务管理并没有作为企业的一项独立的经济活动。但到了 19 世纪末至 20 世纪初,由于西方资本主义经济的产生和发展,企业规模不断扩大,企业所需资金增多,财务关系趋于复杂。此时,企业业主已难以亲自管好财务,这才开始将财务管理从经济活动中分离出来,作为企业的一项独立职能,通过建立专门部门来管理,并逐渐形成财务管理的学科和理论。而财务管理的发展则直接得益于公司制企业组织形式的产生和完善。

任何企业的生产经营活动,都是运用人力、资金、物资与信息等各项生产经营要素进行的,其中包含了生产经营活动和财务活动两个方面。与之对应,企业中必然存在两种基本的管理活动,即生产经营管理和财务管理。在企业发展初期,人们往往仅注重生产经营管理,当企业发展到一定阶段时,人们在注重生产经营管理的同时,更注重财务管理,并将它视为企业管理的中心。要正确进行企业财务管理,就必须先认知财务、财务活动及财务关系等基本概念。

(一) 财务

财务是指企业生产经营活动中的资金运动及其所体现的经济关系,也可以简单理解为与资金有关的事务。为此,我们先认知一下资金。

1. 资金

资金是现代企业生产经营的基本要素,是企业发展的重要推动力。资金就是企业各种生产经营要素的价值形态。资金的最初形态是货币,通过货币购买各种生产经营要素进行生产,可以实现价值的转移和增值,通过销售完成价值的实现,从而使资金在再生产过程中不断地循环和周转。

资金的主要特点有:

(1) 稀缺性。资金作为一种经济资源,具有稀缺的特点。所谓稀缺是指企业所获取的资金量无法满足生产经营的需求量。正因为资金的稀缺,才需要财务人员解决如何合理有效利用资金这一重要财务问题。稀缺性是资本的外在属性。

(2) 增值性。资金每经过一次循环,都带来一次价值量的增加,资金在运动中带来比原有价值更大价值的属性,就是资金的增值性。这正是企业合理有效利用资金的目的。增值性是资本的内在属性。

企业生产经营中的资金形态通常有实物形态资金、货币形态资金、债权形式资金三种。

实物形态资金主要包括两个方面:一是占用在固定资产上的资金,如企业生产经营用的房屋、建筑物、机器设备、运输工具等方面的资金;二是占用在流动资产上的资金,如企业生产所需的原材料、生产和经销的产品等方面的资金。货币形态资金主要包括现金、银行存款。债权形式资金主要是指各项应收而未收的款项。

上述三种资金形态在企业的生产经营活动中同时存在,并相互转化,形成不断运动的资金流。

2. 资金运动

资金运动就是企业生产经营要素价值形态的不断改变。企业的再生产过程是连续不断地进行的,因此资金进入企业后总是不断地循环与周转。

所谓资金循环是指资金由始发点(货币资金)开始,经过若干阶段,依次转换各自的价值形态,最后又回到始发点(货币资金)的过程。随着再生产过程的不断进行,资金周而复始地不断循环,称为资金周转。资金循环一般经历三个阶段:

(1) 供应阶段。企业要将所筹集到的资金用于购买劳动资料(厂房、机器设备、营业用具等)和劳动对象(原材料、辅助材料等),这样货币资金形态就转化为固定资金和储备资金实物形态。这个阶段为企业生产经营提供物质条件。

(2) 生产阶段。企业的劳动者运用劳动资料对劳动对象进行加工,生产出市场需要的产品,这样固定资金和储备资金就转化为商品资金形态。这个阶段是资金循环的重要阶段,因为在这个阶段资金不仅价值形态发生改变,而且价值量上有了增加。

(3) 销售阶段。企业将商品销售出去,商品资金又转化为货币资金。企业把销售商品收回的资金进行必要的补偿和合理的分配后,将营运资金再投入生产经营活动,从而形成了连续不断的资金运动,构成了资金的循环与周转。

(二) 财务活动

企业的资金运动反映着财务活动,即一定的财务活动总是与资金运动过程的各阶段相对应的。两者之间的关系如图1-1所示。

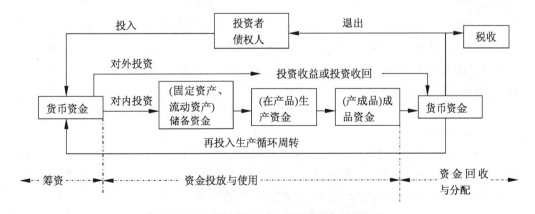

图1-1 财务活动与资金运动关系示意图

企业的财务活动是指资金的筹集、投放、营运及分配等一系列活动。其本质是以现金收支为主的资金收支活动。一般来讲,财务活动可归纳为以下四个环节。

1. 资金的筹集

企业进行生产经营,必须以一定的资金为前提。资金的筹集(筹资)是指企业为了满足投资与用资的需要,筹措和集中所需资金的过程。企业的资金包括自有资金和借入资金两大类,企业的资金类别如图1-2所示。

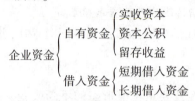

图1-2　企业的资金类别示意图

企业在筹资过程中,必须先确定筹资的规模,以保证投资所需的资金;再选择筹资的渠道与方式,即根据国家有关规定和制度,通过向投资者吸收直接投资、发行股票、企业内部留存收益等取得自有资金,也可通过向银行借款、发行债券、融资租赁、利用商业信用等取得借入资金;然后确定合理的筹资结构,即确定权益资金和借入资金占企业总资金的比例,以降低筹资成本和筹资风险。在筹资过程中,不管是筹集自有资金还是借入资金,都会表现为资金的收入,而企业支付各种筹资费用、支付利息、支付股利、偿还借款等,则会表现为资金的支出。这种资金收支活动即为筹资引起的财务活动。

2. 资金的投放

企业筹资的目的是把筹集的资金投放于生产经营活动以便取得盈利,实现企业价值的增加。企业资金的投放有两个方面:一方面投放于企业内部,用于购置流动资产、固定资产、无形资产等形成企业的对内投资;另一方面投放于企业外部,用于购买股票、债券或与其他企业联营等形成企业的对外投资。在资金投放过程中,无论是对内投资还是对外投资,在资金投放时,会引起资金支出;而当变卖或收回其投放的资产时,就会产生资金收入。这种资金收支活动即为投资引起的财务活动。

> ☞ **提醒您**
>
> 在经济学中,投资有狭义和广义之分。狭义的投资仅指投资于各种有价证券,进行有价证券的买卖,也可称为证券投资,如股票、债券等。广义的投资,则是指为了获得未来报酬或收益的任何经济行为及其垫支的资本。这样,开办工厂、开发矿山、开垦农场、购买有价证券和期货都可称为投资。

3. 资金的营运

企业在日常的生产经营中,需要购买原材料用于生产以供销售,还须支付职工薪酬和各项经营费用,这便使企业产生资金支出;而当企业把产品出售后,又会增加企业资金的收入。这种资金收支活动即为资金营运引起的财务活动。

4. 资金的分配

企业通过日常经营取得收入,弥补生产经营耗费后的剩余部分为企业的营业利润;营业利润与对外投资取得的投资净收益、营业外收支净额等构成企业的利润总额,这就是企业资金的增值。企业取得利润后要按法定程序要求依法纳税,弥补亏损,提取盈余公积,向投资者分配利润。这部分就表现为资金的支出。这种资金收支活动便是资金分配引起的财务活动。

企业财务活动的四个环节是相互联系、相互依存的,它们共同构成了完整的企业财务活动。财务活动的四个环节决定了财务管理的基本内容为筹资管理、投资管理、营运资金管理、收入及利润管理。

想一想 财务管理和财务会计的关系是怎样的?

(三) 财务关系

企业财务关系是指企业在组织财务活动过程中与企业内外部有关各方所发生的经济利益关系。在市场经济条件下,企业的财务关系可以概括为以下几个方面。

1. 企业与投资者、受资者之间的财务关系

当企业从国家、法人、个人等投资者那里筹集资金,进行生产经营活动时,国家、法人、个人是企业的投资者,而企业则是受资者,企业要将实现的利润扣除企业留存部分后按各投资者的出资比例进行分配;当企业将自己的法人财产向其他单位进行投资时,企业为投资者,被投资单位为受资者,同样,受资者应当向企业分配利润。企业与投资者、受资者之间的财务关系,是投资及分享利润的关系,在性质上属于利润分配关系。

2. 企业与债权人、债务人之间的财务关系

企业购买材料、销售产品会与客户发生资金结算关系。若赊购就会产生应付账款,若赊销就会产生应收账款。当企业现金不能满足经营需要时,就须向银行或其他单位借贷或用发行债券方式去筹集所需资金。企业现金闲置时可以通过金融机构出借。这就形成了债权债务关系。企业与债权人、债务人的财务关系,在性质上属于债权债务结算关系。

3. 企业与税务机关之间的财务关系

企业在经营过程中应按照国家税法规定缴纳流转税、所得税、资源税等各种税款。为了保证国家财政收入稳定,企业必须及时、足额地缴纳税款。依法纳税是每一个企业对国家应尽的义务。企业与税务机关之间的财务关系,在性质上属于税收征纳关系。

4. 企业内部各责任单位之间的财务关系

企业内部各责任单位之间在生产经营各环节中相互提供产品或劳务,形成了一个既分工又合作的企业系统。企业在实行厂内经济核算制和企业内部经营责任制的情况下,供、产、销各个部分以及各个生产单位之间相互提供产品和劳务就需要计价结算。企业内部各责任单位之间的财务关系,在性质上属于内部资金结算关系。

5. 企业与职工之间的财务关系

企业在生产经营过程中应按照职工提供劳务的数量与质量,向职工支付工资、奖金、津贴,并按规定替职工缴纳各项保险金。这种在支付劳动报酬过程中形成的企业与职工之间的财务关系,其性质属于企业与职工在劳动成果上的分配关系。

（四）财务管理

1. 财务管理的含义

企业的财务管理是指企业对组织资金运动、处理资金运动中所发生的经济关系的一项管理活动。它是企业管理的一个重要组成部分，其核心是对资金及其运用效果的管理。企业通过对资金的管理和控制，可以达到实现企业价值最大、经济效益最高的目的。

2. 财务管理的主要特点

（1）财务管理是一种价值管理，具有综合性。财务管理主要运用价值形式对企业的生产经营活动实施管理。通过价值形式对企业的一切物质条件、经营过程、经营成果进行合理、有效的规划与控制，以使企业生产经营的各个环节都能合理使用资金、节约成本、降低费用，从而增加利润，提高经济效益。

（2）财务管理涉及面广，与企业各方面都有广泛联系。企业凡是涉及资金的业务都属于财务管理的管辖范围，而企业各个部门或责任单位都会涉及资金的使用，因此，财务管理的触角伸向企业生产经营的每一个角落。财务部门必须指导和监督其他部门或责任单位合理使用资金。

（3）财务管理的灵敏度高，能快速反映企业的生产经营状况。在企业管理中决策是否正确、经营是否有效、技术是否先进、产销是否顺畅，都可以在财务指标的经常性分析中得到反映，从而使相关人员全面掌握企业的各方面信息，并及时向企业领导反映财务指标的变化情况。

二、财务管理目标

企业财务管理目标又称理财目标，是指企业进行财务活动要达到的最终目标。它决定着企业财务管理的基本方向，而财务管理目标又必须服从企业目标。

（一）企业目标对财务管理的要求

企业目标是先生存，再发展，最终盈利。而生存的条件是：能够以收抵支，能够偿还到期债务。因此，企业生存目标对财务管理的要求是：能够以收抵支，偿还到期债务和支付利息，减少破产风险。企业发展的条件是：不断研发出适合市场的新产品，投放市场，并不断提高产品质量，提供优质的服务，以扩大市场占有率。因此，企业发展目标对财务管理的要求是：能及时筹集到企业发展所需资金。企业盈利的条件是：资产获得超过其投资的回报。盈利是企业的出发点及归宿。因此，盈利目标对财务管理的要求是：有效合理地利用从正常生产经营和外部取得的资金，提高资金使用效益，以实现资金的增值。

（二）财务管理目标的演进

1. 利润最大化

企业的利润是指按照收入与费用配比原则及权责发生制，将企业一定期间的营业收入减去营业成本与费用后的差额。它代表了企业新创造的财富，利润越多，企业财富的增加越多，越接近企业目标。所以，将利润最大化作为财务管理的目标有一定的道理。但是这种观点存在一些缺陷：

（1）利润是一个绝对数指标，没有反映投入资本与产出利润的关系，因而不便于对不同资本规模的企业或同一企业的不同期间做比较。

（2）利润是按权责发生制确定的企业在某一时期所实现的增值，因而没有考虑具体的取得利润时间，即没有考虑资金的时间价值。例如，现在的100万元与2年后的100万元是不等值的。因为早取得收益就可以早进行投资，进而早获得投资新收益，而以利润最大化为目标则忽视了这一点。

（3）没有考虑风险因素。利润是收入与费用配比以后的结果，在会计上只要符合收入的条件就确认为收入，但收入当中有赊销的，赊销形成的应收账款等可能产生坏账损失，以利润为目标没有充分考虑未来的风险因素。此外，企业获取高额利润往往要承担很高的风险，如果企业不顾风险一味追求高额利润，一旦经营失败就可能破产。

（4）片面追求利润最大化，可能导致企业短期行为。因为会计上的利润会受到会计分期的影响，因而可能不考虑企业的长期利益。例如，不重视提高技术装备水平，不提或少提折旧，能使企业短期利润增加；当企业今后固定资产需要更新时，会造成很大的资金缺口，从而影响企业中长期的发展和收益能力等。

2. 股东财富最大化

股东财富最大化是指企业财务管理以实现股东财富最大化为目标。在上市公司，股东财富是由其所拥有的股票数量和股票市场价格两方面决定的。在股票数量一定时，股票价格达到最高，股东财富也就达到最大。与利润最大化相比，股东财富最大化的主要优点是：

（1）考虑了风险因素，股价对风险会做出一定的反应。

（2）在一定程度上能避免企业短期行为，因为当前的利润和未来的利润都会影响股票价格。

（3）对上市公司而言，股东财富最大化目标比较容易量化，便于考核和奖惩。

以股东财富最大化作为财务管理目标存在以下缺点：

（1）通常只适用于上市公司，非上市公司无法像上市公司一样随时准确获得公司股价。

（2）股价受众多因素影响，特别是企业外部的因素，有些还可能是非正常因素，股价不能完全准确反映企业财务管理状况。

（3）更多地强调股东利益，而对其他相关者的利益重视不够。

3. 企业价值最大化

这种观点是目前学术界普遍采纳的观点。所谓企业价值是指企业全部财产的市场价值，它反映了企业潜在或预期的获利能力。它不是企业的账面价值。以企业价值最大化为财务管理目标的理由是：即使企业目前的利润增多了，也可能因其资产贬值而潜伏亏损。因此，在对企业进行评价时，重点不在于企业已经获得的利润，而是企业潜在的或预期的获利能力。对于企业的价值评价，一般采用未来收益法，即以投资者预期投资时间为起点，将未来收益折现后与投资额在同一时点进行比较。

这个观点的优点是：① 考虑了资金时间价值和风险价值；② 体现了对资产保值增值的要求；③ 有利于克服企业的短期行为；④ 有利于社会资源的合理配置。因为社会资源通常流向企业价值最大化的行业或企业，从而有利于实现社会效益的最大化。

但这个观点也有缺点：① 对于上市公司而言，衡量公司价值的指标是所有股票的市价，但股价是受多种因素影响的综合结果，股价的变动除受企业经营因素影响外，还受企业无法控制的其他因素影响，特别是近期市场上的股价不一定能直接反映企业的获利能力，只有长期趋势才能体现这一点；② 非上市企业的价值确定难度较大，虽然通过专业的评估机构可以评估确定其价值，但在评估过程中受评估标准和评估方式的影响，这种评估价不易做到客观、准确；③ 那些为了控股或稳定购销关系的法人股东，他们对企业价值最大化不感兴趣，而对企业的控制更为关注。

4. 相关者利益最大化

现代企业是多边契约关系的总和，企业在确定财务管理目标时，需要考虑各方利益关系对企业发展所产生的影响。企业的利益相关者首先包括股东，然后是企业债权人、企业经营者、客户、供应商、员工、政府等，这些利益相关群体的利益，企业在确定财务管理目标时都应予以考虑。

相关者利益最大化目标的具体内容包括以下几个方面：

(1) 强调风险与报酬的均衡，将风险限制在企业可接受的范围之内。

(2) 强调股东的首要地位。

(3) 强调对企业代理人即企业经营者的监督和控制，建立有效的激励机制。

(4) 关心本企业一般职工的利益。

(5) 不断加强与债权人的关系。

(6) 关心客户的长期利益。

(7) 加强与供应商的合作。

(8) 保持与政府部门的良好关系。

以相关者利益最大化作为财务管理目标，具有以下优点：

(1) 有利于企业长期稳定发展，避免只站在股东的角度进行投资可能导致的一系列问题。

(2) 有利于实现企业经济效益和社会效益的统一。

(3) 较好地兼顾了各利益主体的利益。

(4) 体现了前瞻性和现实性的统一。

相关者利益最大化是企业财务管理最理想的目标。

(三) 不同利益主体之间财务管理目标的矛盾与协调

企业财务管理目标是站在企业所有者角度提出的，因此在实现企业财务管理目标的过程中，必然会涉及多方利益主体，如股东、经营者、债权人、政府、职工等，财务管理必须协调、处理好企业所有者与这些利益主体的矛盾，只有这样才有利于企业财务管理目标的实现。

1. 所有者与经营者之间的矛盾与协调

(1) 矛盾：

现代企业所有权与经营权分离，使得企业所有者与企业经营者的目标并不完全一致。企业所有者的目标是企业价值最大化，而企业经营者的目标是享受在职消费。

(2) 协调：

①解聘。这是所有者约束经营者的办法。如果经营者未能达到所有者预期的企业价值增长目标,就有可能遭到解聘。因此,经营者会因惧怕解聘而被迫实现财务管理目标。

②接收。这是市场约束经营者的办法。如果经营者经营决策失误、经营管理不善,企业就有可能被其他企业强行接收或吞并,相关的经营者也会降聘或被淘汰。因此,经营者为避免降聘或被淘汰,必须积极采取有效措施保证企业财务管理目标的实现。

③激励。这是把企业经营者的管理绩效与其所得报酬挂起钩来,使经营者分享企业财富的增加,自觉采取有利于实现企业价值最大化的措施。激励的方式有两种:一种是股票期权——股票选择权方式,它是允许经营者在将来某一时间以固定的价格购买一定数量的公司股票,股票价格高于固定价格越多,经营者所得的报酬就越多;另一种是绩效股方式,它是根据经营者的业绩大小给予经营者一定数量的股票报酬,如果企业的绩效未达到目标,经营者就会部分甚至全部失去原先持有的绩效股。

2. 所有者与债权人之间的矛盾与协调

(1) 矛盾:

通常企业的所有者通过经营者伤害债权人,主要有两种方式:一是所有者未经债权人允许,要求经营者改变借入资金用途,将资金用于风险更高的项目,这加大了债权人的风险;二是所有者未征得现有债权人同意,发行新的债券或举借新的债务,从而降低旧债偿还的保障程度。

(2) 协调:

①限制性借款。债权人可以通过对借款合同预先加入限制性条款,如借款用途的限制、借款的担保条款和借款的信用条件等,来防止和迫使所有者不能利用上述两种方式侵害债权人的债权价值。

②收回借款或不再借款。当债权人发现企业有侵害其债权价值的意图时,可拒绝进一步合作,采取提前收回借款或不再给企业提供新的借款的方式,以保护自身的权益。

(四)企业实现财务管理目标时的社会责任

企业在实现财务管理目标时应承担的社会责任,主要指企业在谋求所有者或股东权益最大化之外所负有的维护和增进社会利益的义务。它包括:对员工的责任、对债权人的责任、对消费者的责任、对社会公益的责任、对环境和资源的责任,以及遵从政府的管理、接受政府的监督的义务和责任等。企业作为社会经济组织,必须要做到有良知,遵纪守法,重视和改善自身的生态环境,切实履行对员工、消费者、环境、社区等相关利益方的责任,高度关注其生产行为可能对未来环境的影响,尤其是涉及员工健康与安全、废弃物处理、污染等问题时,应尽早采取相应的措施,防范和减少对企业发展可能产生的各种不利因素,以促进企业健康、和谐、有序地发展。

三、财务管理的基本环节

财务管理的基本环节是指财务管理的工作步骤和一般程序。财务管理的基本环节有:财务预测、财务决策、财务计划、财务控制、财务分析。这些管理环节互相配合,紧密联系,形成周而复始的财务管理循环系统。

（一）财务预测

财务预测是根据财务活动的历史资料，考虑现实的要求和条件，对企业未来的财务活动和财务成果做出科学的预计和测算。财务预测的作用在于它是企业财务决策的基础，是财务预算的前提。财务预测一般包括以下工作步骤：

(1) 明确预测对象和目的。
(2) 收集和整理相关资料。
(3) 建立预测模型。
(4) 确定财务预测结果。

（二）财务决策

财务决策是企业财务人员按照企业财务管理的目标要求，采用专门的方法，对各被选的财务活动方案进行比较分析，从中选择最优方案的过程。在市场经济条件下，财务决策是财务管理的核心。财务决策的正确与否直接关系到企业的兴衰成败。财务决策的实质是决定具体财务目标和实施方案的选优过程。财务决策环节包括以下一些工作步骤：

(1) 确定财务决策目标。
(2) 提出实施方案。
(3) 评价选择最优方案。

（三）财务计划

财务计划是运用科学技术手段和数学方法，对决策目标进行综合平衡，制定主要计划指标，拟定增产节约措施，协调各项计划指标。它是落实企业奋斗目标和保证措施的必要环节。财务计划是对财务决策确定的最优方案，通过有关数据进行集中而又系统的反映，即对财务决策所选定的最优方案的数量化、具体化和系统化。财务计划为企业生产经营各个方面确立了明确的目标与任务，也为企业生产经营控制与业绩考评提供了基本依据和尺度，所以它既为企业财务控制提供依据，又为财务分析和业绩考核提供标尺。企业财务计划主要包括资金筹集计划、固定资产投资和折旧计划、流动资产占用和周转计划、对外投资计划、利润和利润分配计划。除了各项计划表格以外，还要附列财务计划说明书。编制财务计划要做好以下工作：

(1) 分析主客观条件，确定主要指标。
(2) 安排生产要素，组织综合平衡。
(3) 编制计划表格，协调各项指标。

（四）财务控制

财务控制是以计划任务和各项定额为依据，对资金的收入、支出、占用、耗费进行日常核算，利用相关财务信息和特定手段对企业财务活动施加影响和进行调节，以便实现计划规定的财务目标。它是落实财务计划、保证财务计划实现的有效措施。财务控制要适应管理定量化的需要，抓好以下几项工作：

(1) 制定控制标准，分解落实责任。

(2) 确定执行差异,及时消除差异。
(3) 评价单位业绩,搞好考核奖惩。

(五) 财务分析

财务分析是以财务预算、财务报表及核算资料为主要依据,运用特定方法,借助有关指标,对企业财务活动的过程和结果进行系统评价和剖析的一项工作。通过财务分析,可以掌握各项财务计划指标的完成情况,有利于改善财务预测、决策、计划工作;还可以总结经验,研究和掌握企业财务活动的规律性,不断改进财务管理。企业财务人员要通过财务分析提高业务工作水平,搞好业务工作。进行财务分析的一般程序是:

(1) 收集资料,掌握信息。
(2) 指标对比,揭露问题。
(3) 因素分析,明确责任。
(4) 提出建议,改进工作。

财务分析作为企业财务管理工作的最后一个环节,它标志着上一个财务管理循环的完成,也意味着下一个财务管理循环的开始,是两个循环交替的转折点。下一个财务管理循环能否上一个较高的台阶,很大程度上取决于财务分析能否揭示财务报表中数据之间的本质关系,能否为其他管理环节提供真实、有用的信息。因此,财务分析水平的高低是决定企业财务管理综合水平的最为重要的因素之一。

四、财务管理机构的组织形式

财务管理机构的组织形式是指企业财务管理机构的设置方式。我国目前主要有以下两种组织形式。

(一) 财务与会计管理机构合并设置的组织形式

这种组织形式是将会计与财务合而为一,使之兼有会计核算和财务管理两种职能。目前大多数企业均采用这种形式。这种形式的基本结构如图1-3所示。

图1-3 合并设置的组织形式示意图

合并设置组织形式的优点是便于集中管理,提高工作效率。但随着企业逐步成为市场竞争的主体,企业所面临的理财环境日趋复杂,理财内容日渐丰富,财务管理显得越来越重要,这种合并设置的组织形式已不能完全适应大中型企业的财务管理需要。但小型企业仍可采用这种合并设置的组织形式。

(二) 财务与会计分设管理机构的组织形式

这种组织形式是将会计与财务分开,单独设置财务部门和会计部门,两者各有分工,各司其职。会计部门负责会计核算、内部会计控制、办理纳税以及编制财务报告等,财务部门负责投资理财方面的工作。这种形式的基本结构如图1-4所示。

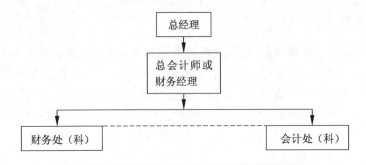

图1-4　分设管理机构的组织形式示意图

分设式组织形式的优点是可充分发挥财务与会计各自独立的职能,且权责清楚、目标明确,有利于实现企业的总体目标。

五、财务管理环境

企业的财务管理环境又称理财环境,是指影响企业财务活动和财务管理的内外部条件与因素。如果这些影响企业财务活动和财务管理的条件与因素存在于企业外部,则称为外部理财环境;如果这些影响企业财务活动和财务管理的条件与因素存在于企业内部,则称为内部理财环境。理财环境是企业财务管理赖以生存的客观条件。企业的财务活动和财务管理是在一定的环境下进行的,它必然受到环境的影响。企业资金的取得、营运、收入取得、利润的分配都受到环境的影响,企业成本的高低、利润的多少、资金需求量的大小也都受到环境的影响。所以,企业财务管理要取得成效,必须正确认识和认真分析研究自身所处的内外部理财环境。

(一) 财务管理的技术环境

财务管理的技术环境,是指财务管理得以实现的技术手段和技术条件,它决定着财务管理的效率和效果。会计信息系统是财务管理技术环境中的一项重要内容。会计信息对企业内部管理层的决策和外部利益相关者(如投资者、债权人等)的使用都至关重要。因此,技术环境既属于企业外部理财环境,又是企业内部理财环境。随着数字化、信息化的高速发展,技术环境对企业财务管理的影响越来越大。

(二) 外部财务管理环境

1. 法律环境

法律环境是指企业和外部发生经济关系时所应遵守的各种法律、法规和规章。市场经济是法治经济,通常需要建立一个完整的法律体系来维护市场秩序。对企业来说,法律为企业经营活动规定了活动空间,也为企业在相对空间内自由经营提供了法律上的保护。这个法律体系包括企业设立、企业运转、企业合并和分立以及企业的破产清理等各方面,也包

括企业筹资活动、投资活动和分配活动等财务管理活动的各个环节。在我国,与企业财务管理有密切关系的法律、法规包括:

(1) 企业组织法律规范。

企业组织必须依法成立。企业是市场的主体,不同组织形式的企业所适用的法律不同。企业按组织形式不同可分为独资企业、合伙企业和公司,它们分别要遵守《个人独资企业法》《合伙企业法》《公司法》等。这些法律规范既是企业的组织法,又是企业的行为法。只有根据不同的企业组织形式开展财务管理活动,才能真正搞好财务管理工作。

不同的企业组织形式对理财活动的影响不同。独资企业财务管理活动相对简单,其主要是利用自己的资金和供应商提供的商业信用,采用借款方式筹集资金不多,因而它的投资与收益分配都比较简单。而合伙企业相对于独资企业,其资金量增加,信用能力增强,利润的分配也较复杂。公司制的企业财务活动内容最丰富也最重要。因为公司制的企业资金来源具有多样性,筹资方式具有灵活性,而收益分配具有复杂性,所以企业需要认真分析,选择最优的财务活动方案,这样才能最终实现企业的理财目标。

(2) 税收法律规范。

税收法律规范对企业理财行为有着很重要的影响。任何企业都有法定的纳税义务,企业所缴纳的税金是国家财政收入的主要来源。而国家的税收政策、税收制度、税种的设置、税率的变动等都会对企业资金供应和税收负担产生重要影响。因此,财务人员在企业理财活动中,应全面掌握各种税种的计征范围、计征依据、税率适用等情况,以国家税收政策为导向,开展各项理财活动。影响企业理财活动的税收法律法规主要有五大类:所得税类、流转税类、财产税类、行为税类和资源税类。

(3) 财务法律规范。

我国目前财务管理方面的法律规范主要有企业财务通则、行业财务制度、企业内部财务管理制度三个层次。

企业财务通则是各类企业进行财务活动、实施财务管理和监督所必须遵循的基本原则与规范,它主要对下列问题做了规定:建立资本金制度,固定资产的折旧,成本的开支范围,利润的分配。

行业财务制度是按照企业财务通则的基本规定,由财政部根据不同行业经营特点和管理要求制定的分行业的财务制度,是企业进行财务活动必须遵循的具体依据。

企业内部财务管理制度是按照企业财务通则和行业财务制度的基本规定,根据企业内部管理的实际要求制定的企业内部财务管理办法,如财产管理、费用开支的标准与审批、资金管理、内部控制与稽核等方面的管理制度。它可使内部具体的经济活动有章可循。

(4) 其他法规。

与企业财务管理有关的其他经济法律规范还有《证券法》《票据法》《银行法》《结算法》《合同法》等,企业财务管理人员必须熟悉掌握这些法律法规,借助法律手段保护企业的合法利益,并利用法律赋予的权利,为企业理好财,当好家,以实现企业的理财目标。

2. 经济环境

经济环境是指影响企业财务管理的各种经济因素,它是影响经营决策的主要因素。经济环境具体包括经济周期、国家经济政策和经济发展水平等因素。这些因素对企业的筹资、投资、收益分配所引起的财务活动会产生重大影响。

(1) 经济周期。

在市场经济条件下,经济通常不会在很长时间内持续性地增长,也不会在很长时间内持续性地萎缩,而是在波动中发展。这种周期性波动,大体经历复苏、繁荣、衰退和萧条等若干阶段并进行循环,经济学称这种循环为经济周期。企业所处的经济周期不同,其理财方法也大不相同。如企业处于繁荣期,市场需求旺盛,销量迅猛增加,促使企业扩大生产、增加投资,因而会出现资金紧缺的现象;如企业处于萧条期,企业产销量下降,就会收缩投资,资金会出现闲置的情况。长久以来,我国理论界一直把经济的周期性波动视作西方资本主义经济所特有的现象,而对社会主义条件下经济周期问题研究不够。其实市场经济条件下,任何国家经济的发展都会呈现周期性,我国也不例外。特别是在改革开放和全球经济一体化的今天,其他国家的经济周期波动也影响着我国企业的正常经营活动。因此,作为企业的财务人员,对这种周期性的波动要有充分认识并有所准备,以适时调整企业生产经营。

(2) 国家经济政策。

政府具有较强的调控宏观经济的能力,其制定的国民经济发展规划、国家产业政策、经济体制改革措施等,对企业的财务活动都有重大影响。国家对某些地区、某些行业、某些经济行为的优惠、鼓励和有利倾斜构成了政府政策的主要内容。相反,政府政策也包括了对另外一些地区、行业经济行为的限制。作为企业的财务管理人员,在进行财务决策时,要认真研究政府政策,按照政策导向行事,把握投资机会,以获得国家优惠条件,享受国家优惠政策带来的效益。

(3) 经济发展水平。

经济发展水平决定了企业财务管理水平,企业在经济发展水平较高、速度较快、经济资源丰富、市场发育完善的地区投资设厂,就有利于开展财务活动,有利于企业实现财务目标;反之,企业在经济发展水平不高、速度较慢、经济资源匮乏、市场发育不完善的地区投资设厂,就难以有效地开展财务活动,经济资源也无法得到充分利用,不利于企业财务目标的实现。

3. 金融环境

金融环境也称金融市场环境。金融市场是指资金供应者与资金需求者双方通过某种形式融通资金的场所。金融市场有广义与狭义之分。广义的金融市场,是指一切资本流动的场所,包括实物资本和货币资本的流动。广义金融市场的交易对象包括货币借贷、票据的承兑和贴现、有价证券的买卖、黄金和外汇的买卖、办理国内外保险、生产资料的产权交换等。狭义的金融市场一般是指有价证券市场,即证券的发行和买卖市场。企业从事投资和生产经营活动所需的资金除了所有者投入以外,主要是从金融市场取得,国家金融政策的变化必然对企业的筹资、投资和资金营运活动产生重大影响,因此,金融市场环境是企业财务管理最为重要的环境因素之一。影响企业财务管理的主要金融环境因素有金融机构、金融市场和利息率等方面。

(1) 金融机构。

金融机构主要包括银行和非银行金融机构。我国银行主要有三大类:

① 中央银行,即中国人民银行。它代表政府管理全国金融机构和各种金融活动,经理国库。

② 商业银行,如工商银行、建设银行、农业银行、中国银行等。它们以经营存款、贷款,

办理结算转账为主要业务,以营利为主要经营目标。

③ 政策性银行,如国家开发银行、中国农业发展银行、中国进出口银行等。它们是由政府所设立,以贯彻国家产业政策、区域发展政策为目的而不以营利为目的的金融机构。

> ☞ **请注意**
> 我国目前商业银行有国有独资商业银行和股份制商业银行。

非银行金融机构主要有金融资产管理公司、信托投资公司、保险公司、证券机构、租赁公司等;非银行金融机构主要从事为企业经营资产、财产委托、代理资产保管、代理发行、买卖有价证券和提供租赁服务等。

(2) 金融市场的分类。

金融市场是由不同层次、不同业务的分市场构成的市场体系,它可以从不同角度进行分类。主要分类有以下几种:

① 按交易的期限不同,分为短期资金市场和长期资金市场(即资本市场)。短期资金市场又叫货币市场,是指融资期限在一年以内的资金交易市场。其业务包括银行短期信贷市场业务、短期证券市场业务和贴现市场业务。短期资金市场主要是满足企业对短期资金的需求,进行短期资金融通。资本市场,是指融资期限在一年以上的长期资金交易市场。其业务包括长期信贷市场业务、长期证券市场业务。长期资金市场主要是满足企业对长期资金的需求,进行长期资金融通。

② 按交割的时间不同,分为现货市场和期货市场。现货市场是指买卖双方成交后,当场或几天内买方付款、卖方交出证券的交易市场;期货市场是指买卖双方成交后,在双方约定的未来某一特定的时日才交割的交易市场。

③ 按交易的性质不同,分为发行市场和流通市场。发行市场是指从事证券和票据等金融工具初次买卖的市场,也叫初级市场或一级市场;流通市场是指从事已发行、上市的各种证券和票据等金融工具买卖的转让市场,也叫次级市场或二级市场。

④ 按交易的对象不同,分为资金市场、外汇市场和黄金市场。资金市场以货币和资本为交易对象;外汇市场以各种外汇信用工具为交易对象;黄金市场则是集中进行黄金买卖和金币兑换的交易市场。

> ☞ **提醒您**
> 金融市场中资金市场与企业财务活动关系最为密切。

(3) 金融工具。

金融工具是指形成一方的金融资产并形成其他方的金融负债或权益工具的合同。金融工具包括金融资产、金融负债和权益工具。金融工具分为基础金融工具(如债券、股票等)和衍生工具(如期货、期权、互换等)。

(4) 利息率。

利息率简称利率,是利息与本金之比。从资金的借贷关系看,利率是一定时期运用资金资源的交易价格。利率在资金分配以及企业财务决策中起重要作用。利率通常由三部分组成：纯利率、通货膨胀补偿率和风险补偿率。利率的一般计算公式可表示如下：

利率 = 纯利率 + 通货膨胀补偿率 + 风险补偿率

纯利率是指无通货膨胀、无风险情况下的社会平均资金利润率。在没有通货膨胀或通货膨胀率很低时，一般把国库券利率视作纯利率。如果中长期国债的利率为5%，那么纯利率可以看作是5%。

通货膨胀补偿率是指由于通货膨胀使货币贬值，货币的实际购买力不断降低，为弥补货币贬值而要求提高的报酬率。从中长期来看，通货膨胀一定存在，在这种情况下，债权人除了要求得到纯利率以外，必然还要求附加获得通货膨胀补偿率。假定目前通货膨胀率为3%，即意味着物价水平上涨3%，如果债权人获得的名义回报率为8%，其实际收益率则为5%。

风险补偿率是指现实经济生活中筹资、投资活动或多或少都带有风险，债权人会要求得到附加的风险补偿。它包括流动性风险补偿率、违约性风险补偿率和期限性风险补偿率。其中，流动性风险补偿率是指为了弥补有些有价证券不易变现而带来的风险，债权人要求提高的利率；违约性风险补偿率是指为了弥补因债务人无法到期按时还本付息而带来的风险，由债权人要求附加的利率；期限性风险补偿率是指为了弥补因债券期限长而带来的风险。如果债权人根据投资活动的风险程度要求的风险补偿率为4%，那么其最低期望的回报率为 5% + 3% + 4% = 12%。

（三）内部理财环境

1. 企业生产经营管理水平

企业生产经营管理水平是指企业的物资采购供应能力、产品生产能力、产品营销能力以及企业管理水平的高低。企业生产经营管理水平可通过一系列指标来反映，财务管理注重以价值量指标来反映企业的物资采购、产品生产、产品营销情况，通过对这些生产经营活动中的资金的收支管理，来实现财务管理目标。

2. 企业理财能力

企业理财能力是指企业聚财、用财和生财的能力。聚财能力是指企业选择筹资渠道、筹资方式、筹资数量，确定最优资金结构，提高企业资信等方面的综合能力；用财能力是指企业合理配置资金、有效快速运行资金的能力；生财能力是指企业能使现金净流入和利润增加的能力。

3. 企业财务人员的素质

企业财务人员的素质是指财务人员的专业知识、专业技能与职业道德水平。如果企业的财务人员都具有较强的专业素质和较高的职业道德水平，那么就能提高企业财务决策的正确性，大大增强企业的盈利能力和适应企业外部理财环境的能力。同时企业领导也必须牢固树立理财观念，借助财务管理的方法，提高企业生产经营效率。

议一议

1. 怎样理解企业的理财目标？如何才能实现这一目标？
2. 企业财务活动中会有哪些财务关系？如何正确处理企业的财务关系？
3. 法律环境是怎样影响企业财务活动的？
4. 影响企业财务活动的经济因素有哪些？

模块二　树立理财观念

1. 理解资金时间价值、风险价值的含义。
2. 掌握资金时间价值的计算方法,学会灵活运用。
3. 掌握风险价值的计算方法和风险衡量指标。
4. 培养正确的理财观念。
5. 具备理财过程中的风险意识和风险应对能力。

学习重点

1. 资金时间价值的计算方法。
2. 风险价值的计算与风险衡量。

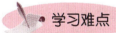

1. 递延年金现值的计算。
2. 资金时间价值在实际经济生活中的应用。
3. 名义利率与实际利率的换算。
4. 试误法和插值法的应用。

2022 年年初,某公司计划从银行获取 1 000 万元贷款,贷款的年利率为 8%,贷款期限 5 年;银行提出以下四种还款方式让公司自行选定,以便签订借款合同。这四种贷款偿还方式为:

(1) 每年只付利息,债务期末一次付清本金。
(2) 全部本息到债务期末一次付清。

(3) 在债务期间每年均匀偿还本利和。
(4) 在债期过半后,每年再均匀偿还本利和。

请思考:如果你是公司的总经理,你将选用哪种还款方式来偿还贷款?解决这一问题需考虑的关键因素又是什么呢?

企业贷款
还款主要方式

一、资金时间价值

(一) 资金时间价值的概念

资金时间价值又称货币时间价值,是指资金所有者让渡资金使用权,而按让渡时间长短取得的相应报酬。它是资金的所有权与使用权相分离的产物。商品经济的发展和借贷关系的广泛存在是资金时间价值的基础。资金时间价值的大小与让渡资金使用权的时间长短呈正比。例如,小张今天将家中闲置的资金100元存入银行,假如银行的存款年利率为5%,那么一年以后小张就能得到本利和105元钱,这说明小张的100元经过一年的时间,多得了5元钱的利息,这5元钱的利息就是小张让渡100元资金使用权而取得的报酬。

资金时间
价值的概念

> **☞ 请注意**
>
> 资金时间价值的概念告诉我们资金在不同的时点上具有不同的价值,即今年的100元不等于明年的100元。

资金时间价值的表达方式有两种:一种用绝对数表示——资金时间价值额(借用利息额表示);另一种用相对数表示——资金时间价值率(借用利率表示),通常用相对数——利率表示资金时间价值,其实际内容就是在没有风险、没有通货膨胀条件下的社会平均资金利润率,即模块一所说的纯利率。但在实际经济生活中,银行存款利率、贷款利率、债券利率和股票利率等利率中,不仅包括资金时间价值,而且也包括风险价值和通货膨胀因素。因此,不能绝对地认为资金时间价值就是利息或利率。

企业财务人员在进行企业资金运作的过程中,必须牢固树立资金时间价值观念,合理使用资金,加速资金周转,这样才能提高资金使用效率。

> **☞ 提醒您**
>
> 学习资金时间价值知识要注意三点:
> (1) 时间价值产生于生产领域和流通领域,消费领域不产生时间价值。因此,企业应将更多的资金或资源投入生产领域和流通领域而非消费领域。
> (2) 时间价值产生于资金运动中,只有运动着的资金才能产生时间价值,凡处于停顿状态的资金不会产生时间价值。因此,企业应尽量减少资金的停顿时间和数量。
> (3) 时间价值的大小取决于资金周转速度的快慢,时间价值与资金周转速度成正比。因此,企业应采取各种有效措施加速资金周转,提高资金使用效率。

（二）资金时间价值的计算

在计算资金时间价值时，首先要引入现值和终值两个概念。所谓现值是指资金的现在价值，即现在收回资金或存入资金的价值，也就是本金。所谓终值是指资金按一定利率计算，若干时间后，包括本金和利息在内的未来价值，即本利和。如企业现在存入 100 万元，存期一年，假如银行存款利率为 5%，一年后企业可得到 105 万元，则企业的 100 万元是现值，一年后的 105 万元是终值（本金 100 万元 + 利息 5 万元）。

在资金时间价值的计算中，为了表达方便，通常采用如下符号：

P——现值，又称本金；

F——终值，又称本金和利息之和（简称本利和）；

I——利息；

i——利率，又称折现率或贴现率；

n——计算利息的期数。

1. 单利及其计算

单利是指在一定期限内，就本金计算利息，而利息部分不再计息的一种计息方式。

单利利息的计算公式为：

$$I = P \times i \times n$$

在单利计息情况下，单利终值（本利和）的计算公式如下：

$$F = P + P \times i \times n = P \times (1 + i \times n)$$

单利现值（本金）的计算公式如下：

$$P = F/(1 + i \times n)$$

【例 1-1】 某人在银行存入 100 元，年利率为 6%，采用单利计息，要求分别计算第一、第二、第三年年末的应计利息和本利和。

解答：$I_1 = 100 \times 6\% \times 1 = 6$（元）　　$F_1 = 100 \times (1 + 6\% \times 1) = 106$（元）

$I_2 = 100 \times 6\% \times 2 = 12$（元）　　$F_2 = 100 \times (1 + 6\% \times 2) = 112$（元）

$I_3 = 100 \times 6\% \times 3 = 18$（元）　　$F_3 = 100 \times (1 + 6\% \times 3) = 118$（元）

2. 复利及其计算

复利计息是指在一定期限内，以本金和以前计算期累计利息总和为计算基础，计算下一期利息的计息方式，即所谓"利滚利"。复利终值是现在一笔款项按复利计算，在未来某一时期期末的本利和。复利现值是指未来某一时期的一笔款项按复利计算的现在价值。复利现值是复利终值的逆运算。复利计息如图 1-5 所示。

P	$P(1+i)^1$	$P(1+i)^2$	$P(1+i)^3$	$P(1+i)^4$	……	$P(1+i)^{n-2}$	$P(1+i)^{n-1}$	$P(1+i)^n$
0	1	2	3	4	……	$n-2$	$n-1$	n

图 1-5　复利计息示意图

在复利计息情况下，复利终值（本利和）的计算公式为：

$$F = P \times (1 + i)^n$$

复利现值的计算公式为：

$$P = F \times (1+i)^{-n}$$

复利利息的计算公式为:

$$I = F - P = P \times [(1+i)^n - 1]$$

上式中$(1+i)^n$通常称为"1元复利终值系数",用符号$(F/P,i,n)$表示,其数值可以直接查阅书后附表一。例如,查表得到$(F/P,10\%,5) = 1.6105$,说明在复利计息条件下,年利率为10%,现在的1元相当于5年后的1.6105元。式中$(1+i)^{-n}$通常称为"1元复利现值系数",用符号$(P/F,i,n)$表示,其数值可以直接查阅书后附表二。例如,查表得到$(P/F,10\%,5) = 0.6209$,说明在复利计息条件下,年利率为10%,5年后的1元仅相当于现在的0.6209元。

【例1-2】 某人在银行存入100元,年利率为6%,采用复利计息,要求分别计算第一、第二、第三年年末的应计利息和本利和。

解答:$F_1 = 100 \times (1 + 6\%) = 106(元)$ $I_1 = 106 - 100 = 6(元)$

$F_2 = 100 \times (1 + 6\%)^2 = 112.36(元)$ $I_2 = 112.36 - 100 = 12.36(元)$

$F_3 = 100 \times (1 + 6\%)^3 = 119.102(元)$ $I_3 = 119.102 - 100 = 19.102(元)$

> **☞ 请注意**
>
> 就第一个计息期而言,单利和复利计算出的利息是相同的,但在第二个及以后各个计息期,两者利息就大不相同了,复利计算的利息一定大于单利计算的利息。在计息公式中利率i和期数n一定要相互对应,例如i为年利率,n应为年份数;i为月利率,n则应为月份数;依此类推。
>
> 复利终值系数与复利现值系数互为倒数。

【例1-3】 某人将10 000元存入银行,假定银行利率为8%,每年复利一次,此人5年后将可取出多少钱?

解答:$F = 10\,000 \times (1 + 8\%)^5 = 10\,000 \times (F/P, 8\%, 5)$

$= 10\,000 \times 1.4693 = 14\,693(元)$

从以上计算可知,该人5年后从银行可取出本利和14 693元。

【例1-4】 某人准备在5年以后用1 000 000元购买一套住房,假定银行利率为10%,每年复利一次,现在需一次存入银行多少钱?

解答:$P = 1\,000\,000 \times (1 + 10\%)^{-5}$

$= 1\,000\,000 \times (P/F, 10\%, 5)$

$= 1\,000\,000 \times 0.6209 = 620\,900(元)$

3. 年金及其计算

(1) 年金的含义与种类。

年金是指相同间隔期、相同金额的收款或付款。例如折旧、租金、等额分期付款、养老金、保险费、零存整取等都属于年金问题。

年金的特点:第一,具有连续性——一定时期内,间隔相等时间所发生的收付款项,必须形成系列,中间不得中断;第二,具有等额性——一定时期内,每期所发生的收付款项的金额必须相等;第三,具有等间隔性,收付款项发生的时间间隔每期相等。

年金的主要种类有四种(按每次收付款项发生的时点不同分):普通年金,预付年金,递延年金,永续年金。普通年金又称后付年金,是指相同间隔期、相同金额的收款或付款发生在每期期末。预付年金又称先付年金,是指相同间隔期、相同金额的收款或付款发生在每期期初。递延年金又称延期年金,是指第一次的收付款项不发生在第一期,而是隔了几期后才在以后的每期期末发生一系列收付款项。永续年金是指无限期发生等额、等间隔的收付款项。

(2)年金的计算(即非一次性收付款项的终值和现值计算)。

① 普通年金的计算。

普通年金终值。普通年金终值是指在复利计息情况下,将每期期末发生相等金额的款项全部折算为最后一期期末的终值之和,如图1-6所示。

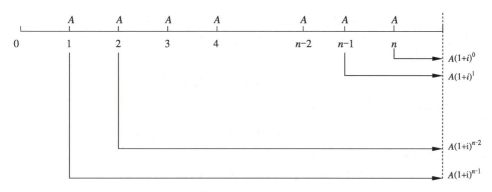

图1-6 年金复利终值示意图

$$F = A(1+i)^{n-1} + A(1+i)^{n-2} + \cdots + A(1+i)^2 + A(1+i)^1 + A(1+i)^0 \quad (1)$$

由此可得普通年金终值的计算公式:

将(1)式两边同乘上$(1+i)$,得:

$$(1+i)F = A(1+i)^n + A(1+i)^{n-1} + \cdots + A(1+i)^3 + A(1+i)^2 + A(1+i)^1 \quad (2)$$

将(2)式减(1)式,得:

$$(1+i)F - F = A \times [(1+i)^n - 1]$$

$$F = A \times \frac{(1+i)^n - 1}{i}$$

式中,$\frac{(1+i)^n - 1}{i}$通常称为利率为i、期数为n的"1元年金终值系数",用符号$(F/A, i, n)$表示,其数值可以直接查阅书后附表三。

【例1-5】 某人准备在银行每年年末存入5 000元,假如银行的年利率为6%,8年后可获本利和为多少?

解答:$F = 5\,000 \times \frac{(1+6\%)^8 - 1}{6\%}$

$= 5\,000 \times (F/A, 6\%, 8)$

$= 5\,000 \times 9.897\,5$

$= 49\,487.5(元)$

从以上计算可知,该人8年后从银行可取出本利和49 487.5元。

普通年金现值。普通年金现值是指在复利计息情况下,将每期期末发生相等金额的款项全部折算到第一期期初的现值之和,如图1-7所示。

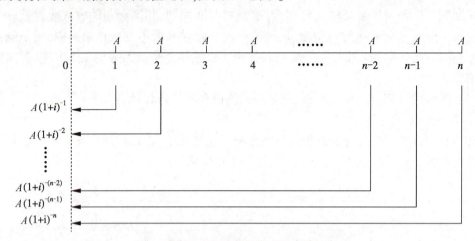

图1-7 年金复利现值示意图

由此可得普通年金现值的计算公式为:
$$P = A \times (1+i)^{-1} + A \times (1+i)^{-2} + \cdots + A \times (1+i)^{-(n-1)} + A \times (1+i)^{-n} \quad (3)$$
将(3)式两边同乘上$(1+i)$,得:
$$(1+i)P = A + A \times (1+i)^{-1} + \cdots + A \times (1+i)^{-(n-2)} + A \times (1+i)^{-(n-1)} \quad (4)$$
将(4)式减(3)式,得:
$$(1+i)P - P = A \times [1 - (1+i)^{-n}]$$
$$P = A \times \frac{1-(1+i)^{-n}}{i}$$

式中,$\frac{1-(1+i)^{-n}}{i}$通常称为利率为i、期数为n的"1元年金现值系数",用符号$(P/A, i, n)$表示,其数值可以直接查阅书后附表四。

【例1-6】 某公司需租入一幢办公楼,合同约定每年年末支付租金10 000元,利息按8%的年利率进行复利计算,问5年内支付租金总额的现值是多少?

解答:$P = 10\,000 \times \frac{1-(1+8\%)^{-5}}{8\%} = 10\,000 \times (P/A, 8\%, 5)$
$\qquad = 10\,000 \times 3.992\,7 = 39\,927(元)$

☞ 请注意

年金终值系数的倒数称为偿债基金系数,$1/(F/A, i, n)$。
年金现值系数的倒数称为资本回收系数,$1/(P/A, i, n)$。

② 预付年金的计算。

预付年金的终值。预付年金的终值是指在按复利计息的情况下,将每期期初发生金额相等的款项全部折算到最后一期期末时的终值之和。预付年金终值与普通年金终值相差一期的利息,如图1-8所示。

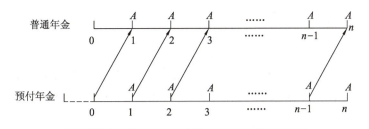

图1-8 预付年金与普通年金对比示意图

因此,在 n 期普通年金终值的基础上乘 $(1+i)$ 就是 n 期预付年金的终值。其计算公式为:

$$F = A \times (1+i) \times \left[\frac{(1+i)^n - 1}{i}\right] = A \times \left[\frac{(1+i)^{n+1} - (1+i)}{i}\right]$$

$$= A \times \left[\frac{(1+i)^{n+1} - 1}{i} - 1\right]$$

即有:$F = A \times [(F/A, i, n+1) - 1]$

式中,$[(F/A, i, n+1) - 1]$ 称为"1元预付年金终值系数",它是在普通年金终值系数的基础上,期数加1,系数值减1所得结果。所以只要通过查"1元年金终值表"得到 $(n+1)$ 期的值,然后减去1即可得到预付年金的终值系数。

【例1-7】 某人连续6年在每年年初存入银行1 000元,银行存款利率为5%,问在第6年年末本利和为多少?

解答:$F = 1\,000 \times (1+5\%) \times (F/A, 5\%, 6) = 1\,000 \times (1+5\%) \times 6.801\,9$
$\qquad = 7\,141.995(元)$

或 $F = 1\,000 \times [(F/A, 5\%, 7) - 1] = 1\,000 \times (8.142 - 1) = 7\,142(元)$

预付年金现值。预付年金现值是指在复利计息的情况下,每期期初发生金额相等的款项全部折算为第一期期初的现值之和。预付年金的现值与普通年金的现值也相差一期的利息。根据图1-8所示,同样可得预付年金现值的计算公式:

$$P = A \times (1+i) \times \left[\frac{1-(1+i)^{-n}}{i}\right] = A \times \left[\frac{(1+i) - (1+i)^{-(n-1)}}{i}\right]$$

$$= A \times \left[\frac{1-(1+i)^{-(n-1)}}{i} + 1\right]$$

即有:$P = A \times [(P/A, i, n-1) + 1]$

式中,$[(P/A, i, n-1) + 1]$ 称为"1元预付年金现值系数",它是在普通年金现值系数的基础上,期数减1,系数值加1所得结果。所以只要通过查"1元年金现值表"得到 $(n-1)$ 期的值,然后加上1即可得到预付年金的现值系数。

【例1-8】 某人连续6年在每年年初存入银行1 000元,银行存款利率为5%,则相当于其在第1年年初存入多少钱?

解答:$P = 1\,000 \times (1+5\%) \times (P/A, 5\%, 6) = 1\,000 \times (1+5\%) \times 5.075\,7$
$\qquad = 5\,329.485(元)$

或 $P = 1\,000 \times [(P/A, 5\%, 5) + 1] = 1\,000 \times (4.329\,5 + 1) = 5\,329.5(元)$

以上两种方法产生的微小差异是系数表小数保留位数有限所引起的。

想一想 预付年金与普通年金系数间的变动关系是怎样的？

③ 递延年金的计算。

递延年金是普通年金的特殊形式，是隔了若干期以后才开始发生的普通年金。

递延年金的终值计算，只与连续的收付期(n)有关，与递延期(m)无关，计算方法与普通年金相同，如图1-9所示。

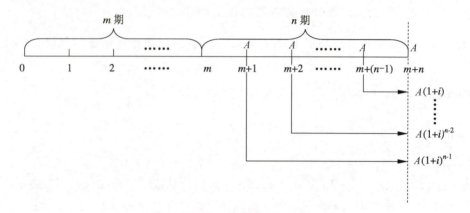

图1-9 递延年金的终值示意图

☞ **请注意**

递延年金与普通年金相比：

共同点：期末发生。

区别点：普通年金第一次的发生额在第一期末，递延年金第一次的发生额不在第一期末。

【例1-9】 某公司于年初投资一条生产流水线，估计可使用10年，需要安装调试3年，从第3年年初开始投入生产，估计从第3年到第12年，每年年末可得收益200万元，假设年利率为5%，试计算这条生产流水线收益的终值。

解答：$F = A \times \left[\dfrac{(1+5\%)^{10} - 1}{5\%} \right]$

$= A \times (F/A, i, n)$

$= 200 \times (F/A, 5\%, 10)$

$= 200 \times 12.578$

$= 2\,515.6（万元）$

递延年金现值可用以下两种方法来计算：

第一种：分段计算法，把递延年金视为第n期的普通年金，求出年金在递延期期末m点的现值，再将m点的现值折算到第一期期初，即得到n期的递延年金的现值。

第二种：补缺抵扣法，先假设递延期也发生年金，则变成一个($m+n$)期的普通年金，算出($m+n$)期的年金现值，再扣除并未实际发生年金收付的m期递延期年金的现值，即可求出n期的递延年金的现值。

想一想 递延年金现值还有其他计算方法吗?

你能归纳每种方法的公式吗?

【例1-10】 某公司投资某一项目,第3年至第8年每年年末可获得投资收益50万元,假设年利率为10%,试计算该项投资收益的总现值。

方法一:先将后6年的年金折现至第3年年初,然后再折现至第1年年初,如图1-10所示。

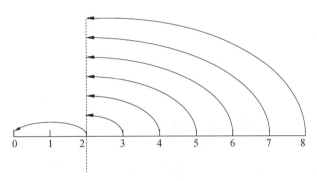

图1-10 递延年金的现值示意图(一)

$P = A \times (P/A,10\%,6) \times (P/F,10\%,2) = 50 \times 4.3553 \times 0.8264 = 179.96(万元)$

方法二:先假设前2年每年年末也有投资收益50万元,先求出8年普通年金的现值,然后扣除前2年实际并未发生的年金,如图1-11所示。

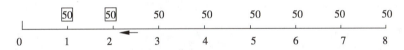

图1-11 递延年金的现值示意图(二)

$P = 50 \times [(P/A,10\%,8) - (P/A,10\%,2)] = 50 \times (5.3349 - 1.7355)$
$= 179.97(万元)$

以上两种方法产生的微小差异是系数表小数保留位数有限所引起的。

练一练 某项目于2024年年初动工,由于施工延期5年,于2029年年初投产,从投产之日起每年得到收益50 000元。按年利率8%计算,则10年收益相当于2024年年初的总现值是多少?

④ 永续年金。

永续年金没有终止的时间,因此它也就没有终值,只有现值。它也是普通年金的一种特殊形式。例如,因购买优先股而每年获得的股利,就是典型的永续年金。在计算上永续年金的现值可视为期限趋于无穷的普通年金现值。其现值的计算公式推导如下:

$$P = A \times \frac{1-(1+i)^{-n}}{i} = A \times \frac{1}{i} \quad (其中 n \to \infty)$$

【例1-11】 某公司考虑建立一项永久性的奖励基金,计划每年拿出60 000元用于奖励企业优秀职工,若银行利率为6%,问企业现在需要存入多少钱?

解答:$P = 60\,000 \div 6\% = 1\,000\,000$(元)

想一想 年金复利与普通复利在计算上有何联系?

(三)资金时间价值的应用

1. 插值法的介绍

(1)插值法的含义。插值法又称内插法,所谓插值就是求介于已知的两个值中间的那个值。通过查复利系数表,在相同期数内找出最邻近所求值的一个较大值、一个较小值,列出比率等式即可求出所要的中间值。

> ☞ **提醒您**
>
> 插值法通常与试误法结合运用,试误法又称为逐次测试法,即估算一个折现率,然后用该折现率计算该方案的现值,如果现值为正数,说明方案本身的利率大于估算的折现率,应该提高该折现率;如果现值为负数,说明方案本身的利率小于估算的折现率,应该降低该折现率。如此反复经过多次测试后,最终找到使两个现值(一个比所求现值略大,一个比所求现值略小)接近于所求现值的折现率,然后采用插值法求出该方案利率。
>
> i 与现值呈反向变化,即 i 越大,现值越小。

(2)插值法应用的前提是,将系数与利率或期限之间的变动看成是线性变动,即直线关系。

比如,已知 $i=10\%$,期数为5的年金现值系数为 3.790 8;$i=12\%$,期数为5的年金现值系数为 3.604 8。求系数为 3.7,期数为5的折现率。这就要用到内插法,假设要求的折现率为 i,则有:$(i-10\%) \div (12\%-10\%) = (3.7-3.790\,8) \div (3.604\,8-3.790\,8)$,求解得 $i=10.98\%$。

(3)应用插值法应注意的是折现率与系数的一一对应关系;已知的两个值必须离所求的中间值较靠近,否则误差较大。

(4)内插法的口诀可以概括为:求利率时,利率差之比等于对应的系数差之比;求年限时,年限差之比等于对应的系数差之比。

【例1-12】 已知 $(P/A, i, 4)=3$,求出式中的 i。

假设普通年金现值系数3对应的利率为 i,查普通年金现值系数表,看 $n=4$,找出同期一个比3大的系数及对应的折现率和一个比3小的系数及对应的折现率,然后用内插法求解。

解答:
$$\left.\begin{array}{r}12\% \\ i \\ 14\%\end{array}\right\} \quad \left.\begin{array}{r}3.037\,3 \\ 3 \\ 2.917\,3\end{array}\right\}$$

$$\frac{i-12\%}{14\%-12\%} = \frac{3-3.037\,3}{2.917\,3-3.037\,3} \quad i=12.62\%$$

2. 实际利率与名义利率

资金时间价值计算的计息期数,按国际惯例,如果没有特别说明,通常是指年。n 一般是指计息年数,i 是指年利率。在实际经济活动中,复利的计息期可能短于一年,可能是半年、季度或月份,即每年计息次数大于一次。当利息在 1 年内复利次数超过 1 次时,给出的年利率称为名义利率,实际得到的利息要比按名义利率计算的利息高。此时,计算资金时间价值就不能用给定的年利率直接计算,而应先将名义利率换算为实际利率。

实际利率与名义利率的关系可用下面公式表示:

$$r = \left(1 + \frac{i}{m}\right)^m - 1$$

式中,r 为实际利率;i 为名义利率;m 为每年复利次数。

【例 1-13】 某公司于年初存入银行 10 万元,在年利率为 6%、半年复利一次的情况下,问到第 5 年年末,能得到多少本利和?

解答:根据题意,$P = 10$ 万元,$i = 6\%$,$m = 2$,$n = 5$。

得:$r = \left(1 + \frac{i}{m}\right)^m - 1$

$= \left(1 + \frac{6\%}{2}\right)^2 - 1$

$= 6.09\%$

$F = P \times (1 + i)^n = 10 \times (1 + 6.09\%)^5 = 13.4392$(万元)

或:不计算实际利率,而是相应调整复利终值计算公式中的相关指标,即利率为 i/m,期数为 $m \times n$。

$F = P \times (1 + i/m)^{mn}$

$= 10 \times (1 + 6\%/2)^{2 \times 5}$

$= 10 \times (F/P, 3\%, 10)$

$= 10 \times 1.3439 = 13.439$(万元)

练一练 如果年利率为 4%,半年复利一次,18 年后的 1 000 元其复利现值为多少?

3. 期数的推算

期数 n 的推算,其原理和步骤与利率 i 的推算相同。

现以普通年金为例,说明在 P、A 和 i 已知情况下,推算期数 n 的基本步骤。

(1) 计算出 P/A,设为 α。

(2) 根据 α 查普通年金现值系数表。沿着已知的 i 所在示列纵向查找,如能找到恰好等于 α 的系数值,其对应的 n 值即为所求的期数值。

(3) 如找不到恰好为 α 的系数值,则要查找最接近 α 值的大小临界系数 β_1、β_2 以及对应的临界期数 n_1、n_2,然后应用插值法求 n。计算公式如下:

$$n = n_1 + \frac{\beta_1 - \alpha}{\beta_1 - \beta_2} \cdot (n_2 - n_1)$$

【例 1-14】 某公司拟购买一台柴油机更新目前所使用的汽油机。柴油机价格较汽油机高出 2 000 元,但每年可节约燃料费用 500 元。若利率为 10%,则柴油机应至少使用多少年此项更新才有利?

解答：$P = 2\,000$（元）

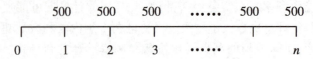

$2\,000 = 500 \times$ 普通年金现值系数

$$\frac{1-(1+i)^{-n}}{i} = 4$$

查普通年金现值系数表，看 $i = 10\%$，查找最接近 4 的大小临界系数及对应的期数：

$$\left.\begin{array}{l} 6 \\ n \\ 5 \end{array}\right\} \quad \left.\begin{array}{l} 4.355\,3 \\ 4 \\ 3.790\,8 \end{array}\right\}$$

$$\frac{6-n}{6-5} = \frac{4.355\,3 - 4}{4.355\,3 - 3.790\,8} \qquad n = 5.37 \text{（年）}$$

> ☞ **请注意**
>
> 引入资金时间价值概念后，必须重新树立投资评价的思想和观念：不同时点的货币不再具有可比性，要进行比较，必须转化到同一时点，这就是为什么要进行终值与现值互相转化的道理。

二、风险价值（报酬）

企业在市场经济中面临各种风险与不确定因素，企业的财务管理工作也几乎都是在存在风险和不确定的情况下开展的，离开风险因素就难以正确评价企业收益的高低。风险价值的理论正确地揭示了风险与收益的相关性，即风险越大，收益越高，因而正确估计风险会为企业带来超过预期的收益，而错误估计风险会为企业带来超过预期的损失。为此，财务人员要正确认识并充分估计风险，谋求以最小的风险获得最大的收益。

（一）风险的概念

通俗地讲，风险就是指未来的不确定性，未来的实际结果和我们预期的结果有偏差，那么就称作有风险。风险的大小随时间的延续而变化，时间越延长，事件本身的不确定性就越小，特别是当事件接近完成时，其结果已基本确定，因此也就没有了风险。

风险一般有以下特点：① 客观性，即风险客观存在于企业的财务管理工作中；② 不确定性，即风险会给企业财务成果带来不确定；③ 与损失相关联，即风险可能会给企业造成损失。

（二）风险的类别

（1）按照风险导致的后果不同，可分为纯粹风险和投机风险。纯粹风险是指未来只会造成损失而没有获利可能性的风险。投机风险是指既可能造成损失也可能产生收益的风险。

(2) 按照风险的起源与影响,可分为基本风险(系统风险)与特定风险(非系统风险)。系统风险指由于外部市场因素的变动给所有企业或绝大部分企业带来的不确定性,这类风险不能够通过投资组合分散,因而也称作不可分散风险。非系统风险是指来自某一个企业的特定事件所引起的风险,这类风险可通过投资组合分散,也称作企业特定风险,或可分散风险。企业特定风险又可分为经营风险和财务风险。经营风险是指因生产经营方面的原因给企业盈利带来的不确定性。如原材料、动力供应不足产生的停产风险,不可预见的自然灾害引起的重大经营风险等。财务风险又称筹资风险,是指由于举债而给企业财务成果带来的不确定性。如企业因借款过多引起的到期无法偿还的风险。

(三) 风险价值

风险价值是指投资者由于冒着风险进行投资而获得的超过资金时间价值的额外收益。这是对人们所遇风险的一种价值补偿,也称风险溢价或风险报酬,其表现形式是风险报酬额和风险报酬率。在实际财务工作中一般以风险报酬率表示。风险报酬率是风险报酬额与投资额的比率。

在企业财务管理工作中,按风险程度不同,可把财务决策分为三种类型:

(1) 确定性决策:未来情况确定不变或已知,这种完全确定的方案是极少的。
(2) 风险性决策:未来情况不完全确定,但各种情况发生的可能性(概率)已知。
(3) 不确定性决策:未来情况不确定,各种情况发生的可能性(概率)也不清楚。

> ☞ **请注意**
>
> 在财务管理的实际工作中,对风险和不确定性并不严格区分,当谈到风险时,可能是指风险,更可能是指不确定性。

(四) 风险与收益的关系

企业进行的长期投资活动一般投入的资金数额都很大,相应地回收投资所需的时间也很长,因此风险也就很大。然而风险与收益是一种对等的关系,即等量的风险要求带来等量的收益。一般而言,投资收益(报酬)包括两个部分:无风险收益率(资金时间价值)和风险报酬率。

$$投资收益率 = 无风险收益率(资金时间价值) + 风险报酬率$$

风险与收益关系示意图如图 1-12 所示。

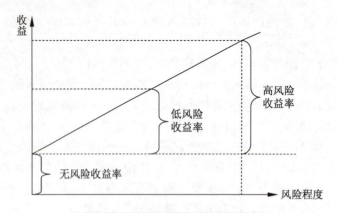

图 1-12 风险与收益的关系图

【例 1-14】 资金时间价值为 4%,某项投资的风险报酬率为 8%,要求：在不考虑通货膨胀的情况下,计算该项投资的投资收益率。

解答：投资收益率 = 无风险收益率(资金时间价值) + 风险报酬率 = 4% + 8% = 12%

(五) 风险的衡量

风险是可能值对希望值的偏离,一般用概率分布、期望值、标准离差来计算与衡量风险的大小。

1. 确定概率分布

随机事件,是指在完全相同的条件下,可能发生也可能不发生,既可能出现这种结果又可能出现那种结果的事件。概率就是用(百分数或小数)来反映随机事件发生可能性大小的数值。

(1) 用 X 表示随机事件,X_i 表示随机事件的第 i 种结果,P_i 表示第 i 种结果出现的概率。

(2) 一般随机事件的概率在 0 与 1 之间,即 $0 < P_i < 1$。P_i 越大表示该事件发生的可能性越大；P_i 越小表示该事件发生的可能性越小。肯定发生的事件概率为 1；肯定不发生的事件概率为 0。

(3) 所有可能结果出现的概率之和必定为 1,即 $\sum P_i = 1$。

【例 1-15】 某公司投资生产了甲、乙两种新产品,在不同市场情况下,各种可能的收益及概率情况如下：

市场情况	甲年收益 X_i /万元	概率 P_i	乙年收益 X_i /万元	概率 P_i
畅销	100	0.3	120	0.25
一般	50	0.5	70	0.5
滞销	20	0.2	30	0.25

从上表可见,所有的 P_i 均在 0 和 1 之间。

且甲：$\sum P_i = P_1 + P_2 + P_3$ 乙：$\sum P_i = P_1 + P_2 + P_3$
       $= 0.3 + 0.5 + 0.2$ $= 0.25 + 0.5 + 0.25$
       $= 1$ $= 1$

2. 期望值

期望值是一个概率分布中的所有可能结果,以各自相对应的概率为权数计算的加权平均值,其公式为:

$$\bar{E} = \sum_{i=1}^{n} X_i \cdot P_i$$

【例 1-16】 利用【例 1-15】资料,求该种新产品的预期年收益的期望值。

解答：$\bar{E}_甲 = 100 \times 0.3 + 50 \times 0.5 + 20 \times 0.2 = 59(万元)$

$\bar{E}_乙 = 120 \times 0.25 + 70 \times 0.5 + 30 \times 0.25 = 72.5(万元)$

3. 标准离差和标准离差率

(1) 标准离差是用来衡量概率分布中各种可能值对期望值的偏离程度的指标,它反映方案的风险大小,用 σ 表示,计算公式为:

$$\sigma = \sqrt{\sum_{i=1}^{n}(X_i - \bar{E})^2 \times P_i}$$

【例 1-17】 接【例 1-16】,计算两种新产品的标准离差。

解答：$\sigma_甲 = \sqrt{(100-59)^2 \times 0.3 + (50-59)^2 \times 0.5 + (20-59)^2 \times 0.2} = 29.14$

表明新产品甲的年收益与期望收益的标准离差为 29.14。

$\sigma_乙 = \sqrt{(120-72.5)^2 \times 0.25 + (70-72.5)^2 \times 0.5 + (30-72.5)^2 \times 0.25} = 31.9$

表明新产品乙的年收益与期望收益的标准离差为 31.9。

标准离差是以绝对数来衡量决策方案的风险,在多个方案的情况下,若期望值相同,标准离差越大,风险越大;相反,标准离差越小,风险越小。标准离差也有局限性,即它是一个绝对数,只适用于期望值相同的决策方案风险程度的比较。而甲、乙两个方案的期望值不同,因而失去比较基础,为克服这一缺陷,可用标准离差率来比较。

(2) 标准离差率是指标准离差与期望值的比值,用 V 表示,计算公式为:

$$V = \frac{\sigma}{\bar{E}}$$

【例 1-18】 仍用【例 1-15】资料,计算标准离差率。

解答：$V_甲 = \dfrac{\sigma}{\bar{E}} = \dfrac{29.14}{59} = 0.49$

$V_乙 = \dfrac{\sigma}{\bar{E}} = \dfrac{31.9}{72.5} = 0.44$

根据上述结果可以判定,投资甲产品的风险大于投资乙产品的风险。

标准离差率是以相对数来衡量决策方案的风险,一般情况下标准离差率越大,风险越大;相反,标准离差率越小,风险越小。标准离差率指标的使用范围较广,尤其适用于期望值不同的决策方案风险程度的比较。

4. 风险收益率

风险收益率是投资者因冒险进行投资而要求超过资金时间价值的那部分额外的收益率,一般用 G 表示,其计算公式为:

$$G = b \times v$$

式中,b 为风险报酬(价值)系数(参考资金时间价值,并根据各行业的具体情况,以资金时间价值为基础上下浮动);v 为标准离差率。

【例1-19】 接【例1-18】,假设甲产品的风险系数为10%,乙产品的风险系数为8%,分别计算投资甲产品和乙产品的风险收益率。

解答:$G_甲 = 10\% \times 0.49 = 4.9\%$

$G_乙 = 8\% \times 0.44 = 3.52\%$

议一议

1. 有人说:"只要是货币,就存在时间价值",这句话是否正确？为什么？
2. 资金产生时间价值的根本原因是什么？
3. 资金时间价值计算的主要指标有哪些？
4. 风险与报酬的关系是怎样的？

【搜索关键词】

财务管理　资金时间价值　年金　风险价值

【单元小结】

财务管理是现代企业管理的重要组成部分,它在整个企业管理系统中处于核心地位。它是有关企业资金筹集、运用和分配的一项管理工作。财务管理的对象是企业的资金及其运动,具体包括筹资管理、投资管理、资金营运管理和利润分配管理。

企业进行财务活动和财务管理会受到某些条件和因素的影响,这些条件和因素就是企业的理财环境。

企业理财必须树立基本理财观念,即资金时间价值观念、风险价值观念。资金时间价值是资金在社会再生产过程中随着时间推移而产生的增值,其来源是劳动者创造的剩余价值。资金时间价值的计算通常采用复利计算,它包括复利现值、复利终值和各种年金现值、终值的计算,其目的是反映资金增值的一般数量规律。风险是指事物的不确定性,从理财角度看,风险就是无法达到预期收益的可能性,即实际收益与预期收益发生背离。投资者因冒险投资而获得超过资金时间价值的超额收益称为投资的风险价值(报酬)。

【主要名词中英文】

财务	Financial
财务管理	Financial Management
资金	Fund
资金时间价值	Time Value of Money
风险价值	Risk Value of Investment
利润	Profit
利率	Interest Rate
收益	Lucre
年金	Annuity

单元二

筹资管理

模块一 认识筹资管理

 学习目标

1. 认知筹资的含义、分类。
2. 理解筹资管理的原则、筹资渠道和筹资方式。
3. 掌握筹资方式并学会应用。
4. 树立合法、合理、合算的筹资观念。
5. 建立筹资过程中的规则意识和成本意识。

 学习重点

1. 企业筹资的概念。
2. 企业筹资的分类。
3. 筹资管理的基本原则。
4. 企业筹资的渠道与方式。

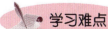 学习难点

1. 企业筹资的分类。
2. 筹资的渠道和方式。

案例导入

位于成都市近郊新津县,拥有 2 亿多元资产,占有全国泡菜市场 60% 份额的田氏家族新蓉新公司,近年来却被流动资金的"失血"折磨得困苦不堪。据悉,由于与地方银行互相缺乏信任,田家资金短缺时主要靠向周围人借,利率在每月 2.5%~3%,不计复利,年利率也达到 30%~36%。由于当时的新蓉新泡菜畅销国内,愿意借钱给其投资的人不在少数,随着新蓉新公司运营陷入困境直到最终的清盘告终,这些集资户投入的资金也随之蒸发了。2007 年 3 月,靠一手做泡菜绝活起家的"泡菜大王"、新蓉新公司创始人田玉文,因为非法吸收公众存款罪和虚报注册资本罪被判处有期徒刑 11 年,他的儿子陈卫东也被判处有期徒刑 7 年。

(资料来源:《证券日报》2008 年 9 月 9 日)

请思考:1. 像这样的企业,银行为何惜贷呢?如何才能筹措到所需的资金?
2. 筹资需要遵循一定的筹资原则吗?

一、企业筹资的概念

俗话说"巧妇难为无米之炊",企业要形成生产经营能力、保证生产经营正常进行,必须拥有一定数量的资金。企业筹资,是指企业为了满足其经营活动、投资活动、资金结构调整等需要,运用一定的筹资方式,筹措和获取所需资金的一种行为。它是企业财务管理的一项最原始和最基本的职能,是资金运转的起点。

> **☞ 提醒您**
> 企业筹资的基本目的是为了自身的生存和发展。

二、企业筹资的分类

企业筹资可以按不同的标准进行分类。

(一)按企业所取得资金的权益特征不同分为股权筹资、债务筹资及衍生工具筹资

这是企业筹资方式最常见的分类方法。

股权筹资形成股权资金,是企业依法长期拥有、能够自主调配运用的资金。股权资金在企业持续经营期间,投资者不得抽回,因而也称为企业的自有资金。股权资金一般不用还本,形成了企业的永久性资金,因而财务风险小,但付出的资金成本相对较高。

债务筹资是指企业通过借款、发行债券、融资租赁以及赊销商品或服务等方式取得资金,同时形成在规定期限内需要清偿的债务。由于债务筹资到期要归还本金和支付利息,对企业的经营状况不承担责任,因而具有较大的财务风险,但付出的资金成本相对较低。

衍生工具筹资包括兼具股权与债务特性的混合融资和其他衍生工具融资。我国上市公司目前最常见的混合融资是可转换债券融资,最常见的其他衍生工具融资是认股权证融资。

(二) 按筹资方式是否以金融机构为媒介分为直接筹资和间接筹资

直接筹资是企业直接与资金供应者协商融通资金的一种筹资活动。直接筹资方式主要有吸收直接投资、发行股票、发行债券等。

间接筹资是企业借助银行等金融机构融通资金的筹资活动。间接筹资的基本方式是向银行借款,此外还有融资租赁等筹资方式。

(三) 按资金的来源范围不同分为内部筹资和外部筹资

内部筹资是指企业通过利润留存而形成的筹资来源。

外部筹资是指企业向外部筹措资金而形成的筹资来源。

(四) 按所筹资金的使用期限不同分为长期筹资和短期筹资

长期筹资是指企业筹集使用期限在1年以上的资金筹集活动。长期筹资通常采取吸收直接投资、发行股票、发行债券、取得长期借款、融资租赁等方式。

短期筹资是指企业筹集使用期限在1年以内的资金筹集活动。短期筹资通常利用商业信用和短期借款等方式。

三、筹资管理的原则

为了经济、有效地筹集资金,企业筹资必须遵循以下基本原则。

(一) 效益性原则

效益性原则是企业在选择资金来源、决定筹资方式时,必须综合考虑资金成本、筹资风险及投资效益。这要求企业在进行筹资活动时,一方面要认真分析投资机会,讲究投资效益,避免不顾投资效益的盲目筹资;另一方面由于不同筹资方式的资金成本高低不尽相同,也需要综合研究各种筹资方式,寻求最优的筹资组合,以降低资金成本,经济、有效地筹集资金。

(二) 适度规模原则

筹集资金的目的是保证生产经营所需要的资金,筹资不足,影响生产经营发展;筹资过多,造成资金闲置。所以,必须合理确定资金需要量,规模适度。

(三) 最佳时机原则

企业筹集资金应根据资金的投放使用时间来合理安排,使筹资和用资在时间上相衔接,避免超前筹资而造成资金的闲置和浪费,或滞后影响生产经营的正常进行。

（四）合法性原则

企业的筹资活动必须遵循国家的相关法律法规，依法履行法律法规和投资合同约定的责任，维护各方权益，避免非法筹资行为给企业自身及相关主体造成损失。

四、企业筹资的渠道

筹资渠道是指企业筹集资金来源的方向与通道。目前我国企业筹集资金的渠道主要有：

（一）国家财政资金

国家财政资金是指国家以财政拨款、财政贷款、国有资产入股等形式向企业投入的资金，是我国国有企业的主要资金来源。

（二）银行信贷资金

银行信贷资金是指企业通过向专业银行报批立项的基本建设投资贷款、流动资金贷款以及行使的其他贷款取得的资金。

（三）非银行金融机构资金

非银行金融机构指以发行股票和债券、接受信用委托、提供保险等形式筹集资金，并将所筹资金运用于长期性投资的金融机构，主要有信托投资公司、租赁公司、保险公司等，资金供应比较灵活方便。

（四）其他企业资金

其他企业资金包括其他企业以其一部分暂时或长期闲置的资金，为了一定的目的而投资于企业形成的资金，以及企业在购销业务中形成的商业信用资金。

（五）民间资金

民间资金是指城乡居民闲置的消费基金。随着我国经济的发展，人民生活水平不断提高，居民的节余货币可用于对企业进行投资。

（六）企业自留资金

企业自留资金是指企业内部形成的资金，包括从税后利润中提取的盈余公积金和未分配利润，以及通过计提折旧费而形成的固定资产更新改造资金。

（七）外商资金

外商资金是指外国投资者以及我国香港、澳门、台湾地区投资者的资金。随着国际经济业务的拓展，利用外商资金已成为企业筹资的一个新的重要来源。

五、企业筹资的方式

筹资方式是指企业筹措资金所采取的具体形式。目前我国企业筹集资金的方式主要有：

（一）吸收直接投资

吸收直接投资是指企业按照"共同投资、共同经营、共担风险、共享收益"的原则，直接吸收国家、法人、个人和外商投入资金的一种筹资方式。采用吸收直接投资方式，能增强企业信誉和借款能力，尽快形成生产能力，有利于降低财务风险，不过较容易分散企业控制权，资金成本也较高。

（二）发行股票

股票是股份有限公司为筹措股权资金而发行的有价证券，是公司签发的证明股东持有公司股份的凭证。股票按照权利和义务的不同，分为普通股和优先股。普通股是股份公司发行的具有管理权而股利不固定的股票，是股份制企业筹集权益资金的最主要方式。优先股是股份公司发行的具有一定优先权的股票。通过发行普通股筹集资金，筹资风险小，没有固定的股利负担，没有固定的到期日，无须偿还，筹资限制也少，能增强企业的信誉，提高企业的举债能力，但是资金成本较高，一般要大于债务资金成本，并且容易分散公司的控制权，增发新股可能会降低普通股的每股净收益，从而引起股价下跌。

（三）利用企业留存收益

利用企业留存收益是指将企业留存的利润作为企业的发展资金。

（四）银行借款

银行借款是指企业向银行或其他非银行金融机构借入的、需要还本付息的款项，包括偿还期限超过1年的长期借款和偿还期限不足1年的短期借款，主要用于企业购建固定资产、满足流动资金周转的需要。银行借款筹资速度快，筹资成本低，借款弹性大，到期后还款如有困难，可申请展期；但是银行借款财务风险较大，限制条款较多，筹资数额有限。

（五）商业信用

商业信用是指在商品交易中，由于延期付款或延期交货而形成的企业之间的借贷关系。形式主要有应付账款、应付票据、预收货款等。商业信用筹资便利，筹资成本低，限制条件少，但是期限较短，资金不能长期占用。

（六）发行债券

企业债券又称公司债券，是企业依照法定程序发行的、约定在一定期限内还本付息的有价证券。债券是持券人拥有公司债权的书面证明，它代表持券人同发债公司之间的债权债务关系。债券有等价发行、折价发行、溢价发行三种发行价格。其资金成本较低，能保证股东对企业的控制权,可以发挥财务杠杆作用;但是筹资风险大,限制条件多,筹资额有限。

(七) 融资租赁

融资租赁是由租赁公司按承租单位要求出资购买设备,在较长的合同期限内提供给承租单位使用的融资信用业务。融资租赁有三种形式:直接租赁、售后回租和杠杆租赁。融资租赁筹资速度快,筹资限制少,设备陈旧风险小,财务风险小,税收负担轻,但由于其租金比银行借款或发行债券所负担的利息高很多,所以资金成本较高。

筹资渠道解决的是资金的来源问题,筹资方式则是解决通过何种方式取得资金的问题。一定的筹资方式可能只适用于某一特定的渠道,但是同一渠道的资金往往可以采用不同的方式取得。在上述七种筹资方式中,前三种方式筹集的资金为权益资金,后四种方式筹集的资金为负债资金。企业若要筹得足够的资金满足生产经营活动的需要,就必须结合自身的实际情况和各种方式的特点,选择合适的筹资方式。

模块二　预测资金需要量

学习目标

1. 认知资金需要量定性预测。
2. 理解资金需要量定量预测中的销售百分比法、资金习性预测法。
3. 掌握不同财务环境下的资金需要量预测的方法。
4. 树立正确的资金预测规划意识和"凡事预则立,不预则废"的财务理念。

学习重点

1. 销售百分比法。
2. 资金习性预测法。

学习难点

1. 敏感项目与非敏感项目的区分。
2. 资金按习性的分类。
3. 资金习性预测法中回归直线法的应用。

某公司2021年12月31日的资产负债表如表2-1所示。2021年销售收入为250万元，现在还有剩余生产能力。销售净利润率为10%，利润留存比率为40%。预计2022年销售收入为300万元。

表2-1　　　　　　　　　　　　　　资产负债表
2021年12月31日　　　　　　　　　　　　　　　　　单位：万元

资　产	金　额	负债与所有者权益	金　额
货币资金	10	应付费用	10
应收票据及应收账款	30	应付票据及应付账款	40
预付账款	20	短期借款	50
存货	60	公司债券	20
固定资产	60	实收资本	40
无形资产	20	留存收益	40
合　计	200	合　计	200

请思考：1. 按销售百分比法预测2022年计划期资金需要量和需向外界筹集的资金数额。
　　　　2. 企业资金数额是否应结合企业实际需要测定？

一、资金需要量预测的意义

资金需要量是筹资的数量依据，必须合理地进行预测。筹资数量预测的基本目的，是保证筹集的资金既能满足生产经营的需要，又不会多余而闲置。

二、资金需要量预测的方法

（一）定性预测法

定性预测法是指依靠预测者个人的经验、主观分析和判断能力，对未来时期资金的需要量进行估计和推算的方法。

其预测过程是：首先，由熟悉财务情况和生产经营情况的专家根据过去所积累的经验进行分析判断，提出预测的初步意见；然后，通过召开座谈会或发出各种表格等形式对上述预测的初步意见进行修正补充。这样经过一次或几次以后，得出预测的最终结果。

定性预测法虽然十分实用，但它不能揭示资金需要量与有关因素之间的数量关系。例如，预测资金需要量应和企业生产经营规模相联系。生产规模扩大，销售数量增加，会引起资金需求增加；反之，则会使资金需求量减少。因此，这种方法预测结果的准确性较差，一般只作为预测的辅助方法，通常在缺乏完备的历史资料情形下采用。

（二）定量预测法

定量预测法是以历史资料为依据，采用数学模型对未来时期资金需要量进行预测的方法。这种方法能揭示资金需要量与相关因素之间的数量关系，应用这种方法需要有完整的历史资料，因此预测结果较准确。

1. 销售百分比法

（1）概念。

销售百分比法是指以资金与销售额的比率为基础，预测未来资金需要量的方法。

（2）运用销售额百分比法预测资金需要量时，是以下列假设为前提的：

① 企业的部分资产和负债与销售额同比例变化；

② 企业各项资产、负债与所有者权益结构已达到最优。

（3）基本步骤。

① 确定随销售额变动而变动的敏感性项目。将资产负债表上的全部项目划分为敏感性项目和非敏感性项目。敏感性项目是指其金额随销售收入自动成正比例增减变动的项目，非敏感性项目是指其金额不随销售收入自动成正比例增减变动的项目。敏感性资产项目一般包括货币资金、应收账款、预付账款、存货等。敏感性负债项目一般包括应付账款、应付票据、应交税金等，其他属于非敏感性项目。长期、短期借款由于都是人为可以安排的，不随销售收入自动成比例变动，所以是非敏感性项目，在编制预计资产负债表时可假定这些项目不发生变化。

> ☞ **请注意**
>
> 只有当固定资产利用率已经达到饱和状态，产销量的增加将导致机器设备、厂房等固定资产的增加，此时固定资产才应列为敏感资产；如果目前固定资产的利用率并未饱和，则在一定范围内的产量增加就不需要增加固定资产的投入，此时固定资产不应列为敏感项目。

② 计算基期（上期）资产负债表中各敏感性项目的销售百分比并填表。

$$某项目销售百分比 = \frac{某项目金额}{销售额} \times 100\%$$

③ 编制预计（下期）资产负债表。根据基期（上期）资产负债表及其各敏感性项目与销售额之间的比例关系，编制出预计（下期）资产负债表，并据以确定资金需要量。

计算公式为：

$$某敏感项目预计资金额 = 预计销售额 \times 某项目销售百分比$$

$$非敏感项目预计资金额 = 基期（上期）数额$$

④ 确认资金需要量，就是预计（下期）资产负债表资产总额。

⑤ 计算预计（下期）可增加的留存收益。

$$可增加的留存收益 = 预计（下期）净利润 \times 留存比例$$

⑥ 计算需要追加的筹资额。

追加的筹资额 = 预计（下期）资产负债表资产总额 − 已有的负债及所有者权益合计

销售百分比法的简化计算公式为：

对外筹资需要量＝增量销售额×(敏感性资产百分比－敏感性负债百分比)－计划年增加留存收益

即：对外筹资需要量 $= \Delta S\left(\dfrac{A}{S_1} - \dfrac{B}{S_1}\right) - S_2 EP$

式中，A 为随销售变化的资产(敏感性资产)；B 为随销售变化的负债(敏感性负债)；S_1 为基期销售额；S_2 为预测期销售额；ΔS 为增量销售额；P 为销售净利率；E 为留存比率；$\dfrac{A}{S_1}$ 为敏感性资产占基期销售额的百分比；$\dfrac{B}{S_1}$ 为敏感性负债占基期销售额的百分比。

【例2-1】 某公司2021年销售额为800万元，销售利润率为8%，所得税率为25%，2021年资产负债表如表2-2所示。2022年预计销售额1 000万元，销售利润率、所得税率不变，公司现有生产能力尚未饱和，增加销售无须增加固定资产。当年可留存比率为40%。按销售百分比法预测2022年资金需要量和追加的筹资额。

① 计算2021年资产负债表中各敏感项目占销售额百分比，填入表中。

表2-2　　　　　　　　　　2021年资产负债表(简表)

项　目	金额/万元	占销售额百分比/%
	(1)	(2)＝(1)/800
资产：		
货币资金	12	1.5
应收票据及应收账款	120	15
存货	200	25
预付账款	8	1
固定资产	260	—
资产总额	600	42.5
负债及所有者权益：		
应付票据及应付账款	124	15.5
应付费用	16	2
长期负债	128	—
实收资本	300	—
留存收益	32	—
负债及所有者权益总额：	600	17.5

② 根据上表计算，编制2022年预计资产负债表，确认2022年资金需要量和需要追加的资金数额，如表2-3所示。

表 2-3　　　　　　　　　　　2022 年资产负债表(简表)　　　　　　　　单位：万元

项　目	金额/万元	占销售额百分比/%	2022 年预计数/万元
	(1)	(2) = (1)/800	(3) = (2)×1 000
资产：			
货币资金	12	1.5	15
应收票据及应收账款	120	15	150
存货	200	25	250
预付账款	8	1	10
固定资产	260	—	260(不变)
资产总额	600	42.5	685
负债及所有者权益：			
应付票据及应付账款	124	15.5	155
应付费用	16	2	20
长期负债	128	—	128(不变)
实收资本	300	—	300(不变)
留存收益	32		56(32＋24)
负债及所有者权益总额：	600	17.5	659
追加筹资额	—		26
追加筹资后负债及所有者权益总额	—		685

③ 从上表中的预计数可知，该公司 2022 年需要的资产总额为 685 万元，说明该公司 2022 年的资金需要量也就是 685 万元。

④ 计算可增加的留存收益：

2022 年利润总额 = 1 000 × 8% = 80(万元)

2022 年的税后利润 = 80 － 80 × 25% = 60(万元)

2022 年可增加的留存收益 = 60 × 40% = 24(万元)

⑤ 根据"资产 = 负债 + 所有者权益"平衡公式，A 公司预计资产为 685 万元，负债和所有者权益为 635 万元，因此，需要追加的筹资额 = 685 － 635 = 50(万元)。

⑥ 对外筹资 = 需要追加的筹资额 － 可增加的留存收益 = 50 － 24 = 26(万元)。

此题也可以直接计算如下：

对外筹资 = 增量销售额 ×(敏感性资产百分比 － 敏感性负债百分比) － 计划年增加留存收益
　　　　 = (1 000 － 800) × (42.5% － 17.5%) － 1 000 × 8% × (1 － 25%) × 40%
　　　　 = 50 － 24 = 26(万元)

想一想　如果对外筹资额为负数，如何理解？

2. 资金习性预测法

（1）概念。

资金习性预测法是根据资金习性预测未来资金需要量的一种方法。所谓资金习性，是指资金的变动同产销量变动之间的依存关系。按照资金同产销量之间的依存关系，可以把资金区分为不变资金、变动资金和半变动资金。

不变资金是指在一定的产销量范围内，不受产销量变动的影响而保持固定不变的那部分资金。这包括为维持营业而占用的最低数额的现金，原材料的保险储备，必要的成品储备，厂房、机器设备等固定资产占用的资金。

变动资金是指随产销量的变动而同比例变动的那部分资金。它一般包括直接构成产品实体的原材料、外购件等占用的资金。另外，在最低储备以外的现金、存货、应收账款等也具有变动资金的性质。

半变动资金是指虽然受产销量变化的影响，但不同比例变动的资金。如一些辅助材料占用的资金。半变动资金可采用一定的方法划分为不变资金和变动资金两部分。

资金习性预测法有两种形式：一种是根据资金占用总额同产销量的关系来预测资金需要量；另一种是采用先分项后汇总的方式预测资金需要量。

（2）根据资金占用总额同产销量的关系预测。

设产销量为自变量x，资金占用量为因变量y，它们之间的关系可用下式表示：

$$y = a + bx$$

式中，a为不变资金；b为单位产销量所需变动资金，其数值可采用高低点法或回归直线法求出。

① 高低点法。高低点法是指根据企业一定期间资金占用的历史资料，按照资金习性原理和$y = a + bx$线性方程式，选用最高收入期和最低收入期的资金占用量之差，同这两个收入期的销售额之差进行对比，先求b的值，然后再代入原直线方程，求出a的值，从而估计推测资金发展趋势。其计算公式为：

$$b = \frac{最高收入期资金占用量 - 最低收入期资金占用量}{最高销售收入 - 最低销售收入}$$

$$a = 最高收入期资金占用量 - b \times 最高销售收入$$
$$= 最低收入期资金占用量 - b \times 最低销售收入$$

【例2-2】 某公司历年资金占用与销售额之间的关系如表2-4所示。

表2-4　　　　　　　　　资金占用与销售额变化情况表　　　　　　　　单位：元

年　度	销售收入（X_i）	资金占用（Y_i）
2016	220 000	13 000
2017	210 000	12 200
2018	215 000	12 500
2019	200 000	12 000
2020	260 000	13 500
2021	300 000	15 000

$$b = \frac{最高收入期的资金占用量 - 最低收入期的资金占用量}{最高销售收入 - 最低销售收入}$$

$$= \frac{15\,000 - 12\,000}{300\,000 - 200\,000}$$

$$= 0.03$$

将 $b = 0.03$ 代入 2021 年 $y = a + bx$ 公式，得：

$a = 15\,000 - 0.03 \times 300\,000$

$= 6\,000(元)$

得出资金预测模型为：$y = 6\,000 + 0.03x$

假设 2022 年的预计销售额为 380 000 元，则：

2022 年的资金需要量 $= 6\,000 + 0.03 \times 380\,000 = 17\,400(元)$

② 回归直线法。回归直线法是根据若干期业务量和资金占用的历史资料，依据回归方程 $y = a + bx$，运用最小二乘法原理计算不变资金和单位销售额变动资金的一种资金习性分析方法。其计算公式为：

$$a = \frac{\sum X_i^2 \sum Y_i - \sum X_i \sum X_i Y_i}{n \sum X_i^2 - (\sum X_i)^2}$$

$$b = \frac{n \sum X_i Y_i - \sum X_i \sum Y_i}{n \sum X_i^2 - (\sum X_i)^2}$$

【例 2-3】 某公司 2017—2021 年产销量与资金变化情况如表 2-5 所示，2022 年预计销售量为 15 万件，请预计 2022 年的资金需要量。

表 2-5　　　　　　　　　　　产销量与资金变化情况表

年　度	产销量(X_i)/万件	资金占用(Y_i)/万元
2017	11	95
2018	10	90
2019	12	100
2020	13	105
2021	14	110

解：根据表 2-5 整理出表 2-6。

表 2-6　　　　　　　　　　　资金需要量预测表

年　度	产销量(X_i)/万件	资金占用(Y_i)/万元	$X_i Y_i$	X_i^2
2017	11	95	1 045	121
2018	10	90	900	100
2019	12	100	1 200	144
2020	13	105	1 365	169
2021	14	110	1 540	196
合计 $n = 5$	$\sum X_i = 60$	$\sum Y_i = 500$	$\sum X_i Y_i = 6\,050$	$\sum X_i^2 = 730$

$$a = \frac{\sum X_i^2 \sum Y_i - \sum X_i \sum X_i Y_i}{n \sum X_i^2 - (\sum X_i)^2}$$

$$= \frac{730 \times 500 - 60 \times 6\,050}{5 \times 730 - 60 \times 60}$$

$$= 40(万元)$$

$$b = \frac{5 \times 6\,050 - 60 \times 500}{5 \times 730 - 60 \times 60}$$

$$= 5(万元)$$

$$y = 40 + 5x$$

把2022年预计销售量15万件代入上式,得出2022年资金需要量为115万元。

1. 采用销售百分比法确定企业筹资规模有什么缺点?
2. 不同的资金需要量预测方法,它们的预测结果会一样吗?

模块三　学会资金筹集

 学习目标

1. 认知权益性筹资和负债性筹资的内容。
2. 理解短期资金筹集的方式。
3. 掌握筹集短期资金的成本计算。
4. 掌握债券发行价格的计算及债券筹资评价。
5. 掌握融资租赁租金的构成和计算。
6. 辨别各种筹资方式的优缺点并加以运用。
7. 培养精打细算的理财观念和创新筹资方式的意识。

学习重点

1. 短期借款实际利率的计算。
2. 放弃现金折扣成本的计算。
3. 债券发行价格的计算。
4. 融资租赁租金的计算。
5. 评价各种筹资方式的优缺点。

学习难点

1. 比较各种筹资方式的优缺点。
2. 银行借款名义利率与实际利率的换算。
3. 放弃现金折扣成本计算的实际应用。

案例导入

2006年1月10日,无锡尚德在美国纽约证券交易所股价冲破30美元,无锡尚德董事长施正荣个人持有6 800万股计,价值约161亿元,无锡尚德首次公开募股不到一个月,股价已上涨38%。

2001年1月注册,2002年开始营运,2003年盈利90万美元,2004年盈利1 800万美元,2005年预计盈利5 000万美元,2006年预计盈利1亿美元……这样的三年三级跳的成功故事,让人有些难以置信,它看上去并不像一个手握魔杖的数字英雄。这或许便是虚拟经济时代的可爱之处。

其实上市前,无锡尚德已经顺利地完成了私募。在2005年的上半年,无锡尚德的海外公司已向高盛、英联、龙科、法国Natexis、西班牙普凯等国际著名投资基金共募集了8 000万美元,巨大的资金进入让无锡尚德完成了对国内所有股东的股权收购。由此,无锡尚德成为一个海外公司百分之百控股的外资企业。

(资料来源:人民网:http://finance.people.com.cn)

请思考:1. 无锡尚德是如何筹集资金使自己成为一个海外公司百分之百控股的外资企业的?
2. 通过这个案例,你认为掌握和运用筹资方式对企业发展会有哪些作用?

一、权益性筹资

权益资金,又称自有资金,包括企业所有者投入企业的资金以及企业在生产经营过程中形成的积累。权益性筹资有吸收直接投资、发行股票和利用留存收益三种基本形式。

(一)吸收直接投资

吸收直接投资是指企业按"共同投资、共同经营、共担风险、共享利润"的原则直接吸收国家、法人、个人和外商投入资金的一种筹资方式。

> ☞ 提醒您
> 吸收直接投资是非股份制企业筹集权益资本的基本方式。

1. 吸收直接投资的主要种类

(1) 吸收国家投资。吸收国家投资是指企业吸收有权代表国家投资的政府部门或机构投入企业的国有资产。这种情况下形成的资金叫国有资金。吸收国家投资是国有企业筹集自有资金的主要方式。

(2) 吸收法人投资。吸收法人投资是指企业从法人单位(其他企业、公司)吸收其依法可以支配的资产。这种情况下形成的资金叫法人资金。吸收法人投资一般发生在法人单位之间,以参与企业利润分配或控制为目的,具有出资方式灵活多样的特点。

(3) 吸收外商直接投资。吸收外商直接投资是指企业通过合资经营或合作经营的方式吸收外商直接投资,即与其他国家的投资者共同投资,创办中外合资经营企业或者中外合作经营企业,共同投资,共同经营,共担风险,共享利润。

(4) 吸收个人投资。吸收个人投资是指企业吸收社会个人或本企业内部职工投入的其个人合法财产。这种情况下形成的资金称为个人资金。吸收个人投资一般以参与企业利润分配为目的,具有参加投资的人员较多、每人投资的数额相对较少的特点。

> **☞ 提醒您**
> 吸收直接投资的实际出资额中,注册资本部分形成实收资本;超过注册资本部分属于资本溢价,形成资本公积。

2. 吸收直接投资的出资方式

企业在采用吸收直接投资方式筹集资金时,投资者可以以货币资产、实物资产、土地使用权、商标权、股权、特定债权等形式出资。

(1) 吸收货币资产投资。吸收货币资产投资是企业吸收直接投资中最重要的筹资方式。货币资产可以获取其他物质资源,支付各种费用,满足企业创建时的开支和随后的日常周转需要,因此,企业应尽量动员投资者采用货币资金方式出资。

(2) 吸收非货币资产投资。吸收非货币资产投资分为两类:一是吸收实物资产投资,即投资者以厂房、建筑物、设备等固定资产和原材料、商品、产品等流动资产所进行的投资。一般来说,企业吸收的实物资产应是企业生产、经营、研发等活动所需,技术先进并且价格公平合理,其作价方法按国家的有关规定,或按双方协议的价格或中介机构的评估价格进行作价。二是吸收无形资产等的投资,即投资者以专用技术、商标权、专利权、土地使用权等无形资产、股权和特定债权所进行的投资。一般来说,企业吸收的无形资产应该是企业生产、经营、研发等活动所需,技术先进,有助于企业提高生产效率、改进产品质量,有助于企业降低能耗,价格公平合理。吸收无形资产投资时,双方应本着客观公正吸收非货币资产投资的原则协议确定,或按评估机构的评估作价。

> **☞ 请注意**
> 我国《公司法》规定,股东或者发起人不得以劳务、信用、自然人姓名、商誉、特许经营权或者设定担保的财产等作价出资。

（二）发行普通股票

发行股票是股份有限公司筹集权益资金的基本方式。股票是股份有限公司为筹集权益资金而发行的有价证券，是投资人（股东）获取对公司所有权以及分取股利的凭证。

1. 股票的分类

（1）按股东权利和义务的不同，分为普通股股票和优先股股票。

普通股股票简称普通股，是股份公司依法发行的代表股东享有平等的权利、义务而股利不固定的股票。普通股是股份公司资金的最基本部分，股份有限公司通常情况下只发行普通股。

优先股股票简称优先股，是股份公司发行的相对于普通股具有一定优先权的股票。这种优先权主要体现在股利分配和分取剩余财产权利上。

（2）按股票票面是否记名，分为记名股票和无记名股票。

记名股票，是指在股票上载有股东姓名或将股东名称记入公司股东名册的股票。记名股票的转让、继承要办理过户手续。

无记名股票，是指不记载股东姓名也不将股东名称记入公司股东名册的股票。无记名股票的转让、继承无须办理过户手续，只要将股票交给受让人，就可发生转让效力，移交股权。

> ☞ **请注意**
>
> 我国《公司法》规定，公司向发行人、国家授权投资的机构和法人发行的股票，应当为记名股票；向社会公众发行的股票，可以为记名股票，也可以为无记名股票。

（3）按发行对象和上市地区不同，分为 A 股、B 股、H 股和 N 股等。

A 股是国内投资者购买，在上海和深圳上市，以人民币标明票面金额，以人民币认购和交易的股票。

B 股是国内外投资者购买，在上海和深圳上市，以人民币标明票面金额，以外币认购和交易的股票。

H 股是国外投资者（含我国港、澳、台投资者）购买，在香港上市，以人民币标明票面金额，以外币认购和交易的股票。

N 股是国外投资者（含我国港、澳、台投资者）购买，在纽约上市，以人民币标明票面金额，以外币认购和交易的股票。

2. 股票筹资的特点

（1）永久性。公司发行股票所筹集的资金属于公司的长期自有资金，没有期限，不需要归还。

（2）流通性。股票作为一种有价证券，在资金市场上可以自由转让、买卖和流通，也可以继承、赠送或者作为抵押品。股票具有很强的变现能力，流动性很强。

（3）风险性。风险性的表现形式有：股票价格的波动性、红利的不确定性、破产清算时股东处于剩余财产分配的最后顺序等。

（4）参与性。股东作为股份公司的所有者，拥有参与企业管理的权利，包括投票权、查账权、阻止越权经营的权利等。

想一想 我国《公司法》对股票发行和上市是怎样规定的？

（三）利用留存收益

1. 留存收益的性质

从性质上看，企业通过合法有效地经营所实现的税后净利润都属于企业的所有者。《公司法》规定，企业每年的税后利润，必须提取10%的法定盈余公积金，另外可结合企业自身需要提取任意盈余公积金。

2. 留存收益的筹资途径

（1）提取盈余公积金。盈余公积金是从当期企业净利润中按照其一定比例提取的积累资金，主要用于企业未来的经营发展，经投资者审议后也可以用于转增股本和弥补以前年度经营亏损，但不得用于以后年度的对外利润分配。

（2）未分配利润。未分配利润是指未限定用途的留存净利润。未分配利润可以用于企业未来的经营发展、转增资金、弥补以前年度的经营亏损和以后年度的利润分配。

二、负债性筹资

（一）短期借款

短期借款是企业根据借款合同，从银行或非银行金融机构借入的期限在1年以内（含1年）的借款。

1. 短期借款的信用条件

按照国际惯例，银行发放贷款企业取得借款时，往往涉及一些信用条件，主要有：

（1）信贷额度。信贷额度亦即贷款限额，在非正式协议中，银行并不承担按最高借款限额保证贷款的法律义务。

（2）周转信贷协定。它是一种经常为大公司使用的正式信用额度。与一般信用额度不同，银行对周转信用额度负有法律义务，并因此向企业收取一定的承诺费，一般按企业未使用的信用额度的一定比率计算。周转信贷实际利率的计算公式为：

$$周转信贷实际利率 = \frac{实际使用借款 \times 利率 + 未使用借款 \times 承诺费率}{实际使用借款} \times 100\%$$

【例2-4】 某企业与银行商定的年周转信贷额为1 000万元，年利率为8%，承诺费率为2%，企业年度内实际使用贷款800万元，余额为200万元。则企业应向银行支付承诺费4万元（200万元×2%），借款的实际利率为：

$$周转信贷实际利率 = \frac{800 \times 8\% + 200 \times 2\%}{800} \times 100\% = 8.5\%$$

（3）补偿性余额。它是银行要求借款企业将借款的10%~20%的平均存款余额留存在银行。银行通常会有这种要求，目的是降低银行贷款风险，提高贷款的实际利率，以便补偿银行的损失。补偿性余额贷款实际利率的计算公式为：

$$补偿性余额贷款实际利率 = \frac{名义借款金额 \times 名义利率}{名义借款金额 \times (1 - 补偿性余额比例)} \times 100\%$$

$$= \frac{名义利率}{1 - 补偿性余额比例} \times 100\%$$

【例2-5】 某企业按年利率8%向银行借款1 000万元,银行要求保留20%的补偿性余额,企业实际可以动用的借款只有800万元。则该项借款的实际利率为:

$$补偿性余额贷款实际利率 = \frac{8\%}{1-20\%} \times 100\% = 10\%$$

练一练 企业按年利率8%向银行借款1 000万元,银行要求保留15%的补偿性余额,则该企业应该向银行实际贷款多少?

(4) 借款抵押。银行向财务风险较大、信誉不好的企业发放贷款,往往需要有抵押品担保,以减少自己蒙受损失的风险。借款的抵押品通常是借款企业的办公楼、厂房等。

(5) 偿还条件。无论何种借款,银行一般都会规定还款的期限。根据我国金融制度的规定,贷款到期后仍无能力偿还的,视为逾期贷款,银行要照章加收逾期罚息。

(6) 以实际交易为贷款条件。当企业发生经营性临时资金需求,向银行申请贷款以求解决时,银行则以企业将要进行的实际交易为贷款基础,单独立项,单独审批,最后做出决定并确定贷款的相应条件和信用保证。

2. 借款利息的支付方式

(1) 利随本清法。利随本清法,又称收款法,是在借款到期时向银行支付利息的方法。采用这种方法,借款的名义利率等于其实际利率。

(2) 贴现法。贴现法,是银行向企业发放贷款时,先从本金中扣除利息部分,在贷款到期时借款企业再偿还全部本金的一种计息方法。贴现法实际贷款利率的计算公式为:

$$贴现法实际贷款利率 = \frac{利息}{贷款金额 - 利息} \times 100\%$$

$$= \frac{贷款金额 \times 名义利率}{贷款金额 \times (1 - 名义利率)} \times 100\%$$

$$= \frac{名义利率}{1 - 名义利率} \times 100\%$$

【例2-6】 某企业从银行借款100万元,期限1年,银行规定年利率10%,采用贴现法支付利息,则银行向企业发放贷款时,预先从本金中扣除利息10万元,企业实际可利用的贷款为90万元。则该项贷款的实际利率为:

$$贴现法实际贷款利率 = \frac{10}{90} \times 100\% = 11.11\%$$

不同的银行借款利息的支付方式不同,企业实际负担的利率水平有所不同,实际贷款时应进行选择。

(3) 加息法。加息法指银行发放分期等额偿还贷款时采用的利息收取方法。在加息法下,银行先根据名义利率计算出贷款的本息和,要求企业在贷款期限内分期等额偿还本息之和的金额。在这种偿还方式下,借款企业可以利用的借款逐期减少,但利息并不减少,故实际负担的利息费用高于名义利率。加息法实际贷款利率的计算公式为:

$$加息法实际贷款利率 = \frac{贷款金额 \times 利息率}{贷款金额/2} \times 100\%$$

【例 2-7】 某企业从银行取得借款 20 万元,期限为 1 年,名义利率为 12%,分 12 个月等额偿还本息。则该项贷款的实际利率为:

$$加息法实际贷款利率 = \frac{20 \times 12\%}{20/2} \times 100\% = 24\%$$

(二) 商业信用

商业信用是指商品交易中因延期付款或延期交货所形成的借贷关系,它是企业之间的直接信用行为,其典型形式是赊销。在商品交易中,提供商业信用的企业是一种投资,享受商业信用的企业是一种筹资。

企业间商业信用融资案例分析

> ☞ 提醒您
>
> 在商品交易中,现款现货交易是不会产生商业信用的,商业信用是在商品交易中由于钱与物在时间上的分离而产生的。

1. 商业信用筹资的形式

利用商业信用融资,主要有以下几种形式:

(1) 预收货款。企业在销售商品时,要求买方在卖方发出货物之前支付货款的情形。一般用于以下两种情况:一种是企业已知买方的信用欠佳;另一种是产品的销售生产周期长、售价高。在这种信用条件下,销货单位可以得到暂时的资金来源。

(2) 应付票据。应付票据是买方根据购销合同,向卖方开出或承兑商业汇票,从而延期付款的一种信用。我国规定商业汇票的付款期限一般为 1~6 个月,最长不超过 9 个月。

(3) 应付账款。应付账款由购销商品形成,是最典型、最常见的一种商业信用形式。

① 特点:买卖双方发生商品交易,买方收到商品后不立即支付货款,也不出具借据,而是形成"欠账",延迟一定时期后才付款。这种关系完全由买方的信用来维持。

② 应付账款信用条件:在采用应付账款形式销售产品时,为鼓励购买单位尽早付款,销货单位往往都规定一些信用条件,主要包括现金折扣和付款期间两部分内容。通常表示为"2/10, n/30"的形式,它说明现金折扣是 2%,折扣期是 10 天,信用期是 30 天。

③ 应付账款信用形式:按购买方是否付代价分为免费信用、有代价信用和展期信用。免费信用是指购买方在折扣期内付款,享受现金折扣而获得的信用,这种情况下,没有信用成本;有代价信用是指购买方放弃现金折扣需要付出代价而取得的信用;展期信用是指购买方在规定的信用期满后推迟付款而强制取得的信用,这是违反商业道德的做法。

2. 商业信用筹资成本的计算

放弃现金折扣,必然产生信用成本,它是一种机会成本。可按下式计算:

$$放弃现金折扣的机会成本 = \frac{折扣百分比}{1-折扣百分比} \times \frac{360}{信用期 - 折扣期} \times 100\%$$

☞ **请注意**

如果卖方没有提供现金折扣,就不发生信用成本。

【例2-8】(1)天翔公司以"2/10,n/30"信用条件购进一批原料10万元。如果银行短期借款利率为10%,判断天翔公司应于何时付款划算。

(2)如果当前该公司用于支付账款的资金需要在30天时才能周转回来,在30天内付款只能通过银行借款解决,如果银行短期借款利率为10%,请问天翔公司何时、以何价格支付采购款划算?

解:(1)这一信用条件意味着企业如在10天之内付款,可享受2%的现金折扣,获得免费信用;若不享受现金折扣,货款应在30天内付清。计算放弃折扣的成本:

$$放弃现金折扣的成本 = \frac{2\%}{1-2\%} \times \frac{360}{30-10} \times 100\% = 36.73\%$$

(2)第10天付款,企业取得现金折扣2 000元,用资98 000元,借款20天,利息544.44元,净收益1 455.56元。

答:(1)由于天翔公司放弃现金折扣的成本为36.73%,远远大于银行短期借款利率的10%,因此,应当在10天内付款。

(2)天翔公司应当在第10天付款,有净收益1 455.56元。

想一想 当供货方提供现金折扣时,企业该如何决策?

(三)短期融资券

短期融资券又称商业票据、短期债券,是指企业在银行间债券市场发行和交易并约定在一年期限内还本付息的有价证券,是企业为筹措短期资金(1年以内)所发行的无担保短期本票,是企业的直接融资方式。它的发行对象是全国银行间债券市场的机构投资人,主要包括商业银行、保险公司、基金管理公司和证券公司及其他非银行金融机构。短期融资券种类有:

存在多重折扣时
享受折扣净收益

(1)按发行人分,短期融资券分为金融企业的融资券和非金融企业的融资券。在我国,目前发行和交易的是非金融企业的融资券。

(2)按发行方式分,短期融资券分为经纪人承销的融资券和直接销售的融资券。非金融企业发行融资券一般采用间接承销方式进行,金融企业发行融资券一般采用直接发行方式进行。

短期融资券筹资在解决企业流动资金不足、加速资金周转、丰富金融工具、优化资金投向等方面都发挥着积极有效的作用。随着金融市场的日趋完善,短期融资券市场将迎来新发展。

短期融资券的成本利息,是在贴现的基础上支付的。短期融资券的成本(年利率)r的计算公式如下:

$$r = \frac{i}{1 - i \times \frac{n}{360}}$$

式中,r为年利率;i为票面利率;n为票据期限。

【例 2-9】 大华公司为筹集短期资金发行了为期 150 天的优等短期融资券,其票面利率是 12%,则该公司短期融资券的成本为多少?

解:短期融资券的成本 $= \dfrac{12\%}{1-12\%\times\dfrac{150}{360}} = 12.63\%$

《证券公司短期融资券管理办法》

答:大华公司发行 150 天的优等短期融资券成本为 12.63%。

如果有多个短期融资券的发行方案可供选择,那么应该选择年度利率最低的方案。

(四)长期借款

长期借款是指企业为解决自身长期资金的需要向银行等金融机构或其他单位借入的、偿还期在 1 年以上的各种借款。

1. 长期借款的种类

(1)按照用途分为基本建设借款、更新改造借款和其他专项借款。基本建设借款是企业为解决扩大生产经营规模的需要而借入的资金。更新改造借款是企业为解决对现有生产设备和设施进行更新和技术改造所需资金而借入的款项。其他专项借款是除上述情况外的,解决专门问题而借入的资金,如研发专项借款、出口专项借款等。

(2)按借款条件分为信用借款、抵押借款和担保借款。信用借款是凭借款人的信用,无须抵押品或担保人而从银行取得的借款。抵押借款是以特定的抵押品为担保取得的借款。担保借款是指银行在借款时,不需要物资作为担保,而要求有信誉较好的个人或大企业作为担保人取得的借款。

(3)按偿还方式的不同分为一次偿还借款和分期偿还借款。一次偿还借款是企业在借款到期时一次偿还本金和利息或定期支付利息、到期一次偿还本金的借款。分期偿还借款是企业在借款到期前定期等额或不等额偿还本金和利息的借款。一般来说,企业希望采用一次偿还方式借款,而银行等金融机构更愿意采用分期偿还借款方式提供贷款。

2. 长期借款的程序

第一步,企业向银行提出借款申请。在借款申请中应填写借款用途、借款金额、偿还能力以及还款方式等内容,并提交有关资料。

第二步,银行审查借款申请。银行接到企业借款申请后,要对借款进行调查,核实借款企业提供的资料,测定贷款的风险,评估信用等级,决定是否提供贷款。

第三步,签订借款合同。银行审查同意贷款后,明确双方的权利和义务,签订借款合同。规定贷款的数额、利率、期限和一些约束性条款。

第四步,取得借款。签订借款合同后,贷款银行要按合同的规定按期发放贷款,企业便可取得资金。

第五步,使用和归还借款。借款企业应按借款合同要求使用借款,并按合同约定及时足额归还借款本息。

（五）发行债券

1. 债券的基本要素

债券是债务人依照法定程序发行,承诺按约定的利率和日期支付利息,并在特定日期偿还本金的书面债务凭证。一般而言,债券包括以下基本要素:

（1）债券的面值。债券面值包括两个基本内容,即币种和票面金额。发行者可以根据资金市场情况和自身需要选择适合的币种。

（2）债券的期限。债券从发行之日起至到期日之间的时间称为债券的期限。债券到期时必须还本付息。

（3）债券的利率。债券上标明的利率一般是年利率,通常为固定利率,近年来也有浮动利率。债券面值与票面利率的乘积为年利息额。此外,也有的债券票面利率为零,债券持有期间不计利息,到期只要按面值偿还即可。

（4）债券的价格。从理论上看,债券的面值就是其价格,但由于资金供求关系、市场利率等因素的变化,债券的价格往往偏离其面值。正因为债券发行价格往往偏离面值,所以会出现溢价发行、折价发行等情况。

2. 债券的种类

（1）按债券是否记名,可将债券分为记名债券和无记名债券。
（2）按债券能否转换为公司股票,可将债券分为可转换债券和不可转换债券。
（3）按有无特定的财产担保,可将债券分为信用债券和抵押债券。

练一练 对本地证券市场上发行债券的情况进行实地调查。

3. 债券筹资的程序

我国发行公司债券,必须符合《公司法》《证券法》规定的有关条件。

第一步,做出发行债券的决议或决定。我国公司法规定,可以发行公司债券的主体有三类:股份有限公司、国有独资公司和国有限责任公司,发行债券的决议或决定是公司最高权力机构(如股东大会)做出的。

第二步,发行债券的申请与批准。凡欲发行债券的公司,先要向国务院证券管理部门提出申请,批准后方可发行。

第三步,制定募集办法并予以公告。发行公司债券的申请被批准后,应由发行公司制定公司债券募集办法并向社会公告。

第四步,募集借款。公司发出公司债券募集公告后,开始在公告所定的期限内发行债券募集借款。

第五步,债券借债的偿还。债券借债的基本偿还方式是到期一次性以现金方式偿还,另外还有中途偿还、分批偿还、以新债券换旧债券、转换成普通股等。

4. 债券的发行价格

债券的发行价格是债券发行时使用的价格,亦即投资者购买债券时所支付的价格。公司债券的发行价格通常有平价、溢价和折价三种。

债券发行价格的形成受诸多因素的影响,其中主要是票面利率与市场利率的一致程度。债券的票面金额、票面利率在债券发行前已参照市场利率和发行公司的具体情况确定下来,并载明于债券之上。但在发行债券时确定的票面利率不一定与当时的市场利率一致。为了协调债券购销双方在债券利息上的利益,就要调整发行价格,即:当票面利率高于市场利率时,以溢价发行债券;当票面利率低于市场利率时,以折价发行债券;当票面利率与市场利率一致时,则以平价发行债券。

债券发行价格的计算公式为:

债券发行价格 = 各期利息现值 + 面值现值

(分期付息到期还本)债券发行价格 = 利息×年金现值系数 + 本金×复利现值系数

$$P = \sum_{t=1}^{n} \frac{M \cdot i}{(1+K)^t} + \frac{M}{(1+K)^n}$$

$$P = I \times (P/A, K, n) + M \times (P/F, K, n)$$

式中,P 为债券发行价格;I 为每年支付的利息;K 为市场利率;M 为债券面值;i 为票面利率;n 为债券期限(偿还年数);$(P/A, K, n)$ 为年金现值系数;$(P/F, K, n)$ 为复利现值系数。

想一想 到期一次还本付息债券发行价格的计算公式如何表述?贴现债券发行价的计算公式如何表述?

【例 2-10】 某公司准备发行 3 年期公司债券,已知每张债券的面值为 1 000 元,票面利率为 8%,发行时市场利率为 8%。该债券每年年末付息一次,到期还本。计算此债券的发行价格。

解答:该债券的发行价格 = 1 000×8%×$(P/A, K, n)$ + 1 000×$(P/F, K, n)$
= 80×$(P/A, 8\%, 3)$ + 1 000×$(P/F, 8\%, 3)$
= 80×2.577 + 1 000×0.794 = 206 + 794 = 1 000(元)

可见,当债券票面利率等于市场利率时,债券发行价格为面值,债券应按面值发行。

【例 2-11】 接上例,如市场利率为 6%,则该债券的发行价格为多少?

解答:该债券的发行价格 = 1 000×8%×$(P/A, K, n)$ + 1 000×$(P/F, K, n)$
= 80×$(P/A, 6\%, 3)$ + 1 000×$(P/F, 6\%, 3)$
= 80×2.673 + 1 000×0.840 = 214 + 840 = 1 054(元)

可见,当债券票面利率大于市场利率时,债券发行价格大于面值,债券应按溢价发行。

【例 2-12】 接上例,如市场利率为 10%,则该债券的发行价格为多少?

解答:该债券的发行价格 = 1 000×8%×$(P/A, K, n)$ + 1 000×$(P/F, K, n)$
= 80×$(P/A, 10\%, 3)$ + 1 000×$(P/F, 10\%, 3)$
= 80×2.487 + 1 000×0.751 = 199 + 751 = 950(元)

可见,当债券票面利率小于市场利率时,债券发行价格小于面值,债券应按折价发行。

> **☞ 请注意**
> 1. 票面利率用来计算债券利息,市场利率用来折现,两者不能搞错。
> 2. 不同市场利率下债券的发行价格不一样,但实际的投资收益率是一样的。

(六)融资租赁

租赁是指出租人把其拥有的财产,通过收取租金让渡给承租人使用的一种经济活动。

租赁筹资是承租人的一种负债资金筹措方式。

1. 租赁的类型

租赁分为经营租赁和融资租赁。

(1) 经营租赁通常为短期租赁,是由租赁公司向承租单位在短期内提供设备,并提供维修、保养、人员培训等的一种服务性业务。经营租赁的主要特点有:租赁期短;承租企业可随时向出租人提出租赁财产要求;租赁合同比较灵活,在合理范围内,可以依需要灵活地解除租赁合同;租赁期满,租赁财产一般归还给投资者;出租人提供专门服务。

(2) 融资租赁通常为长期租赁,是由租赁公司按承租单位要求出资购买设备,在较长的合同期内提供给承租单位使用的融资信用业务,它是以融通资金为主要目的的租赁。融资租赁的主要特点有:租期较长,一般为租赁财产寿命的一半以上;由承租人向出租人提出租赁申请,由出租人融通资金购建用户所需要的设备,然后再租给用户使用;租赁合同比较稳定,非经双方同意,中途不得退租;租赁期满后,可将设备作价转让给承租人或由出租人收回或续租;在租赁期间内,出租人一般不提供维修、保养设备等服务。

2. 融资租赁的形式

(1) 直接租赁。直接租赁指承租人直接向出租人租入所需资产,并支付租金。直接租赁的出租人主要是租赁公司、制造厂商。直接租赁是融资租赁的典型形式。

(2) 售后租回。售后租回是承租人先把其拥有主权的资产出售给出租人,然后再将该项资产租回使用的租赁。这种租赁方式既让承租人通过出售资产获得一笔资金,用于生产,又使承租人通过回租而保留了企业对该项资产的使用权。

(3) 杠杆租赁。杠杆租赁一般涉及承租人、出租人和贷款人三方当事人。从承租人的角度看,它与其他融资租赁形式并无区别。但对于出租人却不同,出租人只垫支购买资产所需现金的一部分,其余部分则以该资产作为担保向贷款人借资支付。在这种情况下,租赁公司既是出租人又是借资人,一方面收取租金,另一方面支付债务,由于租赁收益一般大于借款成本支出,出租人借款购物出租可以获得财务杠杆利益,故称为杠杆租赁。

3. 融资租赁的程序

第一步,选择租赁公司,提出委托申请。当企业决定采用融资租赁方式以获取某项设备时,需要了解各个租赁公司的资信情况、融资条件和租赁费率等,分析比较选定一家作为出租单位,然后向租赁公司提出申请办理融资租赁。

第二步,签订购货协议。由承租企业和租赁公司中的一方或双方,与选定的设备供应商进行购买设备的谈判,在此基础上与设备供应商签订购货合同。

第三步,签订租赁合同。由租赁双方签订租赁合同,在合同中明列与租赁业务有关的所有条款。

第四步,交货验收。承租企业收到租赁设备后,进行验货,并将验收合格的有关凭据交予租赁公司,租赁公司据以向制造厂家支付货款。

第五步,定期交付租金。承租企业按租赁合同规定,分期交纳租金,即承租企业对所筹资金分期还款。

第六步,合同期满处理设备。承租企业根据合同约定,对设备续租、退租或留购。

4. 融资租赁租金的确定

(1) 租金的构成。融资租赁每期租金的多少,取决于以下几个因素:① 设备的价款,包括设备的买价、运杂费和途中保险费等。② 利息,指租赁公司为承租企业购置设备垫付资金所应支付的利息。③ 租赁手续费,指租赁公司承办租赁设备所发生的业务费用和必要的利润。

(2) 租金的支付方式。租金的支付方式主要有以下几种:① 按支付间隔期长短,分为年付、半年付、季付和月付等方式。② 按在期初和期末支付,分为先付和后付。③ 按每次支付额,分为等额支付和不等额支付。

> ☞ 提醒您
> 实务中,承租企业与租赁公司商定的租金支付方式,大多为后付等额年金。

5. 融资租赁租金的计算

我国融资租赁实务中,租金的计算大多采用等额年金法。等额年金法是将租赁公司融资成本的利息率和手续费率综合成贴现率,以设备价款作为总现值,运用年金现值计算原理确定每期应付租金。其计算公式为:

$$每期应付租金 = \frac{设备价款}{年金现值系数}$$

【例 2-13】 某公司租入设备一台,设备价款 100 万元,租期 10 年,租期满设备归该公司所有,每年年末支付租金一次,租赁公司融资利率 6%,核定租赁公司手续费率 8%,计算该公司每年应支付的租金。

解答:贴现率 = 6% + 8% = 14%

$$每期应付租金 = \frac{100}{(P/A,14\%,10)} = \frac{100}{5.2161} = 19.17(万元)$$

三、各种筹资方式的优缺点比较

各种筹资方式的优缺点如表 2-7 所示。

表 2-7　　　　　　　　　　各种筹资方式的优缺点

筹资方式	优　点	缺　点
吸收直接投资	有利于尽快形成生产能力; 吸收投资的手续相对比较简便,筹资费用较低; 有利于降低财务风险	资金成本较高; 企业控制权集中,不利于企业治理; 不利于产权交易
发行普通股	有利于公司自主管理、自主经营; 没有固定的股息负担; 没有固定到期日,不用偿还; 能增加公司的社会信誉; 能促进股权流通和转让	不易尽快形成生产能力; 发行新股易分散控制权; 筹资费用较高,手续复杂
留存收益	不用发生筹资费用; 不改变公司的股权结构	筹资数额有限

续表

筹资方式	优　点	缺　点
银行借款	筹资速度较快、筹资成本较低、借款弹性好； 可保守商业秘密； 可以发挥财务杠杆作用	财务风险较大； 使用限制较多； 筹资数额有限
商业信用	筹资便利、筹资成本低(无现金折扣或不放弃现金折扣,就没有实际成本)、限制条件少	不放弃现金折扣,可使用的资金时间短； 放弃现金折扣,使用资金的成本高
短期融资券	相比发行债券,筹资成本较低； 相比银行借款,筹资数额较大	发行短期融资券的条件比较严格； 信用等级比较高的企业才能发行短期融资券
发行债券	资金成本较低、保证股东控制权； 可发挥财务杠杆作用	筹资风险高、限制条件多； 筹资数额有限
融资租赁	"融资"与融物,能迅速获得所需资产,可发挥财务杠杆作用、筹资限制条件较少； 可避免设备技术过时的风险； 财务风险小	资金成本高

1. 债券票面利率与市场利率的关系及其对债券发行价格的影响。
2. 不同筹资方式给企业带来风险与收益的比较。

模块四　运用杠杆原理

学习目标

1. 认知成本的不同性态以及特征。
2. 理解经营杠杆、财务杠杆以及复合杠杆的含义。
3. 掌握边际贡献以及息税前利润、每股收益的计算方法。
4. 掌握经营杠杆系数、财务杠杆系数以及复合杠杆系数的计算与分析方法。
5. 树立正确的风险意识。

学习重点

1. 边际贡献以及息税前利润、每股收益的计算。
2. 经营杠杆系数、财务杠杆系数和复合杠杆系数的计算及分析。

经营杠杆、财务杠杆和复合杠杆与风险关系的分析。

迪斯尼公司是好莱坞最大的电影制片公司。在迈克尔·艾斯纳长达18年的经营中,融资扩张策略和业务集中策略是其始终坚持的经营理念。这两种经营战略相辅相成,一方面保证了迪斯尼公司业务的不断扩张,创造了连续数十年的高速增长;另一方面确保新业务与公司原有资源的整合,同时起到不断削减公司运行成本的作用。迪斯尼的长期融资行为具有以下四个特点:第一,股权与债权融资基本呈同趋势变动;第二,融资总额除了在1996年有较大的增长外,其他年份都比较稳定;第三,除了股票分割和分红之外,迪斯尼的股票数长期以来变化不大;第四,长期负债比率一直较低,近年来仍在下降,迪斯尼公司的负债平均保持在30%左右。

(资料来源:豆丁网.迪斯尼公司融资案例)

请思考:1. 迪斯尼公司能够采取上述长期融资行为,其原因是什么?

2. 迪斯尼公司有优良的业绩作支撑,经营现金流和自由现金流充足,就可以减少债务融资、控制债务比例、降低财务风险吗?

一、杠杆效应的含义

杠杆效应是指由于特定费用(如固定成本或利息费用)的存在而导致的,当某一财务变量以较小幅度变动时,另一相关财务变量会以较大幅度变动的现象。它包括经营杠杆、财务杠杆和复合杠杆三种形式。

二、成本习性、边际贡献与息税前利润

(一)成本习性及分类

成本习性是指成本总额与业务量之间在数量上的依存关系。成本按习性可划分为固定成本、变动成本和混合成本三类。

1. 固定成本

固定成本是指其总额在一定时期和一定业务量范围内不随业务量发生任何变动的那部分成本。

固定成本还可进一步区分为约束性固定成本和酌量性固定成本两类。约束性固定成本是指管理当局的决策不能随意改变其支出数额的固定成本,是用于形成和维护经营能力,对生产经营能力有约束力的固定成本,因而也称为经营能力固定成本。例如,厂房及机

器设备按直线法计提的折旧费、房屋及设备租金、不动产税、财产保险费、照明费、行政管理人员的薪金等，均属于约束性固定成本。酌量性固定成本也称为选择性固定成本或者可调整固定成本，是指管理当局的决策可以改变其支出数额的固定成本。例如，广告费、职工教育培训费、技术开发费等。

应当指出的是，固定成本总额只是在一定时期和业务量的一定范围内保持不变。

想一想 请结合所学知识分析，企业费用中哪些是固定成本？其中哪些是约束性固定成本？哪些是酌量性固定成本？

2. 变动成本

变动成本是指其总额随着业务量成正比例变动的那部分成本。直接材料、直接人工等都属于变动成本，但产品单位成本中的直接材料、直接人工将保持不变。

想一想 产品成本的计算与成本会计的学习有关。请分析降低单位产品成本的方式有哪些。

与固定成本相同，变动成本也存在相关范围，即只有在一定范围之内，产量和成本才能完全成同比例变化，超过了一定范围，这种关系就不存在。

3. 混合成本

有些成本虽然也随业务量的变动而变动，但不成同比例变动，这类成本称为混合成本。混合成本按其与业务量的关系又可分为半变动成本和半固定成本。

4. 总成本习性模型

成本按习性可分为变动成本、固定成本和混合成本三类，而混合成本又可以按一定方法分解成变动部分和固定部分，因此，总成本习性模型可以表示为：

$$y = a + bx$$

式中，y 为总成本；a 为固定成本；b 为单位变动成本；x 为业务量（如产销量，这里假定产量与销量相等，下同）。

（二）边际贡献及其计算

边际贡献是指销售收入减去变动成本以后的差额。其计算公式为：

边际贡献 = 销售收入 − 变动成本
　　　　 = （销售单价 − 单位变动成本）× 产销量
　　　　 = 单位边际贡献 × 产销量

若以 M 表示边际贡献，p 表示销售单价，b 表示单位变动成本，x 表示产销量，m 表示单位边际贡献，则上式可表示为：

$$M = px - bx = (p - b)x = mx$$

☞ **提醒您**

1. Q 和 x 在本模块中均表示产销量。
2. 边际贡献小于 0 的产品，如果没有新型材料替代来降低单件产品的用料成本，没有新工艺来降低单件产品的人工费用，则应该停止生产该类产品。

【例2-14】 某企业只生产一种产品,销售单价为5元,单位变动成本为3元,预计计划期可销售8 000件。试计算:(1)单位边际贡献;(2)边际贡献总额。

计算分析如下:

(1) 单位边际贡献 = 5 - 3 = 2(元)

(2) 边际贡献总额 = (5 - 3) × 8 000 = 16 000(元)

(三) 息税前利润及其计算

息税前利润是指企业支付利息和交纳所得税前的利润。其计算公式为:

息税前利润 = 销售收入总额 - 变动成本总额 - 固定成本

= (销售单价 - 单位变动成本) × 产销量 - 固定成本

= 边际贡献总额 - 固定成本

若以 $EBIT$ 表示息税前利润,a 表示固定成本,则上式可表示为:

$$EBIT = px - bx - a = (p-b)x - a = M - a$$

上式的固定成本和变动成本中不应包括利息费用因素。

> ☞ **请注意**
>
> 边际贡献和息税前利润是两个不同的概念。正边际贡献是企业获得正息税前利润的前提和基础。

三、经营杠杆

(一) 经营杠杆的含义

经营杠杆是指由于固定成本的存在而导致息税前利润变动率大于产销量变动率的杠杆效应。只要企业存在固定成本,就存在经营杠杆效应的作用,但不同企业或同一企业在不同产销量基础上的经营杠杆效应的大小是不完全一致的。

(二) 经营杠杆的计量

对经营杠杆的计量最常用的指标是经营杠杆系数或经营杠杆度。经营杠杆系数是指息税前利润变动率相当于产销量变动率的倍数。其计算公式为:

$$DOL = \frac{息税前利润变动率}{产销量变动率} = \frac{\frac{\Delta EBIT}{EBIT}}{\frac{\Delta Q}{Q}}$$

式中,DOL 为经营杠杆系数;$EBIT$ 为息税前利润,$\Delta EBIT$ 为息税前利润变动额;Q 为产销量,ΔQ 为产销量变动额。

或者,经营杠杆系数的简化公式为:

$$DOL = \frac{基期边际贡献}{基期边际贡献 - 基期固定成本} = \frac{基期边际贡献}{基期息税前利润}$$

【例2-15】 某公司产销某种服装,固定成本500万元,变动成本率(变动成本/销售收入,或单位变动成本/单价)为70%。年产销额为5 000万元时,变动成本为3 500万元,固定成本500万元,息税前利润为1 000万元;年产销额为7 000万元时,变动成本为4 900万元,固定成本仍为500万元,息税前利润为1 600万元。试采用两种方法计算公司的经营杠杆系数(假定销售单价不变)。

方法一:

年产销额为5 000万元时,息税前利润 $EBIT = 5\,000 - 3\,500 - 500 = 1\,000$(万元)

年产销额为7 000万元时,息税前利润 $EBIT = 7\,000 - 4\,900 - 500 = 1\,600$(万元)

经营杠杆系数 $DOL = \dfrac{\dfrac{\Delta EBIT}{EBIT}}{\dfrac{\Delta Q}{Q}} = \dfrac{\dfrac{600}{1\,000}}{\dfrac{2\,000}{5\,000}} = 1.5$

☞ 提醒您

在销售单价不变的情况下,销售数量的变动率就是销售收入变动率。

方法二:

经营杠杆系数 $DOL = \dfrac{M}{EBIT} = \dfrac{5\,000 \times (1 - 70\%)}{1\,000} = 1.5$

(三)经营杠杆与经营风险的关系

经营风险是指因生产经营方面的原因给企业盈利带来的不确定性。引起企业经营风险的主要原因,是市场需求和成本等因素的不确定性。经营杠杆本身并不是利润不稳定的根源,但是经营杠杆扩大了市场和生产等不确定因素对利润变动的影响;而且经营杠杆系数越高,利润变动越剧烈,企业的经营风险就越大。一般来说,在其他因素一定的情况下,固定成本越高,经营杠杆系数越大,企业经营风险也就越大。其关系可表示为:

$$DOL = \dfrac{EBIT + a}{EBIT} = 1 + \dfrac{a}{EBIT}$$

式中,a 为固定成本;$EBIT$ 为息税前利润。

上式表明,在企业不发生经营性亏损、息税前利润为正的前提下,经营杠杆系数最低为1,不会为负数;只要有固定经营成本存在,经营杠杆系数总是大于1。

从上式可知,影响经营杠杆系数的因素包括:企业成本结构中的固定成本比重;息税前利润水平。其中,息税前利润水平又受产品销售数量、产品销售价格、单位变动成本和固定成本总额等因素的影响。经营杠杆系数将随固定成本的变化呈同方向变化,即在其他因素一定的情况下,固定成本越高,经营杠杆系数越大。同理,固定成本越高,企业经营风险也越大。如果固定成本为零,则经营杠杆系数等于1。

【例2-16】 某公司生产A产品,固定成本100万元,变动成本率60%,当销售额分别为1 000万元、500万元、250万元时,经营杠杆系数分别为:

$$DOL_{1\,000} = \dfrac{1\,000 - 1\,000 \times 60\%}{1\,000 - 1\,000 \times 60\% - 100} = 1.33$$

$$DOL_{500} = \frac{500 - 500 \times 60\%}{500 - 500 \times 60\% - 100} = 2$$

$$DOL_{250} = \frac{250 - 250 \times 60\%}{250 - 250 \times 60\% - 100} \rightarrow \infty$$

上例计算结果表明，在其他因素不变的情况下，销售额越小，经营杠杆系数越大，经营风险越大；反之则相反。如销售额为1 000万元时，经营杠杆系数为1.33，销售额为500万元时，经营杠杆系数为2，显然后者的不稳定性大于前者，经营风险也大于前者。在销售额处于盈亏临界点250万元时，经营杠杆系数趋于无穷大，此时企业销售额稍有减少便会导致更大的亏损。

练一练 甲企业销售额1 000万元，变动成本率60%，固定成本额160万元。要求：计算经营杠杆系数DOL。

四、财务杠杆

（一）财务杠杆的含义

财务杠杆是指由于利息费用存在，使得企业的普通股收益（或每股收益）变动率大于息税前利润变动率的现象。财务杠杆反映了股权资金报酬的波动性，用以评价企业的财务风险。用普通股收益或每股收益表示普通股权益资金报酬，则：

$$TE = (EBIT - I) \times (1 - T)$$

$$EPS = (EBIT - I) \times (1 - T)/N$$

式中，TE为全部普通股净收益；$EBIT$为息税前利润；EPS为每股收益；I为债务资金利息；T为所得税税率；N为普通股股数。

上式中，影响普通股收益的因素包括资金报酬、资金成本和所得税税率等因素。当存在利息费用时，如果其他条件不变，息税前利润的增加虽然不改变利息费用总额，但会降低每一元息税前利润分摊的利息费用，从而提高每股收益，使得普通股收益的增长率大于息税前利润的增长率，进而产生财务杠杆效应。若不存在利息费用支付，则息税前利润就是利润总额，此时利润总额变动率与息税前利润变动率完全一致。只要在企业的筹资方式中有利息费用支出的债务，就会存在财务杠杆效应，但不同企业财务杠杆的作用程度是不完全一样的。

> **☞ 提醒您**
>
> 《企业所得税法实施条例》第37、38条规定：企业在生产经营活动中发生的合理的不需要资本化的借款费用，准予扣除。企业为购置、建造固定资产、无形资产和经过12个月以上的建造才能达到预定可销售状态的存货发生借款的，在有关资产购置、建造期间发生的合理的借款费用，应当作为资本性支出计入有关资产的成本，并依照本条例的规定扣除（即利息费用通过折旧的方式在税前扣除）。

（二）财务杠杆的计量

只要企业融资方式中存在利息费用，就存在财务杠杆效应。测算财务杠杆效应的程度，常用指标为财务杠杆系数。财务杠杆系数（DFL），是每股收益变动率与息税前利润变动率的倍数，计算公式为：

$$DFL = \frac{\Delta EPS/EPS}{\Delta EBIT/EBIT}$$

上式经整理可以简化为：

$$DFL = \frac{EBIT}{EBIT - I}$$

式中，DFL 为财务杠杆系数；EPS 为普通股每股税后利润额；ΔEPS 为普通股每股税后利润变动额；I 为基期利息；其他字母含义与前式相同。

【例 2-17】 有 A、B、C 三个公司，资金总额均为 1 000 万元，所得税税率均为 25%，每股面值均为 1 元。A 公司资金全部由普通股组成；B 公司债务资金 300 万元（利率 10%），普通股 700 万元；C 公司债务资金 500 万元（利率 10.8%），普通股 500 万元。三个公司 2021 年 EBIT 均为 200 万元，2022 年 EBIT 均为 300 万元，EBIT 增长了 50%。

试分别计算 A、B、C 公司的财务杠杆系数 DFL。

有关分析计算如表 2-8 所示。

表 2-8　　　　　　　　普通股收益及财务杠杆的计算

利润项目		A 公司	B 公司	C 公司
普通股股数		1 000 万股	700 万股	500 万股
利息费用/万元		0	30	54
利润总额	2021 年/万元	200	170	146
	2022 年/万元	300	270	246
	增长率	50%	58.82%	68.49%
净利润	2021 年/万元	150	127.5	109.5
	2022 年/万元	225	202.5	184.5
	增长率	50%	58.82%	68.49%
每股收益	2021 年/元	0.150	0.182	0.219
	2022 年/元	0.225	0.289	0.369
	增长率	50%	58.82%	68.49%
财务杠杆系数		1.000	1.176	1.370

> ☞ **提醒您**
>
> 利润总额 = 息税前利润 − 利息费用

可见，债务资金所占比重越高，财务杠杆系数就越大。A 公司由于不存在债务资金，没有财务杠杆效应；B 公司存在债务资金，其普通股收益增长幅度是息税前利润增长幅度的 1.176 倍；C 公司存在债务资金，并且债务资金的比重比 B 公司高，其普通股收益的增长幅度是息税前利润增长幅度的 1.370 倍。

练一练 乙企业投资总额700万元,负债与权益资本的比例为3∶1,负债利息率10%,销售额1 000万元,变动成本率60%,固定成本额160万元。要求:计算财务杠杆系数DFL。

财务杠杆在房产企业中的运用

(三) 财务杠杆与财务风险的关系

财务风险是指企业由于借入资金产生的利息负担而导致普通股收益波动的风险。引起企业财务风险的主要原因是资产报酬的不断变化和利息的固定负担。由于财务杠杆的作用,当企业的息税前利润下降时,企业仍然需要支付固定的利息费用,导致普通股剩余收益以更快的速度下降。财务杠杆放大了资产报酬变化对普通股收益的影响,财务杠杆系数越高,表明普通股收益的波动程度越大,财务风险也就越大。只要有利息存在,财务杠杆系数总是大于1。

企业负债经营的艺术

从上述公式可知,影响财务杠杆的因素包括企业资金结构中债务资金比重、普通股收益水平和所得税税率水平。其中,普通股收益水平又受息税前利润、利息费用高低的影响。债务成本比重越高、利息支付额越高、息税前利润水平越低,财务杠杆效应就越大;反之则相反。

在【例2-17】中,三个公司的财务杠杆系数分别为 A 公司1.000,B 公司1.176,C 公司1.370。这意味着,如果息税前利润 EBIT 下降,A 公司的每股收益 EPS 会与之同步下降,而 B 公司和 C 公司的 EPS 会以更大的幅度下降。

表2-9

公司	DFL	EBIT 降低率	EPS 降低率
A	1.000	100%	100%
B	1.176	100%	117.6%
C	1.370	100%	137%

显然,C 公司的财务风险远高于其他公司。

> **提醒您**
>
> 根据 $DFL = \dfrac{\Delta EPS/EPS}{\Delta EBIT/EBIT}$ 可得:$\Delta EBIT/EBIT = \dfrac{\Delta EPS/EPS}{DFL}$。

五、复合杠杆

(一) 复合杠杆的含义

复合杠杆,是指由于固定生产经营成本和利息费用的共同存在而导致的普通股每股收益变动率大于产销量变动率的杠杆效应,又称总杠杆效应。只要企业同时存在固定生产经营成本和固定财务费用等财务支出,就会存在复合杠杆的作用。

(二)复合杠杆的计量

对复合杠杆计量的主要指标是复合杠杆系数或复合杠杆度(DCL)。复合杠杆系数,是指普通股每股收益变动率相当于产销量变动率的倍数。其计算公式为:

$$DCL = \frac{普通股每股收益变动率}{产销量变动率}$$

或者 $DCL = DOL \times DFL$,即复合杠杆系数 = 经营杠杆系数 × 财务杠杆系数

若企业没有发行优先股,其复合杠杆系数的计算公式为:

$$DCL = \frac{基期边际贡献}{基期息税前利润 - 利息 - 融资租赁租金}$$

若企业没有融资租赁,其复合杠杆系数的计算公式为:

$$DCL = \frac{基期边际贡献}{基期息税前利润 - 利息}$$

【例2-18】 某企业年销售额为1 000万元,变动成本率60%,息税前利润为250万元,全部资金500万元,负债比率40%,负债平均利率10%。

要求:计算该企业的经营杠杆系数、财务杠杆系数和复合杠杆系数。

解答:经营杠杆系数$(DOL) = \dfrac{1\,000 - 1\,000 \times 60\%}{250} = 1.6$

财务杠杆系数$(DFL) = \dfrac{250}{250 - 500 \times 40\% \times 10\%} = 1.087$

复合杠杆系数$(DCL) = 1.6 \times 1.087 = 1.739\,2$

【例2-19】 某企业只生产和销售A产品,其总成本习性模型为$y = 10\,000 + 3x$。假定该企业2021年度A产品销售量为10 000件,每件售价为5元;按市场预测2022年度A产品的销售数量将增长10%。

要求:(1)计算2021年度该企业的边际贡献总额;

(2)计算2021年度该企业的息税前利润;

(3)计算2022年度的经营杠杆系数;

(4)计算2022年度息税前利润增长率;

(5)假定企业2021年度发生负债利息5 000元,计算2022年的复合杠杆系数。

解答:(1) 2021年度的边际贡献总额$(M) = pQ - bQ = (p - b)Q = mQ$

$= 5 \times 10\,000 - 3 \times 10\,000 = 20\,000(元)$

或 $= (5 - 3) \times 10\,000 = 20\,000(元)$

(2) 2021年度企业的息税前利润$(EBIT) = pQ - bQ - a = (p - b)Q - a = M - a$

$= (5 - 3) \times 10\,000 - 10\,000$

$= 20\,000 - 10\,000 = 10\,000(元)$

(3) 2022年度的经营杠杆系数$(DOL) = \dfrac{基期边际贡献}{基期边际贡献 - 基期固定成本} = \dfrac{M}{EBIT}$

$= \dfrac{20\,000}{10\,000} = 2$

(4) 2022年度息税前利润增长率 $= 2 \times 10\% = 20\%$

或 $= \dfrac{10\,000 \times (1+10\%) \times (5-3) - 10\,000 - 10\,000}{10\,000} = 20\%$

或 2022 年销售量 $= 10\,000 \times (1+10\%) = 11\,000$(件)

2022 年销售额 $= 11\,000 \times 5 = 55\,000$(元)

2022 年息税前利润 $= 55\,000 - 11\,000 \times 3 - 10\,000 = 12\,000$(元)

2022 年息税前利润增长率 $= \dfrac{12\,000 - 10\,000}{10\,000} = 20\%$

(5) 2022 年度复合杠杆系数$(DCL) = \dfrac{基期边际贡献}{基期息税前利润 - 利息}$

$= \dfrac{(5-3) \times 10\,000}{(5-3) \times 10\,000 - 10\,000 - 5\,000} = 4$

或 $DCL = DOL \times DFL = \dfrac{10\,000}{10\,000 - 5\,000} \times 2 = 4$

(三) 复合杠杆与企业风险的关系

企业复合杠杆系数越大,每股利润的波动幅度越大。由于复合杠杆作用使普通股每股利润大幅度波动而造成的风险,称为复合风险。公司风险包括企业的经营风险和财务风险。复合杠杆系数反映了经营杠杆和财务杠杆之间的关系,用以评价企业的整体风险水平。在复合杠杆系数一定的情况下,经营杠杆系数与财务杠杆系数此消彼长。复合杠杆效应的意义在于:第一,能够说明产销业务量变动对普通股收益的影响,据以预测未来的每股收益水平;第二,揭示了财务管理的风险管理策略,即要保持一定的风险状况水平,需要维持一定的总杠杆系数,经营杠杆和财务杠杆可以有不同的组合。复合杠杆直接反映企业的整体风险。在其他因素不变的情况下,复合杠杆系数越大,复合风险越大;复合杠杆系数越小,复合风险越小。

一般来说,固定资产比重较大的资金密集型企业,经营杠杆系数高,经营风险大,企业筹资主要依靠权益资金,以保持较小的财务杠杆系数和财务风险;变动成本比重较大的劳动密集型企业,经营杠杆系数低,经营风险小,企业筹资主要依靠债务资金,以保持较大的财务杠杆系数和财务风险。

通常情况下,在企业初创阶段,产品市场占有率低,产销业务量小,经营杠杆系数大,此时企业筹资主要依靠权益资金,在较低程度上使用财务杠杆;在企业扩张成熟期,产品市场占有率高,产销业务量大,经营杠杆系数小,此时,在企业资金结构中可扩大债务资金,在较高程度上使用财务杠杆。

议一议

1. 企业应如何运用财务杠杆原理进行财务风险分析?
2. 财务杠杆、经营杠杆和复合杠杆三者有什么关系?

模块五 计算资金成本与确定资金结构

1. 理解资金成本、个别资金成本、综合资金成本和资金结构的含义。
2. 掌握个别资金成本和综合资金成本的计算方法。
3. 掌握确定最佳资金结构的常用方法。
4. 树立节约资金成本的意识,学会为企业精打细算的技能。

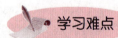

1. 个别资金成本的计算。
2. 综合资金成本的计算。
3. 以每股收益无差别点分析法确定最佳资金结构。
4. 以比较资金成本法确定最佳资金结构。

学习难点

1. 债券在不同发行方式下资金成本的确定。
2. 追加普通股筹资时,如何计算其综合资金成本。
3. 最佳资金结构的确定。

案例导入

1990年10月,波音公司对外公布了它的最新机器——波音777。波音777属于大中型客容量的机型,能够运送350~390位乘客,飞行距离达7 600海里(大约是从洛杉矶到法兰克福的距离)。波音公司计划1995年交货,最后也做到了。波音777的研制是一项巨大工程,两年半前开始的研究开发已耗资40亿~50亿美元,生产设备和人员培训还需另外投资20亿美元,1996年还需要17亿美元的营运资金。

(资料来源:百度文库.波音777项目评价)

请思考：1. 你认为该公司的巨额资金从何而来？
2. 哪种筹资方式的资金成本最低？每种方式各有何利弊？
3. 该公司应如何保持目标资金结构，从而实现所有者权益最大？

一、资金成本

企业的筹资管理，不仅要合理选择筹资方式，而且还要科学安排资金结构。资金结构优化是企业筹资管理的基本目标，只有合理地安排资金结构，才能既更好地满足股东利益要求，又能防止财务危机的爆发。资金成本是资金结构优化的标准，企业只有建立起资金成本观念，才可能正确地进行筹资与投资决策。

资金成本是衡量资金结构优化程度的重要标准。首先，从融资角度看，资金成本是指企业筹措资金所需支付的代价，亦即资金提供者（股东与债权人）所预期获得的报酬率；其次，从投资角度看，资金成本是指企业投资所要求的最低可接受报酬率。企业筹得的资金付诸使用后，只有投资报酬率高于资金成本，才能表明所筹集的资金取得了较好的经济效益。

（一）资金成本的含义

资金成本是指企业为筹集和使用资金而付出的代价，包括筹资费用和占用费用。资金成本是资金所有权与资金使用权分离的结果。对出资者而言，由于让渡了资金使用权，必须要求取得一定的补偿，资金成本表现为让渡资金使用权所带来的投资报酬。对筹资者而言，由于取得了资金使用权，必须支付一定代价，资金成本表现为取得资金使用权所付出的代价。

1. 筹资费用

筹资费用是指企业在资金筹措过程中为获取资金而付出的代价，如向银行支付的借款手续费，因发行股票、公司债券而支付的审计、法律、承销等发行费。筹资费用通常在资金筹集时一次性发生，在资金使用过程中不再发生，因此视为筹资数额的一项扣除。

2. 占用费用

占用费用是指企业在资金使用过程中因占用资金而付出的代价，如向银行等债权人支付的利息、向股东支付的股利等。占用费用是因为占用了他人资金而必须支付的费用，是资金成本的主要内容。

（二）资金成本的作用

1. 资金成本是比较筹资方式、选择筹资方案的依据

各种资金的资金成本是比较、评价各种筹资方式的依据。在评价各种筹资方式时，一般会考虑的因素包括对企业控制权的影响、对投资者吸引力的大小、融资的难易和风险、资金成本的高低等，而资金成本是其中的重要因素。在其他条件相同时，企业筹资应选择资金成本最低的方式。

2. 综合资金成本是衡量资金结构是否合理的依据

企业财务管理目标是企业价值最大化，企业价值是企业资产带来的未来经济利益的现值。计算现值时采用的贴现率通常会选择企业的综合资金成本，当综合资金成本率最小时，企业价值最大，此时的资金结构是企业理想的最佳资金结构。

3. 资金成本是评价投资项目可行性的主要标准

资金成本通常用相对数表示,它是企业对投入资金所要求的报酬率(或收益率),即最低必要报酬率。任何投资项目,如果它预期的投资报酬率超过该项目使用资金的资金成本率,则该项目在经济上就是可行的。因此,资金成本率是企业用以确定项目要求达到的投资报酬率的最低标准。

4. 资金成本是评价企业整体业绩的重要依据

一定时期企业资金成本率的高低,不仅反映企业筹资管理水平,还可作为评价企业整体经营业绩的标准。企业的生产经营活动,实际上就是所筹集资金经过投放后形成的资产运营,企业的总资产报酬率应高于其平均资金成本率,这样才能带来剩余收益。

(三)影响资金成本的因素

1. 总体经济环境

总体经济环境和状态决定企业所处的国民经济发展状况和水平,以及预期的通货膨胀。总体经济环境变化的影响,反映在无风险报酬率上,如果国民经济保持健康、稳定、持续增长,整个社会经济的资金供给和需求相对均衡且通货膨胀水平低,资金所有者投资的风险小,预期报酬率低,筹资的资金成本相应就比较低;相反,如果国民经济不景气或者经济过热,通货膨胀持续居高不下,投资者风险大,预期报酬率高,筹资的资金成本就高。

2. 资金市场条件

资金市场效率表现为资金市场上的资金商品的市场流动性。资金商品的流动性高,表现为容易变现且变现时价格波动较小。如果资金市场缺乏效率,证券市场流动性低,投资者投资风险大,要求的预期报酬率高,那么通过资金市场筹集的资金成本就比较高。

3. 企业经营状况和融资状况

企业内部经营风险是企业投资决策的结果,表现为资产报酬率的不确定性;企业融资状况导致的财务风险是企业筹资决策的结果,表现为股东权益资金报酬率的不确定性。两者共同构成企业总体风险,如果企业经营风险高,财务风险大,则企业总体风险水平高,投资者要求的预期报酬率高,企业筹资的资金成本相应就大。

4. 企业对筹资规模和时限的需求

在一定时期内,国民经济体系中资金供给总量是一定的,资金是一种稀缺资源,因此企业一次性需要筹集的资金规模越大、占用资金时限越长,资金成本就越高。当然,融资规模、时限与资金成本的正向相关性并非线性关系。一般来说,融资规模在一定限度内,并不引起资金成本的明显变化,当融资规模突破一定限度时,才引起资金成本的明显变化。

(四)资金成本的种类

在企业筹资实务中,通常运用资金成本的相对数表示,即资金成本率。资金成本率是指企业占用资金产生的占用费与有效筹资额之间的比率,通常用百分数来表示。一般而言,资金成本率有下列几类。

1. 个别资金成本率

个别资金成本率是指企业各种长期资金的成本率,如股票资金成本、债券资金成本、长期借款资金成本等。企业在比较各种筹资方式时,需要使用个别资金成本。

2. 综合资金成本率

综合资金成本率是指企业全部长期资金的成本率。企业在进行长期资金结构决策时，可以利用综合资金成本。

二、个别资金成本的计算

个别资金成本是指单一融资方式的资金成本，包括银行借款资金成本、债券资金成本、优先股资金成本、普通股资金成本和留存收益成本等，其中前两类是债务资金成本，后三类是权益资金成本。个别资金成本可用于比较和评价各种筹资方式的优劣。

一般而言，资金成本通常用不考虑时间价值的一般通用模型计算，用相对数即资金成本率表达。计算时，将初期的筹资费用作为筹资额的一项扣除，扣除筹资费用后的筹资额称为筹资净额。通常按年计算，其基本的计算公式如下：

$$资金成本率 = \frac{年资金占用费}{筹资总额 - 筹资费用} \times 100\%$$

$$= \frac{年资金占用费}{筹资总额 \times (1 - 筹资费用率)} \times 100\%$$

☞ **请注意**

若资金来源为负债，还存在税前资金成本和税后资金成本的区别。计算税后资金成本需要从年资金占用费中减去资金占用费税前扣除导致的所得税节约额。

（一）银行借款资金成本的计算

银行借款资金成本包括借款利息和借款手续费用。利息费用税前支付，可以起抵税作用，一般计算税后资金成本率。税后资金成本率与权益资金成本率具有可比性，银行借款的资金成本率按一般模型计算为：

$$K_l = \frac{年利率 \times (1 - 所得税税率)}{1 - 手续费率} \times 100\%$$

$$= \frac{i \times (1 - T)}{1 - f} \times 100\%$$

式中，K_l 为银行借款资金成本率；i 为银行借款年利率；f 为筹资费用率；T 为所得税税率。

【例 2-20】 某企业取得 5 年长期借款 200 万元，年利率 10%，每年付息一次，到期一次还本，借款费用率 0.2%，企业所得税税率 25%。该项借款的资金成本率为：

$$K_l = \frac{10\% \times (1 - 25\%)}{1 - 0.2\%} \times 100\% = 7.52\%$$

（二）债券资金成本的计算

债券资金成本包括债券利息和债券发行费用。债券可以溢价发行，也可以折价发行，其资金成本率按一般模型计算为：

$$K_b = \frac{年利息 \times (1 - 所得税税率)}{债券筹资总额 \times (1 - 手续费率)} \times 100\%$$

$$= \frac{I(1-T)}{L(1-f)} \times 100\%$$

式中，K_b 为债券资金成本率；L 为公司债券筹资总额；I 为公司债券年利息；T 为所得税税率；f 为筹资费用率。

【例 2-21】 某企业以面值 1 000 元的价格，发行面值为 1 000 元、期限 5 年、票面利率为 7% 的公司债券一批。每年付息一次，到期一次还本，发行费用率 3%。所得税税率 25%，该批债券的资金成本率为：

$$K_b = \frac{1\,000 \times 7\% \times (1-25\%)}{1\,000 \times (1-3\%)} \times 100\% = 5.41\%$$

【例 2-22】 某企业以 1 100 元的价格，溢价发行面值为 1 000 元、期限 5 年、票面利率为 7% 的公司债券一批。每年付息一次，到期一次还本，发行费用率 3%。所得税税率 25%，该批债券的资金成本率为：

$$K_b = \frac{1\,000 \times 7\% \times (1-25\%)}{1\,100 \times (1-3\%)} \times 100\% = 4.92\%$$

利息的节税作用会吸引公司更多地利用负债筹资。但是，如果公司没有利润，则不能实际享受利息支付上的节税收益。所以，就无利润公司而言，负债的实际成本就应该是税前成本。

☞ **请注意**

债券资本成本计算公式中，分子的利息是根据债券票面值计算的，而分母上债券筹资总额是按照债券的实际发行价格计算的。

（三）优先股资金成本的计算

$$K_p = \frac{D_1}{V_0 \times (1-f)} \times 100\%$$

式中，K_p 为优先股成本；D_1 为预计下一年度优先股年股利；V_0 为优先股筹资额；f 为优先股筹资费用率。

【例 2-23】 某公司按面值发行优先股 100 万元，筹资费用率为 4%，每年支付 10% 的股利。计算该优先股成本。

解答：$K_p = \dfrac{100 \times 10\%}{100 \times (1-4\%)} \times 100\% = 10.42\%$

（四）普通股资金成本的计算

普通股是股份公司依法发行的具有管理权、股利不固定的股票。与优先股相比，普通股虽没有固定利息，但股利要从企业净利润中支付，属于税后支出，因而普通股成本比债务资金成本要高。

在股利增长率固定的情况下，普通股筹资成本的公式如下：

$$普通股资金成本 = \frac{第一年预期股利}{普通股筹资金额 \times (1-普通股筹资费用率)} \times 100\% + 股利固定增长率$$

预计第一年普通股股利 = 普通股面值 × 年股利率 = 普通股股数 × 每股股利

普通股筹资金额 = 普通股数量 × 发行价

普通股筹资成本公式用字母表示如下：

$$K_s = \frac{D_1}{V_0 \times (1-f)} \times 100\% + g$$

式中，K_s 为普通股资金成本；D_1 为预计第一年普通股年股利；V_0 为普通股筹资金额；f 为普通股筹资费用率；g 为普通股股利年增长率。

【例2-24】 D公司发行普通股200万股，每股面值1元，发行价为每股2元，筹资费用率为2%，预计第一年普通股股利每股0.1元，以后每年增长5%。计算该普通股资金成本。

解答：$K_s = \dfrac{0.1 \times 200 \text{万}}{2 \times 200 \text{万} \times (1-2\%)} \times 100\% + 5\% = \dfrac{1}{19.6} \times 100\% + 5\% = 10.1\%$

（五）留存收益资金成本

留存收益是企业内部融资，看似无成本，其实不然。企业留存收益的性质是企业股东对企业的追加投资，股东要求取得与普通股相同的回报，所以留存收益成本确定方法与普通股成本基本相同，只是不考虑筹资费用。其计算公式如下：

$$K_e = \frac{D_1}{V_0} \times 100\% + g$$

式中，K_e 为留存收益资金成本；其他符号含义与普通股资金成本计算公式相同。

【例2-25】 D公司留存收益为200万元，其余同【例2-24】，则留存收益资金成本为：

$K_e = \dfrac{0.1}{2} \times 100\% + 5\% = 10\%$

想一想 不同筹资方式下的资金成本高低是怎样排序的？

三、综合资金成本的计算

综合资金成本是指多元化融资方式下的加权平均资金成本，反映了企业资金成本整体水平的高低。在衡量和评价单一融资方案时，需要计算个别资金成本；在衡量和评价企业筹资总体的经济性时，需要计算企业的综合资金成本。综合资金成本用于衡量企业资金成本水平，确立企业理想的资金结构。

企业综合资金成本，是以各项个别资金在企业总资金中的比重为权数，对各项个别资金成本率进行加权平均而得到的总资金成本率。计算公式为：

$$K_w = \sum W_j K_j$$

式中，K_w 为综合资金成本；W_j 为第j种个别资金占全部资金中的比重；K_j 为第j种个别资金成本。

【例2-26】 某企业筹集资金1 000万元，其中债券300万元，普通股500万元，优先股100万元，留存收益100万元，各种资金的成本分别为：债券K_b为5%，普通股K_s为18%，优先股K_p为12%，留存收益K_e为15%。试计算该企业综合资金成本。

解答：（1）计算各种资金所占的比重：

$W_b = \dfrac{300}{1\,000} \times 100\% = 30\%$

$W_s = \dfrac{500}{1\,000} \times 100\% = 50\%$

$W_p = \dfrac{100}{1\,000} \times 100\% = 10\%$

$W_e = \dfrac{100}{1\,000} \times 100\% = 10\%$

（2）计算综合资金成本：

$K_w = 30\% \times 5\% + 50\% \times 18\% + 10\% \times 12\% + 10\% \times 15\%$
$\quad\ = 13.2\%$

四、资金结构

资金结构及其管理是企业筹资管理的核心问题。企业应综合考虑有关影响因素，运用适当的方法确定最佳资金结构，提升企业价值。如果企业现有资金结构不合理，应通过筹资活动优化调整资金结构，使其趋于科学合理。

（一）资金结构的含义

资金结构是指企业资金总额中各种资金的构成及其比例关系。筹资管理中，资金结构有广义与狭义之分。广义的资金结构包括全部债务与股东权益的构成比率；狭义的资金结构则指长期负债与股东权益资金构成比率。狭义资金结构下，短期债务作为营运资金来管理。本书所指的资金结构通常仅是狭义的资金结构。

不同的资金结构会给企业带来不同的后果。企业利用债务资金进行举债经营具有双重作用，既可以发挥财务杠杆效应，也可能带来财务风险。因此，企业必须权衡财务风险和资金成本的关系，确定最佳的资金结构。评价企业资金结构最佳状态的标准应该是能够提高股权收益或降低资金成本，最终目的是提升企业价值。股东权益，表现为净资产报酬率或普通股每股收益；资金成本，表现为企业的综合资金成本率。根据资金结构理论，当公司综合资金成本最低时，公司价值最大。

所谓最佳资金结构，是指在一定条件下使企业综合资金成本率最低、企业价值最大的资金结构。资金结构优化的目标，是降低综合资金成本率或提高普通股每股收益。

从理论上讲，最佳资金结构是存在的，但由于企业内部条件和外部环境的经常性变化，动态地保持最佳资金结构十分困难。因此，在实践中，目标资金结构通常是企业结合自身实际进行适度负债经营所确立的资金结构。

（二）影响资金结构的因素

资金结构是一个产权结构问题，是社会资金在企业经济组织形式中的资源配置结果。资金结构的变化，将直接影响社会资金所有者的利益。

1. 企业经营的稳定性和成长性

企业产销业务量的稳定程度对资金结构有重要影响：如果产销业务量稳定，企业可负担较多的财务费用；如果产销量和盈余有波动，则企业要承担较大的财务风险。经营发展能力表现为未来产销业务量的增长率，如果产销业务量能够以较高的水平增长，企业可以采用高负债的资金结构，以提升权益资金的报酬。

2. 企业财务状况和信用等级

企业财务状况良好，信用等级高，债权人愿意向企业提供信用，则企业容易获得债务资金；相反，如果企业财务状况欠佳，信用等级不高，债权人投资风险大，则会降低企业获得信用的能力，加大债务资金筹资的资金成本。

3. 企业资产结构

资产结构是企业筹集资金并进行资源配置和使用后的资金占用结构，包括长短期资产构成和比例，以及长短期资产内部的构成和比例。资产结构对企业资金结构的影响主要包括：拥有大量固定资产的企业主要通过长期负债和发行股票筹集资金；拥有较多流动资产的企业更多地依赖流动负债筹集资金；资产适用于抵押贷款的企业负债较多；以技术研发为主的企业则负债较少。

4. 企业投资人和管理当局的态度

从企业所有者的角度看，如果企业股权分散，企业可能更多地采用权益资金筹资以分散企业风险。如果企业为少数股东控制，股东通常重视企业控股权问题，为防止控股权稀释，企业一般尽量避免普通股筹资，而是采用优先股或债务资金筹资。从企业管理当局的角度看，高负债资金结构的财务风险高，一旦经营失败或出现财务危机，管理当局将面临市场接管的威胁或者被董事会解聘。因此，稳健的管理当局偏好于选择低负债比例的资金结构。

5. 行业特征和企业发展周期

不同行业资金结构差异很大。产品市场稳定的成熟产业经营风险低，因此可提高债务资金比重，发挥财务杠杆作用。高新技术企业的产品、技术、市场尚不成熟，经营风险高，因此可降低债务资金比重，控制财务杠杆风险。在同一企业不同发展阶段，资金结构安排不同。企业初创阶段，经营风险高，在资金结构安排上应控制负债比例；企业发展成熟阶段，产品产销业务量稳定和持续增长，经营风险低，可适度增加债务资金比重，发挥财务杠杆效应；企业收缩阶段，产品市场占有率下降，经营风险逐步加大，应逐步降低债务资金比重，保证经营现金流量能够偿付到期债务，保持企业持续经营能力，减少破产风险。

6. 税务政策和货币政策

资金结构决策必然要研究理财环境因素，特别是宏观经济状况。政府调控经济的手段包括财政税收政策和货币金融政策，当所得税税率较高时，债务资金的抵税作用大，企业可以充分利用这种作用来提高企业价值。货币金融政策影响资金供给，从而影响利率水平的变动，当国家执行紧缩的货币政策时，市场利率较高，企业债务资金成本增大。

（三）资金结构的优化决策

资金结构优化，要求企业权衡负债的低资金成本和高财务风险的关系，确定合理的资金结构。资金结构优化的目标，是降低平均资金成本率或提高普通股每股收益。

确定最佳资金结构的方法常用的有每股收益无差别点法和比较资金成本法。

1. 每股收益(EBIT-EPS)分析法

可以用每股收益的变化来判断资金结构是否合理,即能够提高普通股每股收益的资金结构,就是合理的资金结构。在资金结构管理中,利用债务资金的目的之一,就在于债务资金能够提供财务杠杆效应,利用负债筹资的财务杠杆作用来增加股东财富。

每股收益受到经营利润水平、债务资金成本水平等因素的影响,分析每股收益与资金结构的关系,可以找到每股收益无差别点。所谓每股收益无差别点,是指不同筹资方式下每股收益都相等时的息税前利润或业务量水平。根据每股收益无差别点,可以分析判断在什么样的息税前利润水平或产销业务量水平前提下,适于采用何种筹资组合方式,进而确定企业的资金结构安排。

在每股收益无差别点上,无论是采用债务还是股权筹资方案,每股收益都是相等的。当预期息税前利润或业务量水平大于每股收益无差别点时,应当选择财务杠杆效应较大的筹资方案;反之则相反。在每股收益无差别点,不同筹资方案的 EPS 是相等的,用公式表示如下:

$$\frac{(\overline{EBIT} - I_1)(1-T)}{N_1} = \frac{(\overline{EBIT} - I_2)(1-T)}{N_2}$$

$$\overline{EBIT} = \frac{I_1 \cdot N_2 - I_2 \cdot N_1}{N_2 - N_1}$$

式中,$\overline{EBIT}$ 为息税前利润平衡点,即每股收益无差别点;I_1、I_2 分别为两种筹资方式下的债务利息;N_1、N_2 分别为两种筹资方式下普通股股数;T 为所得税税率。

【例 2-27】 某公司目前资金结构为:总资金 1 000 万元,其中债务资金 400 万元(年利息 40 万元);普通股资金 600 万元(600 万股,面值 1 元,市价 5 元)。该公司由于有一个较好的新投资项目,需要追加筹资 300 万元,有两种筹资方案:

甲方案:向银行取得长期借款 300 万元,利息率 16%。

乙方案:增发普通股 100 万股,每股发行价 3 元。

根据财务人员测算,追加筹资后销售额可望达到 1 200 万元,变动成本率 60%,固定成本为 200 万元,所得税税率 25%,不考虑筹资费用因素。根据上述数据,代入无差别点公式:

$$\frac{(\overline{EBIT} - 40 - 48) \times (1 - 25\%)}{600} = \frac{(\overline{EBIT} - 40) \times (1 - 25\%)}{600 + 100}$$

得:$\overline{EBIT} = 376$(万元)

或:$\overline{EBIT} = \frac{(40 + 48) \times (600 + 100) - 40 \times 600}{(600 + 100) - 600}$

$= 376$(万元)

这里,376 万元是两个筹资方案的每股收益无差别点。在此点上,两个方案的每股收益相等,均为 0.36 元。该公司预期追加筹资后销售额 1 200 万元,预期获利 280 万元,低于无差别点 376 万元,应当采用财务风险较小的乙方案,即增发普通股方案。在 1 200 万元销售额水平上,甲方案的 EPS 为 0.24 元,乙方案的 EPS 为 0.257 元。

当企业需要的资金额较大时,可能会采用多种筹资方式组合融资。这时,需要详细比较分析各种组合筹资方式下的资金成本及其对每股收益的影响,选择每股收益最高的筹资方式。

2. 综合资金成本比较法

综合资金成本比较法,是通过计算和比较各种可能的筹资组合方案的综合资金成本,选择综合资金成本最低的方案,即能够降低综合资金成本的资金结构,就是合理的资金结构。这种方法侧重于从资金投入的角度对筹资方案和资金结构进行优化分析。

【例 2-28】 某公司需筹集 100 万元长期资金,可以用贷款、发行债券、发行普通股三种方式筹集,其个别资金成本率已分别测定,有关资料如表 2-10 所示。

表 2-10　　　　　某公司资金成本与资金结构数据表

筹资方式	资金结构			个别资金成本率
	A 方案	B 方案	C 方案	
贷款	40%	30%	20%	6%
发行债券	10%	15%	20%	8%
发行普通股	50%	55%	60%	9%
合计	100%	100%	100%	

首先,分别计算三个方案的综合资金成本 K。

A 方案:$K = 40\% \times 6\% + 10\% \times 8\% + 50\% \times 9\% = 7.7\%$

B 方案:$K = 30\% \times 6\% + 15\% \times 8\% + 55\% \times 9\% = 7.95\%$

C 方案:$K = 20\% \times 6\% + 20\% \times 8\% + 60\% \times 9\% = 8.2\%$

其次,根据企业筹资评价的其他标准,考虑企业的其他因素,对各个方案进行修正之后,再选择其中成本最低的方案。本例中,我们假设其他因素对方案选择影响甚小,则 A 方案的综合资金成本最低。这样,该公司的资金结构为贷款 40 万元,发行债券 10 万元,发行普通股 50 万元。

☞ 请注意

企业以权益性资本增资的时候,前后普通股资本同股同权,应采用最新的普通股资本成本作为加权资本成本计算的基础。

议 一 议

1. 如何计算不同筹资方式下的个别资金成本?
2. 如何计算企业的综合资金成本?
3. 如何进行最佳资本结构的决策?

分析企业资本结构的常用指标

【搜索关键词】

经营杠杆　财务杠杆　复合杠杆　资金成本　资金结构

【单元小结】

筹资是企业取得其所需资金的一项财务活动,是企业整体财务活动的起点。筹资管理的目标是在满足生产经营需要的情况下,以较低的筹资成本和较小的筹资风险,获取同样多的资金或较多的资金。企业筹资渠道主要有两种:一种是主权资金筹资;另一种是负债筹资。主权资金又称权益资金,是企业依法筹集并长期拥有、自主支配的资金。我国企业主权资金主要包括资本金、资本公积金、盈余公积金和未分配利润等,其筹资方式有吸收直接投资和股票投资。负债筹资是企业最主要的筹资方式。从类型上看,它包括银行借款、短期融资券、发行债券、融资租赁、商业信用等形式;从所筹资金的期限看,它包括长期债务资金和短期债务资金两类。筹资规模确定是对企业所需筹资量的确定。确定筹资规模的方法有销售百分比法和资金习性预测法。

由于特定费用(如固定成本或利息费用)的存在,产生了经营杠杆、财务杠杆和复合杠杆系数,运用经营杠杆系数、财务杠杆系数、复合杠杆系数可分析企业财务风险、经营风险和总体风险。

企业为筹措和使用资金而付出的代价为资金成本。它通常用资金成本率表示,包括个别资金成本的计算和综合资金成本的计算。资金结构是企业各种资金的构成以及比例关系。它是筹资决策的核心问题,即主要是负债资金的比例问题,适度增加负债可能会降低企业资金成本,获取杠杆收益,同时也会给企业带来财务风险。资金结构优化意在寻求最优资金结构,其标准是使企业综合资金成本最低、企业风险最低、企业价值最大。资金结构优化的方式有每股收益(EBIT-EPS)分析法和综合资金成本比较法。

【主要名词中英文】

筹资	Fund-raising
债券	Debenture
普通股	Ordinary Shares
优先股	Preference Shares
资金成本	Cost of Capital
资金结构	Capital Structure
经营杠杆	Operating Leverage
财务杠杆	Financial Leverage
复合杠杆	Compound Leverage
财务风险	Financial Risk

单元三

证券投资分析

模块一　认识证券投资

学习目标

1. 认知证券的种类。
2. 理解证券投资的目的和风险。
3. 培养证券投资意识,增强投资兴趣。

学习重点

证券的种类。

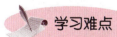
学习难点

证券投资的风险、目的。

案例导入

当我们每天打开电视、计算机或翻阅报纸阅读到相关财经新闻时,总有一些固定的关键词出现在眼前,诸如股票、基金、理财等。

请思考：这些新闻内容到底想与读者交流什么？读者如想读懂这些新闻，必须掌握哪些知识呢？

一、证券投资的含义与特点

（一）证券的含义与种类

证券是指具有一定票面金额，代表财产所有权或债权，可以有偿转让的书面凭证。作为证券，应当具备两个最基本的特征：一是法律特征，本身必须具有合法性，同时它所包含的内容具有法律效力；二是书面特征，必须按照特定的格式进行书写，载明有关法律规定的全部事项。

证券的种类很多，按不同的标准，主要分为以下几种：

1. 按证券体现的权益关系，分为所有权证券、债权证券和信托投资证券

所有权证券是一种既没有固定的偿还期，也不需要定期支付利息的证券。它代表投资者在被投资企业所占权益的份额，如企业发行的股票，就是典型的所有权证券。

债权证券是一种必须定期支付利息，并要按期偿还本金的证券，它代表投资者在被投资企业所占债权的多少，如企业发行的债券、国家发行的国库券等就是典型的债权证券。

信托投资证券是由公众投资者共同筹集、委托专门的证券投资机构投资于各种证券，以获取收益的股份或收益凭证，如投资基金。

2. 按证券的发行主体，分为政府证券、金融证券和公司证券

政府证券是指中央政府或地方政府为筹集资金而发行的证券。金融证券是指由银行或其他金融机构为筹集资金而发行的证券。公司证券又称企业证券，是指由工商企业为筹集资金而发行的证券。政府证券的风险较小，金融证券的风险次之，公司证券的风险则视公司的规模、财务状况和其他情况而定。

3. 按证券的到期日，分为短期证券和长期证券

短期证券是指到期日短于一年的证券，如商业票据、银行承兑汇票等。长期证券是指到期日长于一年的证券，如长期国库券、公司债券等。一般而言，短期证券的风险小，变现能力强，但收益率相对较低；长期证券的收益率较高，但时间长，风险大。

4. 按证券的收益状况，分为固定收益证券和变动收益证券

固定收益证券是指在证券的票面上一般有固定的收益率的证券，如债券票面上一般有固定的利率，优先股票面上一般有固定的股息率。变动收益证券是指证券票面不标有固定的收益率，其收益情况随公司经营状况而变动的证券，普通股股票就是最典型的变动收益证券。一般而言，固定收益证券的风险较小，但收益较低；变动收益证券收益较高，但风险较大。

想一想 如果你是一位投资者，将会选择哪些证券作为你的投资对象？

（二）证券投资的含义和目的

证券投资是指投资者将资金投资于股票、债券、基金及衍生证券等资产，从而获取收益

的一种投资行为。企业进行证券投资的目的主要表现为以下几个方面：

1. 暂时存放闲置资金，并获取投资收益

企业正常经营过程中会出现一些暂时不需要用的闲置现金，为了提高资金的使用效益，企业可购入一些证券替代现金，从而获取一定的投资收益。

2. 与筹集长期资金配合

处于成长期或扩张期的企业一般每隔一段时间就会发行长期证券（股票或公司债券），但发行长期证券所筹集的资金一般并不是一次用完，而是逐渐、分次使用。这样，暂时不用的资金就可以投资于有价证券，以期获取一定收益。当企业需要资金时，也可以卖出有价证券，获取现金。

3. 满足未来的财务需求

企业若在不久的将来有一笔现金需求，比如，购买设备或归还到期债务，就可以将现有的现金投资于有价证券，当需要现金时出售有价证券，以获取所需要的现金。

4. 满足季节性经营对现金的需求

从事季节性经营的企业在一年内的某些月份可能会有剩余现金，在另外几个月可能会出现现金短缺。企业可以在现金充裕时购入有价证券，而在现金短缺时出售有价证券。

5. 获得对相关企业的控制权

企业为发展需要或取得长期稳定的原料供应，从战略上考虑会通过购买一定数量的股票来控制其他企业。比如，金属冶炼公司要控制一家采矿企业，以获得稳定的材料供应，该公司就可以通过收购采矿企业一定比率的股权，以达到控制这家采矿企业的目的。

☞ 提醒您

企业进行短期证券投资和长期证券投资的目的是不同的，同一种证券也有长期和短期之分。

二、证券投资的风险

证券投资风险是指投资者在证券投资过程中遭受损失或达不到预期收益的可能性。进行证券投资，必然会承担一定风险。其承担的风险主要表现为以下几项。

（一）违约风险

违约风险是指证券发行人无法按期支付债券利息和偿还本金的风险。造成违约的原因主要是：政治、经济形势发生重大变动；由于自然原因所引起的非常性破坏事件；公司经营管理不善；等等。避免违约风险的方法是不买质量差的债券。

（二）利率风险

证券的利率风险是指由于利率的变动而引起证券价格波动，使投资者遭受损失的风险。证券价格会随利率的变化而变动，一般而言，银行利率下降，证券价格上涨；银行利率上升，证券价格下跌。减少利率风险的方法是分散债券的到期日。

（三）购买力风险

购买力风险是指由于通货膨胀而使证券到期或出售时，获得资金的购买力降低的风险。通货膨胀时期，购买力风险对投资者有重要影响，一般而言，随着通货膨胀的发生，变动收益证券比固定收益证券要好。比如，普通股票比公司债券的购买力风险要小。减少购买力风险的方法是，投资于预期报酬率会上升的资产。

（四）流动性风险

流动性风险是指投资者在需要卖出证券时，面临的变现困难和不能在适当或期望的价格上变现的风险。在较短时间内按市价能大量出售的证券流动性较高，如国库券；不能在较短时间内按市价大量出售的证券流动性较低，如品质较差的公司债券。

三、证券投资的基本程序

（一）选择投资对象

进行证券投资首先要选择合适的投资对象，即投资于何种证券、投资于哪家公司的证券。投资对象的选择是证券投资最关键的一步，它关系到投资的成败。在投资前应认真分析投资对象的收益水平和风险程度，合理选择投资对象。

（二）开户与委托

投资者在进行证券投资前，应先到证券营业部或证券登记机构开立证券账户，该账户用来记载投资者进行证券买卖和拥有证券的数额与品种情况。投资者在开户并确定投资于何种证券后，就可以选择合适的证券经纪人，委托其进行证券买卖。

> ☞ 提醒您
>
> 可以通过电话委托、计算机终端委托、递单委托等方式委托证券经纪人代为买卖证券。

（三）交割

投资者委托证券经纪人买卖各种证券之后，就要及时办理证券交割。所谓证券交割指买入证券方交付价款、领取证券，卖出证券方交出证券、收取价款的活动。

（四）过户

证券过户就是投资者从交易市场买进证券后，到证券的发行公司办理变更持有人姓名的手续。证券过户一般只限于记名股票。办理过户的目的是保障投资者的权益。

议一议

1. 充分认识不同证券的特点,对正确选择投资对象有何帮助?
2. 应如何进行投资,才能实现企业的不同投资目的?
3. 在进行证券投资时,应怎样辨别所面临的投资风险?

模块二　学会债券投资分析

1. 认知债券投资的目的和特点。
2. 掌握债券的估价模型和投资收益率的计算方法。
3. 理解债券投资的优缺点。
4. 增强债券投资的规则意识和风险意识,建立为企业资产保值和增值的理念。

1. 债券的估价模型。
2. 债券投资收益率的计算。

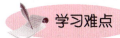

债券投资收益率的计算。

甲公司准备投资购买乙公司发行的债券,该债券的面值为1 000元,票面利率为6%,期限为3年,每年付息一次。甲公司经过分析后,认为必须得到8%的报酬率,才能购买乙公司的债券。目前,乙公司债券的市价为950元。

请思考:甲公司此时能否购买该债券?

一、债券投资的目的和特点

(一) 债券投资的目的

企业债券投资按持有时间的长短可分为短期债券投资和长期债券投资。短期债券投资的目的主要是合理利用暂时闲置资金,调节现金余额,获得收益。长期债券投资的目的主要是获得稳定的收益。

(二) 债券投资的特点

相对于股票而言,债券投资有以下特点:

1. 投资期限与股票投资不同

不论长期债券投资,还是短期债券投资,都有到期之日,债券到期能收回本金;而股票没有期限,没有收回股票投资的可能,只可以中途转让,但转让收到的金额不能确定。

2. 享有权利和承担义务与股票不同

在各种投资方式中,债券投资者享有的权利最小,无权参与被投资企业的经营管理,只有按约定取得利息和到期收回本金的权利。

3. 获得收益与承担风险与股票不同

债券投资收益通常是事先约定的,收益率不及股票收益率,但具有较强的稳定性,投资风险小。

二、债券估价的模型

债券的内在价值是由债券带来的未来现金流量的现值决定的,债券给持有者带来的未来现金流入包括两部分:债券利息和到期收回的本金(或出售时获得的现金)。其基本计算公式是:

$$P = \sum_{t=1}^{n} \frac{R_t}{(1+K)^t}$$

式中,P 为债券价值;R_t 为债券第 t 年带来的现金流入量(包括债券利息、到期收回的本金);K 为市场利率;n 为持有年限。

下面介绍几个最常见的债券估价模型。

(一) 分期付息到期还本债券的估价模型

一般情况下的债券估价模型是指用复利方式计算债券价格的估价公式。其计算公式为:

$$V = \sum_{t=1}^{n} \frac{I}{(1+K)^t} + \frac{P}{(1+K)^n} = I(P/A, K, n) + P(P/F, K, n)$$

式中,V 为债券价格;I 为债券利息;P 为债券面值;n 为付息总期数;K 为市场利率或投资者要求的必要报酬率。

【例 3-1】 某债券的面值为 1 000 元,票面利率为 5%,期限为 5 年,某公司要对这种债券进行投资,要求必须获得8%的报酬率。问:债券价格为多少时才能进行投资?

根据上述公式,计算可得:

$V = 1\,000 \times 5\% \times (P/A, 8\%, 5) + 1\,000 \times (P/F, 8\%, 5)$

$= 50 \times 3.993 + 1\,000 \times 0.681$

$= 199.65 + 681$

$= 880.65(元)$

即该债券的价格低于880.65元时才能购买,否则就得不到8%的报酬率。

(二) 到期一次性还本付息债券的估价模型

我国很多债券属于一次性还本付息且不计复利的存单式债券,这种债券价格的计算公式为:

$$V = P \times (1 + i \times n) \times (P/F, K, n)$$

公式中符号含义同前式,i为票面利率。

【例3-2】 某公司拟购买另一家公司发行的利随本清的企业债券,该债券的面值为1 000元,期限为5年,票面利率为6%,不计复利,当前的市场利率为5%。问:当该债券的发行价格为多少时,该公司才能购买?

根据上述公式,计算可得:

$V = 1\,000 \times (1 + 6\% \times 5) \times (P/F, 5\%, 5)$

$= 1\,300 \times 0.783$

$= 1\,018(元)$

即该债券的价格低于1 018元时,该公司才能购买。

(三) 零利息债券的估价模型

零利息债券指到期只能按面值收回,期内不计利息的债券。这种债券价格的计算公式为:

$$V = \frac{P}{(1+K)^n} = P \times (P/F, K, n)$$

公式中符号含义同前式。

【例3-3】 某债券面值为1 000元,期限为5年,以折价方式发行,期内不计利息,到期按面值偿还,当时市场利率为5%。问:该债券价格为多少时,公司才能购买?

根据上述公式,计算可得:

$V = 1\,000 \times (P/F, 5\%, 5)$

$= 1\,000 \times 0.783$

$= 783(元)$

即该债券的价格低于783元时,公司才能购买。

> ☞ **提醒您**
> 决定购买债券的标准是市场上债券的价格必须低于估算出来的债券价格。

三、债券投资的收益率

收益的高低是影响证券投资的主要因素,证券投资的收益有绝对数和相对数两种表示方法,在财务管理中通常用相对数即收益率来表示。由于企业债券投资分为短期债券投资和长期债券投资,则债券投资收益率也分为短期债券收益率和长期债券收益率。

(一) 短期债券收益率的计算

短期债券由于持有期限较短,一般不考虑资金时间价值因素,只需要考虑债券的价差及利息,然后将其与投资额相比,即可算出短期债券的投资。其计算公式为:

$$K = \frac{(S_1 - S_0)/n + I}{S_0} \times 100\%$$

式中,S_0 表示债券的购买价格;S_1 表示债券的出售价格;n 为持有年限;I 表示债券的年利息;K 表示债券投资收益率。

【例3-4】 某种债券的面值为1 000元,票面利率为10%,按年付息,到期还本,发行时的价格为990元,期限为10年。两年后,这种债券的价格为980元。某公司从二级市场上买进这种债券。该企业并不想持有这种债券至8年后还本,而是在保留一年后将其卖出。卖出时,这种债券的价格上升至1 020元。问:该公司买卖这笔债券所获得收益率是多少?

根据上述公式,计算可得:

$$K = \frac{(1\,020 - 980)/1 + 1\,000 \times 10\%}{980} \times 100\% = 14.29\%$$

(二) 长期债券收益率的计算

对于长期债券,涉及时间较长,应当考虑资金时间价值,其投资收益率一般是指购进债券后一直持有至到期日可获得的收益率。它是使债券利息的现值与债券到期收回本金的现值之和等于债券购买价格时的贴现率。

1. 分期付息到期还本债券收益率的计算

其计算公式与前面债券估价模型的公式相同,只是债券的买入价是已知的,而折现率是未知数。一般情况下无法直接计算出折现率,必须采用逐步测试法及内插法来计算。

【例3-5】 某公司2018年1月1日平价购入一张债券,面值为1 000元,票面利率为6%,每年1月1日计算并支付利息,该债券于2023年1月1日到期,按面值收回本金。计算其到期收益率。

每年利息 $I = 1\,000 \times 6\% = 60$(元)　　　到期本金 $F = 1\,000$(元)

期数 $N = 5$　　　买入价 $P = 1\,000$(元)

若设收益率为6%,则

$V = 60(P/A, 6\%, 5) + 1\,000 \times (P/F, 6\%, 5)$

　　$= 60 \times 4.212\,4 + 1\,000 \times 0.747\,3$

　　$= 252.744 + 747.3$

　　$= 1\,000$(元)

用6%计算出来的债券价值正好等于债券的购入价格,所以该债券的收益率为6%。显然平价购入的每年支付一次利息债券的收益率,其到期收益率等于该债券的票面利率。

☞ **请注意**

这里运用了债券发行价格部分的知识,即当市场利率高于票面利率时,债券将折价发行;当市场利率等于票面利率时,债券将平价发行;当市场利率低于票面利率时,债券将溢价发行。

如果该公司购入债券的价格为900元,即低于票面值,那么债券到期其收益率为多少呢?
要求出收益率,必须使下面的等式成立:

$$900 = 60 \times (P/A, K, 5) + 1\,000 \times (P/F, K, 5)$$

通过前面的计算得知,当 $K = 6\%$ 时,上面等式的右边为1 000元。由于现值与利率呈反方向变化,即现值越小,利率越大,而债券的购入价为900元,则收益率一定大于6%,提高折现率进一步测试。

当 $K = 8\%$ 时,

$V_1 = 60 \times (P/A, 8\%, 5) + 1\,000 \times (P/F, 8\%, 5)$

$= 60 \times 3.992\,7 + 1\,000 \times 0.680\,6$

$= 920.16(元)$

由于折现后的现值仍然大于购入价900元,还应进一步提高折现率测试。

当 $K = 9\%$ 时,

$V_2 = 60 \times (P/A, 9\%, 5) + 1\,000 \times (P/F, 9\%, 5)$

$= 60 \times 3.889\,7 + 1\,000 \times 0.649\,9$

$= 883.28(元)$

此时,说明收益率一定在8%至9%之间。运用前面所学的内插法,计算如下:

$K = 8\% + \dfrac{920.16 - 900}{920.16 - 883.28} \times (9\% - 8\%) = 8.55\%$

就是说,如果该债券以900元的价格购入,能获得的收益率为8.55%。

练一练 如果该债券以1 100元的价格购入,能获得的收益率是多少呢?

2. 到期一次性还本付息债券收益率的计算

其计算公式与前面债券估价模型的公式相同,只是债券的买入价是已知的,而折现率是未知数。一般情况下无法直接计算出折现率,必须采用逐步测试法及内插法来计算。

【例3-6】 某公司2018年1月1日以1 020.9元购入一张债券,面值为1 000元,票面利率为10%,单利计息,到期一次性还本付息。该债券于2023年1月1日到期,计算其到期收益率。

一次性还本付息单利计息债券的估价模型为:

$$V = F \times (1 + i \times n) \times (P/F, K, n)$$

则:$1\,020.9 = 1\,000 \times (1 + 10\% \times 5) \times (P/F, K, 5)$

$(P/F, K, 5) = 1\,020.9 \div 1\,500 = 0.680\,6$

通过查复利现值系数表,得知5年期复利现值系数等于0.680 6时,$i = 8\%$。

想一想 这里为何没有专门介绍零利率债券收益率的计算？

如果通过查表无法直接求得收益率，也可使用内插法。

债券的收益率是进行债券投资时选购债券的重要标准，它可以反映债券投资按复利计算的实际收益率。如果债券的收益率高于投资人要求的必要收益率，则可以购进债券；否则，就应该放弃此项投资。

四、债券投资的优缺点

（一）债券投资的优点

（1）本金安全性高。与股票相比，债券投资的风险比较小。政府债券有国家财力做后盾，其本金的安全性非常高，通常被视为无风险证券。企业债券的持有者拥有优先求偿权，即当企业破产时，可以先于股东分得企业资产，其本金损失的可能性小。

（2）收益比较稳定。债券的票面上一般都标有固定利率，债券的发行人有按时支付利息的法定义务。因此，在正常情况下，投资于债券能获得比较稳定的收益。

（3）变现力强。政府及大公司发行的债券一般可以在金融市场上迅速出售，具有较强的流动性，因此变现力较强。

（二）债券投资的缺点

（1）购买力风险较大。债券的面值和利率在发行时就已经确定，如果在投资期间通货膨胀率逐渐升高，则本金和利息的购买力将会不同程度地受到侵蚀。当通货膨胀率非常高时，投资者虽然名义上有收益，但实际上不可避免地会遭受损失。

（2）没有经营管理权。投资于债券只有获得收益的权利，没有对债券发行单位施加影响和控制的权利。

议一议

1. 如何充分认识债券的特点，以便更好地进行债券投资？
2. 在确定进行债券投资时，何时以何价格购入债券才是可行的？
3. 在计算债券投资收益率时，哪些时候应考虑资金时间价值？
4. 债券投资有何优缺点？

模块三　学会股票投资分析

学习目标

1. 认知股票投资的目的和特点。
2. 运用股票估价方法进行投资决策。
3. 正确计算股票投资的收益率。
4. 树立股票投资的风险意识,建立投资的创新性思维方式。

学习重点

1. 股票投资估价方法的运用。
2. 股票投资收益率的计算。

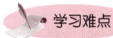
学习难点

1. 不同股票估价模型之间的异同。
2. 持有期限的长短对股票投资收益率的影响。

案例导入

甲公司准备投资购买乙信托公司的股票,该股票上年每股股利为2元,预计以后每年以4%的增长率增长。甲公司经过分析后,认为必须得到10%的报酬率,才能购买乙信托公司的股票。目前,乙信托公司股票的市价为每股35元。

请思考：甲公司此时能否购买该股票？

一、股票投资的目的

公司进行股票投资的目的主要有两种：一是获利,即作为一般的证券投资,获取股利收入及股票买卖差价;二是控股,即通过购买某一公司的大量股票达到控制该公司的目的。

想一想 公司应如何进行投资,才能达到获利目的或控股目的呢?

二、股票投资的特点

股票投资和债券投资都属于证券投资。证券投资与其他投资相比,总的来说具有风险大、收益高、易于变现的特点。但股票投资相对于债券投资而言,又具有以下特点。

(一)股票投资是权益性投资

股票投资属于权益性投资,普通股股东作为公司的所有者,有权监督和控制公司的生产经营情况。如果想控制一家公司,最好集中资金收购这家公司的股票,达到控股的目的。

(二)股票投资的风险大

投资者购买股票后,不能要求股份公司偿还本金,只能在证券市场上转让。因此,股票投资者至少面临两方面的风险:一是股票发行公司经营不善所形成的风险;二是股票市场价格变动所形成的价差损失风险。

(三)股票投资的收益率高

由于投资的高风险性,股票作为一种收益不固定的证券,价格频繁变动,但从长期来看,优质股票的价格总是上涨的,其投资收益率一般高于债券。

(四)股票投资的收益不稳定

股票投资的收益主要是公司发放的股利和股票转让的差价收益,相对于债券而言,其稳定性较差。

想一想 股票投资与债券投资的特点有何不同?

三、股票估价的模型

普通股的内在价值是由普通股带来的未来现金流量的现值决定的,股票给持有者带来的未来现金流入包括两部分:股利收入和股票出售时的收入。其基本计算公式是:

$$P = \sum_{t=1}^{n} \frac{R_t}{(1+K)^t}$$

式中,P 为股票价值;R_t 为股票第 t 年带来的现金流入量(包括股利收入、卖出股票的收入);K 为折现率(股票的必要报酬率);n 为持有年限。

这是股票估价的一般模型,无论 R_t 的具体形态如何(递增、递减、固定或随机变动),此模型均有效。下面介绍几个最常见的股票估价模型。

(一)短期持有、未来准备出售的股票估价模型

在一般情况下,投资者投资于股票,不仅希望得到股利收入,还希望在未来出售股票时

从股票价格的上涨中获得好处。此时的股票估价模型为：

$$P = \sum_{t=1}^{n} \frac{d_t}{(1+K)^t} + \frac{V_n}{(1+K)^n}$$

式中，d_t 为各年的股利；V_n 为未来出售时预计的股票价格；其他符号的含义与基本公式相同。

【例 3-7】 某公司准备购入一定量的股票。通过预测，购入该股票后，每年每股可获得股利 1.2 元，打算持有三年后，再以每股 28 元售出，若公司要求的最低报酬率为 12%，则该股票的价格为多少时，公司才应当购买？

解答：$P = 1.2 \times (P/A, 12\%, 3) + 28 \times (P/F, 12\%, 3)$
$\qquad = 1.2 \times 2.4018 + 28 \times 0.7118$
$\qquad = 22.81(元)$

这就是说，当市场上股票的价格低于 22.81 元时，公司可以购入此股票，从而能实现最低报酬率。

（二）长期持有、股利稳定不变的股票估价模型

如果投资者长期持有股票，且各年股利固定，其支付过程是一个永续年金，股票价值计算公式为：

$$P = \sum_{t=1}^{\infty} \frac{D}{(1+K)^t} = \frac{D}{K}$$

式中，D 为各年收到的固定股息；其他符号的含义与基本公式相同。

【例 3-8】 某公司股票每年分配股利 2 元，若公司要求的最低报酬率为 16%，要求计算该股票的价值。

解答：$P = 2 \div 16\% = 12.5(元)$

这就是说，该股票每年带来 2 元的收益，在市场利率为 16% 的条件下，它相当于 12.5 元资本的收益，所以其价值是 12.5 元。

练一练 如果市场上该股票的价格为 12 元，公司应否购买？如购买了，其收益率是多少？

【例 3-9】 某公司股票面值为 10 元/股，年股利率为 10%，必要报酬率为 12.5%，要求计算该股票的内在价值。

解答：$P = \dfrac{10 \times 10\%}{12.5\%} = 8(元)$

练一练 如果市场上该股票的价格为 10 元，公司应否购买？如购买了，其收益率是多少？

（三）长期持有、股利固定增长的股票估价模型

从理论上看，企业的股利不应当是固定不变的，而应当不断增长。假定企业长期持有股票，且各年股利按照固定比例增长，则股票价值计算公式为：

$$P = \sum_{t=1}^{\infty} \frac{D_0(1+g)^t}{(1+K)^t}$$

式中，D_0 为评价时的股利；g 为股利每年增长率；其他符号含义与基本公式相同。

如果 $g < K$，用 D_1 表示第一年股利，则上式可简化为：

$$P = \frac{D_0 \times (1+g)}{K-g} = \frac{D_1}{K-g}$$

☞ 请注意

1. 公式中的股利一定为投资后第一年的股利。

2. 当预期报酬率与必要报酬率相等时，有：$K = \frac{D_1}{P} + g$。这就是著名的戈登模型，常用于普通资本成本的计算。

【例 3-10】 假设某公司本年每股将派发股利 0.2 元，以后每年的股利按 4% 递增，必要投资报酬率为 9%，要求计算该公司股票的内在价值。

解答：$P = \frac{0.2}{9\% - 4\%} = 4$（元/股）

四、股票投资的收益率

股票投资收益是指投资者从购入股票开始到出售股票为止整个持有期间所取得的收益，这种收益由股息和资本利得两方面组成。股票投资收益的多少主要取决于股份公司的经营业绩、股票市场的价格变化和公司的股利政策，同时与投资者的经验和技巧也有一定的关系。

（一）本期股票收益率的计算

本期股票收益率是指股份公司以现金派发的股利与本期股票价格的比率，用下列公式表示：

本期收益率 = 年现金股利 ÷ 本期股票价格

本期股票价格是指证券市场上该股票的当日收盘价，年现金股利是指上一年每一股获得的股利，本期收益率表明以现行价格购买股票的预期收益。

（二）持有期股票收益率的计算

1. 短期持有股票收益率的计算

如果企业购买的股票在一年内出售，其投资收益主要包括股票投资价差及股利两部分，不需考虑货币时间价值，其收益率计算公式如下：

$$K = \frac{(S_1 - S_0)/n + d}{S_0} \times 100\%$$

式中，K 为短期股票收益率；S_1 为股票出售价格；S_0 为股票购买价格；n 为持有年限；d 为年现金股利。

【例 3-11】 2022 年 3 月 10 日，甲企业购买某公司每股市价为 20 元的股票，2023 年 1

月,甲企业每股获现金股利1元。2023年3月10日,甲企业将该股票以每股22元的价格出售,问投资收益率应为多少?

解答:$K = (22 - 20 + 1) \div 20 \times 100\% = 15\%$

想一想 若甲企业持有股票时间为半年,其他条件不变,问投资收益率应为多少?

2. 长期持有股票收益率的计算

如果企业购买的股票在持有期超过一年后出售,其投资收益率的计算须考虑货币时间价值,股票投资的收益率是使各期股利及股票售价的复利现值等于股票买价时的贴现率,即

$$V = \sum_{t=1}^{n} \frac{d_t}{(1+K)^t} + \frac{V_n}{(1+K)^n}$$

式中,V 为股票的买价;d_t 为第 t 期的股利;K 为投资收益率;V_n 为股票出售价格;n 为持有股票的期数。

【例3-12】 甲企业于2019年6月1日投资510万元购买某种股票100万股,在2020年、2021年和2022年的5月30日分得每股现金股利分别为0.5元、0.6元和0.8元,并于2022年5月30日以每股6元的价格将股票全部出售。试计算该项投资的收益率。

解答:现采用插入法来进行计算,详细情况如表3-1所示。

表3-1 采用插入法测试某股票投资的收益率

时间	股利及出售股票的现金流量/万元	测试20%		测试18%		测试16%	
		系数	现值/万元	系数	现值/万元	系数	现值/万元
2020年	50	0.833 3	41.67	0.847 5	42.38	0.862 1	43.11
2021年	60	0.694 4	41.66	0.718 2	43.09	0.743 2	44.59
2022年	680	0.578 7	393.52	0.608 6	413.85	0.640 7	435.68
合计	—	—	476.85	—	499.32	—	523.38

通过表中数据与购买价格510万元对比,说明实际收益率比16%高,又比18%要低,介于两者之间,采用插入法计算如下:

$$\left.\begin{matrix}16\% \\ ? \\ 18\%\end{matrix}\right\}X\Big\}2\% \qquad \left.\begin{matrix}523.38 \\ 510 \\ 499.32\end{matrix}\right\}13.38\Big\}24.06$$

$X/2\% = 13.38/24.06 \qquad X = 1.11\%$

该项投资收益率 $= 16\% + 1.11\% = 17.11\%$

五、股票投资的优缺点

(一)股票投资的优点

(1)能够获得较高的投资收益。普通股票的价格虽然变动频繁,但从长期来看,优质

股票的价格总是上涨的居多,只要选择得当,都能取得优厚的投资收益。

(2) 能适当降低购买力风险。普通股的股利不固定,在通货膨胀率比较高时,由于物价普遍上涨,股份公司盈利增加,股利的支付也随之增加。

(3) 拥有经营控制权。普通股股票的投资者是被投资企业的股东,拥有一定的经营控制权。

(二) 股票投资的缺点

(1) 收益不稳定。普通股股利的有无、多少,须视被投资企业的经营状况而定,无法律上的保证,其收益的风险远远大于固定收益证券。

(2) 价格不稳定。普通股的价格受众多因素影响,很不稳定。

(3) 求偿权居后。企业破产时,普通股投资者对被投资企业的资产求偿权居于最后,其投资有可能得不到全额补偿,甚至一无所有。

议 一 议

1. 企业在进行股票投资时,出于什么原因可对被投资企业进行控股目的性投资?
2. 在进行股票价值估价时,预期收益率的确定应考虑哪些因素?
3. 企业在进行股票投资时,应考虑哪些因素?
4. 进行股票投资与进行债券投资有何区别?

模块四　认识证券投资组合

学习目标

1. 认知证券投资组合的含义。
2. 掌握证券投资组合的策略和方法。
3. 掌握投资组合收益率的计算方法。
4. 培养规避风险的意识。

学习重点

1. 证券投资组合策略的理解和运用。
2. 证券投资组合收益率的计算。

学习难点

1. 证券投资组合方法的运用。
2. 证券投资组合风险收益率的理解与计算。

案例导入

"他无疑是一个聪明人,他未雨绸缪,并且不把所有的鸡蛋放在一个篮子里。"

——塞万提斯

"愚蠢的人说,不要把所有的鸡蛋放在一个篮子里;而聪明的人却说,把你的所有鸡蛋放在一个篮子里,然后看管好那个篮子。"

——马克·吐温

请思考:谁是聪明的人?

一、证券投资组合的意义

证券投资的盈利性吸引了众多投资者,但证券投资的风险性又使许多投资者望而却步,如何才能有效地解决这一难题呢?科学地进行证券投资组合就是一个比较好的方法。所谓证券投资组合,是指投资一种以上的有价证券的总称。其中可以包含各种股票、债券、存款单等。证券投资的风险分为可分散风险和不可分散风险,有效地进行证券投资组合,便可降低甚至消除可分散风险,达到降低风险的目的。投资风险存在于各个国家的各种证券中,它们随经济环境的变化而不断变化,时大时小,此起彼伏,简单地把所有资金全部投向一种证券,将会承担巨大的风险,一旦失误,就会全盘皆输。证券投资组合是证券投资的重要方法,它可以帮助投资者降低投资风险,获取较高的投资收益率。

想一想 根据各种证券的特点,你能列举哪些投资组合?

二、证券投资组合的策略

在证券投资组合理论的发展过程中,形成了各种各样的派别,从而也形成了不同的组合策略,下面介绍其中最常见的三种策略。

(一)保守型策略

这种策略认为,最佳证券投资组合策略是要尽量模拟市场现状,将尽可能多的证券包括进来,以便分散掉全部可分散风险,得到的报酬率等同于市场所有证券的平均报酬率。1976年,美国先锋基金公司创造的指数信托基金,便是这一策略的最典型代表。这种投资组合有如下好处:首先能分散掉全部可分散风险;其次不需要高深的证券投资的专业知识;

最后其投资管理的费用比较低。但这种组合获得的报酬不会高于证券市场上所有证券的平均报酬率。因此,该策略属于报酬不高、风险不大的策略,故称之为保守型策略。

(二) 冒险型策略

这种策略认为,与市场完全一样的组合不是最佳组合,只要投资组合做得好,就能击败市场或超越市场,取得远远高于平均水平的报酬。在这种组合中,一些成长型的股票比较多,而那些低风险、低报酬的证券不多。另外,其组合的随意性强,变动频繁。采用这种策略的人认为,报酬就在眼前,何必死守苦等。对于追随市场的保守派,他们是不屑一顾的。这种策略报酬高、风险大,因此称为冒险型策略。

(三) 适中型策略

这种策略认为,证券的价格,特别是股票的价格,是由公司的经营业绩来决定的,市场上股票价格的一时沉浮并不重要,只要公司经营业绩好,股票价格一定会升到其本来的价值水平上。采用这种策略的人,一般都善于对证券进行分析,如行业分析、公司业绩分析、财务分析等,通过分析,选择高质量的股票和债券组成投资组合。适中型策略如果做得好,可获得较高的报酬,而又不会承担太大风险,但进行这种组合投资,需要投资者具备丰富的投资经验,拥有证券投资分析的各种专业知识。这种投资策略因风险不太大,但报酬却比较高,所以是一种最常见的投资组合策略。目前各种金融机构、投资基金和企业事业单位在进行证券投资时一般都采用这种策略。

想一想 作为证券投资的自然人,宜选择何种策略?

三、证券投资组合的方法

(一) 选择足够数量的证券进行组合

这是一种最简单的证券投资组合的方法。在采用这种方法时,不是进行有目的的组合,而是随机选择证券,随着证券数量的增加,可分散风险会逐步减少,当数量足够多时,大部分可分散风险都被分散掉了。根据投资专家们的估计,在纽约证券市场上,随机购买40种股票,其大部分可分散风险都能分散掉。为了有效地分散风险,每个投资者拥有股票的数量最好不少于12种。我国股票种类还不太多,同时投资于10种股票,就能达到分散风险的目的。

(二) 把风险大、风险中等、风险小的证券组合在一起

这种组合方法又称为1/3法,是指把全部资金的1/3投资于风险大的证券;1/3投资于风险中等的证券;1/3投资于风险小的证券。一般而言,风险大的证券对经济形势的变化比较敏感,当经济处于繁荣时期,风险大的证券则获得高额报酬,但当经济衰退时,风险大的证券会遭受巨额损失;相反,风险小的证券对经济形势的变化不是十分敏感,一般都能获得稳定报酬,而不致遭受大的损失。因此,这种1/3的投资组合方法,是一种进可攻、退可守的

组合法,它虽然不会获得太高的报酬,但也不会承担巨大风险,是一种常见的组合方法。

(三) 把投资报酬呈负相关的证券组合在一起

如一种股票的报酬上升而另一种股票的报酬下降,则这样的两种股票称为负相关股票。把报酬呈负相关的股票组合在一起,能有效地分散风险。例如,某公司同时持有一家汽车制造公司的股票和一家石油公司的股票,当石油价格大幅度上升时,这两种股票便呈负相关。因为石油价格上涨,石油公司的报酬增加,但油价的上升,会影响汽车的销量,使汽车公司的报酬降低。这种组合,只要选择的对象恰当,对降低风险有十分重要的意义。

四、证券投资组合收益率的计算

(一) β 系数的含义

企业的风险可划分为系统风险和非系统风险。β 系数为某个资产的收益率与市场组合收益率之间的相关性,用来度量该资产系统风险的大小。那么对于证券投资组合来说,其系统风险的大小也可用 β 系数来衡量。投资组合的 β 系数是所有单项资产 β 系数的加权平均数,权数为各种资产在投资组合中所占的比重。其计算公式为:

$$\beta_p = \sum_{i=1}^{n} W_i \beta_i$$

式中,β_p 为证券组合的 β 系数;W_i 为证券组合中第 i 种股票所占的比重;β_i 为第 i 种股票的 β 系数;n 为证券组合中股票的数量。

【例3-13】 某投资组合由 A、B、C 三项资产组成,有关机构公布的各项资产的 β 系数分别为0.5、1.0 和 1.2。假定各项资产在投资组合中的比重分别为10%、30% 和 60%。

要求:计算该投资组合的 β 系数。

解答:依题意 $\beta_1 = 0.5$,$\beta_2 = 1.0$,$\beta_3 = 1.2$;$W_1 = 10\%$,$W_2 = 30\%$,$W_3 = 60\%$。

则有:$\beta_p = 0.5 \times 10\% + 1.0 \times 30\% + 1.2 \times 60\% = 1.07$。

(二) 资本资产定价模型

资本资产定价模型是指财务管理中为揭示单项资产必要收益率与预期所承担的系统风险之间关系而建立的一个数学模型。在某些合理的条件下,该数学模型可用文字表述为:

某种证券的预期收益率 = 无风险资产收益率 + 该证券的贝塔系数 × 风险溢价

公式表示如下:

$$R = R_f + \beta_p (R_m - R_f)$$

式中,R 为某种资产或某种投资组合的必要收益率;R_f 为无风险收益率;β_p 为某种资产或投资组合的风险系数;R_m 为市场组合的平均收益率。

这个公式被称为"资本资产定价模型"(Capital Asset Pricing Model,CAPM),它表明某种证券的预期收益率与 β 系数相关。

想一想 假设 $\beta = 0$，说明了什么？假设 $\beta = 1$，又说明了什么？

总之，某一股票 β 值的大小反映了该股票收益变动与整个股票市场收益变动之间的相关关系。

【例 3-14】 A 股票的 β 系数为 0.5，B 股票的 β 系数为 1.0，C 股票的 β 系数为 2.0，无风险利率为 6%，假定同期市场上所有股票的平均收益率为 10%。

要求：计算上述三种股票的必要收益率，并判断当这些股票的收益率分别达到多少时，投资者才愿意购买。

解答：依题意 $R_f = 6\%$，$\beta_1 = 0.5$，$\beta_2 = 1.0$，$\beta_3 = 2.0$。

则 A 股票的必要收益率：$R_1 = 6\% + 0.5 \times (10\% - 6\%) = 8\%$
B 股票的必要收益率：$R_2 = 6\% + 1.0 \times (10\% - 6\%) = 10\%$
C 股票的必要收益率：$R_3 = 6\% + 2.0 \times (10\% - 6\%) = 14\%$

只有当 A 股票的收益率达到或超过 8%，B 股票的收益率达到或超过 10%，C 股票的收益率达到或超过 14% 时，投资者才愿意投资购买；否则，投资者就不会投资。

（三）投资组合收益率的计算

根据资本资产定价模型的基本表达公式，可以推导出投资组合必要收益率的计算公式为：

$$R_p = R_f + \beta_p (R_m - R_f)$$

式中，R_p 为某种投资组合的必要收益率；R_f 为无风险收益率；β_p 为某种投资组合的风险系数；R_m 为市场组合的平均收益率。

【例 3-15】 某企业目前持有由三种股票构成的证券组合，每只股票的 β 系数分别为 0.8、1.2 和 1.5，它们在证券组合中所占的比重分别为 10%、30% 和 60%，当前股票市场上的平均收益率为 10%，无风险收益率为 6%。

要求：计算该股票投资组合的必要收益率。

解答：第一步：先计算股票投资组合的 β 系数。

$$\beta_p = 0.8 \times 10\% + 1.2 \times 30\% + 1.5 \times 60\% = 1.34$$

第二步：计算股票投资组合的必要收益率。

$$R_p = 6\% + 1.34 \times (10\% - 6\%) = 11.36\%$$

也就是说，投资该组合，必须获得 11.36% 的报酬；否则，就不应当投资。

如该企业觉得投资该组合风险太大，想降低风险，但又不想购买其他公司的股票，则可以通过改变购买这三种股票金额的比例，达到降低投资风险的目的。

【例 3-16】 仍按照【例 3-15】资料，该企业出售部分 C 股票，买进部分 A 股票，使得 A、B、C 三种股票在投资组合中所占的比重变为 60%、30% 和 10%。其他条件不变。

要求：(1) 计算新投资组合的 β 系数。

(2) 计算新投资组合的必要收益率，并与原投资组合的收益率进行比较。

解答：

(1) 依题意 $\beta_1 = 0.8$，$\beta_2 = 1.2$，$\beta_3 = 1.5$；$W_1 = 60\%$，$W_2 = 30\%$，$W_3 = 10\%$。

新投资组合的 β 系数为：

$\beta_\mathrm{p} = 0.8 \times 60\% + 1.2 \times 30\% + 1.5 \times 10\% = 0.99$

(2) 依题意 $\beta_\mathrm{p} = 0.99$，$R_\mathrm{m} = 10\%$，$R_\mathrm{f} = 6\%$。

新投资组合的 R_p 为：

$R_\mathrm{p} = 6\% + 0.99 \times (10\% - 6\%) = 9.96\%$

因为新投资组合的 β 系数为 0.99，而原投资组合的 β 系数为 1.34，说明新投资组合的风险降低了，从而使得新投资组合的收益率也由 11.36% 降低到 9.96%。

通过本案例可以看出，改变投资组合中各项投资的比重，就可以影响投资组合的 β 系数，进而改变其所承担风险的大小。通过改变风险的大小，使得投资组合的收益发生变化。

议一议

1. 为何应进行组合投资？
2. 进行组合投资有哪些策略可供选择？如何挑选证券进行组合？
3. 投资者的偏好、经历是否影响证券投资组合？为什么？
4. 在运用资本资产定价模型时，应关注哪些数据？

模块五 认识基金投资

学习目标

1. 认知基金投资的含义和分类。
2. 理解基金价值和收益率的含义。
3. 掌握基金价值和收益率计算的基本方法。
4. 理解基金投资的优缺点。
5. 树立基金投资的风险意识。

学习重点

1. 基金价值含义的理解和计算。
2. 基金报价的类型。
3. 基金投资收益率的计算。

学习难点

基金投资收益率的计算。

当我们在电脑上打开"证券之星"网页时,总能见到很多关于基金的报道,诸如基金净值、基金经理、股票基金、债券基金、开放基金、封闭基金,等等。

请思考:作为读者应准备哪些必要知识,才能读懂此类相关报道?

一、基金投资的含义

基金投资是一种利益共享、风险共担的集合投资方式,即基金公司通过发行基金股份或受益凭证等有价证券聚集众多的不确定投资者的出资,交由专业投资机构经营运作,以达到规避投资风险并获取投资收益的目的。

二、基金投资的分类

(一)根据募集方式的不同分为公募基金和私募基金

公募基金是指以公开发行方式向社会公众投资者募集基金资金并以证券为投资对象的证券投资基金。它具有公开性、可变现性、高规范性等特点。

私募基金是指以非公开方式向特定投资者募集基金资金并以证券为投资对象的证券投资基金。它具有非公开性、募集性、大额投资性、封闭性和非上市性等特点。

(二)根据能否在证券交易所挂牌交易分为上市基金和非上市基金

上市基金是指基金份额在证券交易所挂牌交易的证券投资基金。比如交易型开放式指数基金(ETF)、上市开放式基金(LOF)、封闭式基金等。

非上市基金是指基金份额不能在证券交易所挂牌交易的证券投资基金。它包括可变现基金和不可流通基金两种。

(三)根据运作方式的不同分为封闭式证券投资基金和开放式证券投资基金

封闭式证券投资基金,简称为封闭式基金,又称为固定式证券投资基金,是指基金的预定数量发行完毕,在规定的时间(也称"封闭期")内基金资本规模不再增大或缩减的证券投资基金。从组合特点来说,它具有股权性、债权性和监督性等重要特点。

开放式证券投资基金,简称为开放式基金,又称为变动式证券投资基金,是指基金证券数量不固定,从而基金资本可因发行新的基金证券或投资者赎回本金而变动的证券投资基金。从组合特点来说,它具有股权性、存款性和灵活性等重要特点。

(四) 根据组织形式的不同分为公司型证券投资基金和契约型证券投资基金

公司型证券投资基金,简称公司型基金,在组织上是指按照公司法(或商法)规定所设立的、具有法人资格并以营利为目的的证券投资基金公司(或类似法人机构);在证券上是指由证券投资基金管理公司发行的证券投资基金证券。

契约型证券投资基金,简称契约型基金,在组织上是指按照信托契约原则,通过发行带有受益凭证性质的基金证券而形成的证券投资基金组织;在证券上是指由证券投资基金管理公司作为基金发起人所发行的证券投资基金证券。

三、基金投资的价值与报价

基金发行要确定发行价格,基金的发行价格一般根据基金单位金额和发行手续费来确定。其计算公式为:

$$发行价格 = 基金单位净额 + 发行手续费$$
$$发行手续费 = 基金单位净额 \times 发行手续费率$$

(一) 基金单位净值

基金单位净值指在某一时点上每一基金单位(或基金股份)实际代表的资产价值(市场价值),也称为单位净资产值或单位资产净值。各种金融资产的价格是在不断变动的,这导致投资基金资产的价值也在不断变动,从而引起基金的价格不断变动。因此,计算基金在某一时点的单位净资产价值非常重要,它是评价基金价值的最直观指标。用公式表示为:

$$基金单位净值 = 基金净资产价值总额 \div 基金单位总份数$$
$$= \frac{基金资产总额 - 基金负债总额}{基金单位总份数}$$

公式中基金资产总额的计算方法通常有两种,即用已知价(或事前价)计算和用未知价(或事后价)计算。若用已知价计算则指使用上一个交易日各金融资产的收盘价,这样投资者当天就可以知道基金的买入价或赎回价,可以早一天办理交割手续;若用未知价计算则指使用当日各种金融资产的收盘价,而投资者必须在当天交易日结束的第二天才能知道基金单位的价格。基金负债包括以基金名义对外融资借款以及应付给投资者的分红、应付给基金管理人的管理费用等。

【例3-17】 假设某基金持有三种股票的数量分别为20万股、60万股和120万股,每股的市价分别为20元、25元和10元,银行存款为1 000万元,该基金负债有两项,即对托管人或管理人应付的报酬为400万元,应付税金为500万元,已经售出的基金单位为2 500万份。

要求:计算基金单位净值。

解答：基金资产总额 = 20×20 + 60×25 + 120×10 + 1 000 = 4 100(万元)
基金负债总额 = 400 + 500 = 900(万元)　　基金单位总份数 = 2 500(万份)
基金单位净值 = 基金净资产价值总额 ÷ 基金单位总份数

$$= \frac{基金资产总额 - 基金负债总额}{基金单位总份数}$$

$$= \frac{4\,100 - 900}{2\,500} = 1.28(元)$$

> **☞ 提醒您**
>
> 净资产价值是投资者评估基金表现的一个重要工具。各个基金的净资产价值情况一般都在公开发行的刊物上公布或者每天公布，或者事先规定净资产价值估值日。净资产价值上升，意味着基金投资组合中的各种股票、债券及其他投资工具在增值；净资产价值下降，则意味着基金投资组合中的各种股票、债券及其他投资工具在贬值。

(二) 基金报价

基金的报价理论上是由基金的价值决定的。基金单位净值高，基金的交易价格也高。具体而言，封闭式基金在二级市场上竞价交易，其交易价格由供求关系和基金业绩决定，围绕基金单位净值上下波动。开放式基金的柜台交易价格则完全以基金单位净值为基础，通常采用两种报价形式：认购价(卖出价)和赎回价(买入价)。其计算公式如下：

基金认购价 = 基金单位净值 + 首次认购费
基金赎回价 = 基金单位净值 − 基金赎回费

【例 3-18】 大华基金公司发行的是开放式基金，2021 年的相关资料如表 3-2 所示。

表 3-2　　　　　　　　　　大华基金公司 2021 年相关资料

项目	年初	年末
基金资产账面价值/万元	1 000	1 200
负债账面价值/万元	300	350
基金市场账面价值/万元	1 800	2 150
基金单位	500 万份	800 万份

假设公司收取首次认购费，认购费为基金净值的 5%，不再收取赎回费。
要求：计算该基金公司 2021 年年初和年末的下列指标：
① 基金净资产价值总额；② 基金单位净值；③ 基金认购价；④ 基金赎回价。
解答：(1) 2021 年年初的有关指标：
① 基金净资产价值总额 = 基金资产市场价 − 负债总额 = 1 800 − 300 = 1 500(万元)
② 基金单位净值 = 1 500 ÷ 500 = 3(元)
③ 基金认购价 = 基金单位净值 + 首次认购费 = 3 + 3×5% = 3.15(元)
④ 基金赎回价 = 基金单位净值 − 基金赎回费 = 3 − 0 = 3(元)

(2) 2021年年末的有关指标：

① 基金净资产价值总额 = 基金资产市场价 – 负债总额 = 2 150 – 350 = 1 800(万元)

② 基金单位净值 = 1 800 ÷ 800 = 2.25(元)

③ 基金认购价 = 基金单位净值 + 首次认购费 = 2.25 + 2.25 × 5% = 2.362 5(元)

④ 基金赎回价 = 基金单位净值 – 基金赎回费 = 2.25 – 0 = 2.25(元)

四、基金收益率

基金收益率是反映基金增值情况的指标，它通过基金净资产的价值变化来衡量。基金净资产的价值是以市价来计量的，基金资产的市场价值增加，意味着基金的投资收益增加，基金投资者的权益也随之增加。

$$基金收益率 = \frac{年末持有份数 \times 年末基金单位净值 - 年初持有份数 \times 年初基金单位净值}{年初持有份数 \times 年初基金单位净值}$$

【例 3-19】 资料同【例 3-18】，计算该基金公司 2021 年基金的收益率。

解答：2021 年基金收益率 = $\frac{800 \times 2.25 - 500 \times 3}{500 \times 3}$ = 20%

五、基金投资的优缺点

（一）基金投资的优点

基金投资具有专家理财优势和资金规模优势，因此，投资者能够在不承担太大风险的情况下获得较高收益率。

（二）基金投资的缺点

(1) 无法获得很高的投资收益。投资基金在投资组合过程中，在降低风险的同时，也丧失了获得巨大收益的机会。

(2) 在大盘整体大幅度下跌的情况下，投资人可能承担较大的风险。

议一议

1. 何为基金投资？它有哪些种类？
2. 如何计算基金的价值？封闭式基金与开放式基金的报价有何不同？
3. 基金投资的收益率如何计算？
4. 基金投资有哪些优缺点？

【搜索关键词】

证券投资　债券投资　股票投资　组合投资　基金投资

【单元小结】

证券投资是指投资者将资金投资于股票、债券、基金及衍生证券等资产，从而获取收益的一种投资行为。其目的有：暂时存放闲置资金，并获取投资收益；与筹集长期资金配合；满足未来的财务需求；满足季节性经营对现金的需求；获得对相关企业的控制权。证券投资的基本程序为：选择投资对象；开户与委托；交割与清算；过户。证券投资面临的风险有：违约风险，利率风险，购买力风险，流动性风险。

债券投资的价值是由债券带来的未来现金流量的现值决定的，债券给持有者带来的未来现金流入包括两部分：债券利息和到期收回的本金（或出售时获得的现金）。其价值计算模型有三种：一是分期付息到期还本债券的估价模型；二是到期一次性还本付息债券的估价模型；三是零息债券的估价模型。其收益率分为短期债券收益率和长期债券收益率。债券投资具有本金安全性高、收益比较稳定、变现力强的优点，同时存在购买力风险较大、没有经营管理权的缺点。

普通股价值是由普通股带来的未来现金流量的现值决定的，股票给持有者带来的未来现金流入包括两部分：股利收入和股票出售时的收入。其估价模型有三种：一是短期持有、未来准备出售的股票股价模型；二是长期持有、股利稳定不变的股票股价模型；三是长期持有、股利固定增长的股票股价模型。其收益率分为短期持有股票收益率和长期持有股票收益率。股票投资具有投资收益率高、能适当降低购买力风险和拥有经营控制权的优点；同时存在收益不稳定、价格易波动和求偿权居后的缺点。

证券投资组合能帮助投资者降低投资风险，获取较高的投资收益率。其投资组合的策略有保守型策略、冒险型策略和适中型策略三种。证券投资组合的方法有三种：一是选择足够数量的证券进行组合；二是把风险大、风险中等、风险小的证券组合在一起；三是把投资报酬呈负相关的证券组合在一起。证券投资组合收益率及风险收益率可通过资本资产定价模型来计算。

基金投资是一种利益共享、风险共担的集合投资方式。基金单位净额指在某一时点上每一基金单位（或基金股份）实际代表的资产价值，也称为单位净资产值或单位资产净值。基金收益率是反映基金增值情况的指标，它通过基金净资产的价值变化来衡量。基金投资具有专家理财优势和资金规模优势，但无法获得很高的投资收益，在大盘整体大幅度下跌的情况下，投资人可能承担较大的风险。

【主要名词中英文】

证券投资	Securities Investment
债券投资	Bond Investment
债券价值	Bond Value
股票投资	Stock Investment
股票价值	Share Value 或者 Stock Value
证券投资组合	Securities Investment Portfolio
基金投资	Fund Investment
基金单位净值	Unit Net Value
收益率	Yield Rate 或者 Rate of Return

单元四

项目投资决策

模块一 认识现金流量

学习目标

1. 认知项目投资的含义、特点、一般程序和管理要求。
2. 理解项目计算期、项目投资成本。
3. 掌握现金流量的构成和估算方法。
4. 树立全局观的投资意识和可持续发展的投资理念。

学习重点

1. 项目计算期、项目投资成本的确定。
2. 现金流量的构成和估算。

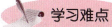
学习难点

现金流量的构成和估算。

案例导入

宏达公司是生产微波炉的中型企业,该公司生产的微波炉质量优良,价格合理,近几年来一直供不应求。为了扩大生产能力,该公司准备新建一条生产线。张健是该公司投资部的工作人员,主要负责投资的具体工作。该公司财务总监要求张健收集建设新生产线的相关资料,写出投资项目的财务评价报告,以供公司领导决策参考。张健经过20天的调查研究,得到以下相关资料:

(1) 投资新的生产线需要一次性投资2 000万元,建设期1年,预计使用10年,报废时残值率为5%。

(2) 该生产线投入使用后预计可使工厂第1—5年的销售收入每年增长1 500万元,第6—10年的销售收入每年增长1 000万元,耗用的人工及材料等成本为收入的65%。

(3) 生产线建设期满后公司还需垫支300万元流动资金。

(4) 所得税税率为25%;资金成本率为10%。

请思考:(1) 根据现有财务知识,分析新生产线投资时应考虑哪些因素。

(2) 该投资项目会产生哪些现金流量?如何确定?

一、项目投资概述

(一) 项目投资的含义与特点

项目投资是一种以特定建设项目为对象,直接与新建项目或更新改造项目有关的长期投资行为。一般工业企业的投资项目分为以新增生产能力为目的的新建项目和以恢复或改善生产能力为目的的更新改造项目两大类。其中新建项目包括单纯固定资产投资项目和完整工业投资项目。与其他形式的投资相比,项目投资具有以下主要特点:

1. 投资金额大

项目投资,特别是战略性的扩大生产能力投资,一般都需要较多的资金,其投资额往往是企业及其投资者多年的资金积累,在企业总资产中占有相当大的比重。因此,项目投资对企业未来的现金流量和财务状况都将产生深远的影响。

2. 影响时间长

项目投资的投资期及其发挥作用的时间很长,固定资产投资的回收期基本与固定资产的经济寿命年限相同,一般需要几年甚至几十年才能收回原始投资额,因此会对企业未来的生产经营活动和长期经营活动产生重大影响。

3. 变现能力差

项目投资一般不会在一年或超过一年的一个经营周期内变现,而且即使想在短期内变现,其变现能力也较差。因为,项目投资一旦完成,要想改变是相当困难的,不是无法实现就是代价太大。

4. 投资风险大

影响项目投资未来收益的因素很多,再加上投资金额大、影响时间长和变现能力差,因此项目投资的投资风险比其他投资的风险要大,会对企业的未来命运产生决定性的影响。无数事例证明,一旦项目投资决策失败,会给企业带来先天性的、无法逆转的损失。

（二）项目投资的一般程序

1. 选择投资项目

选择投资项目时，首先要考虑投资项目是否值得投资，是否具有生命力。应该选择具有发展前景并能为企业带来盈利的项目，不能选择社会上已经饱和或开始被其他行业替代的项目。其次要考虑企业本身的资金实力和对投资的控制能力。若不根据企业本身的实际情况去选择项目，会增加企业投资风险。再次要考虑被投资企业的经营管理情况，只有知己知彼，才能使投资取得成功。

2. 进行投资方案的财务审核

企业选定投资项目后，要对影响投资的各项因素进行尽可能详细的调查研究，包括产品的市场需求量、价格、竞争能力、材料、能源、运输条件、技术水平、环境保护等因素。然后做出对每项调查的评价，在此基础上，编制投资项目的现金流量表，利用投资回收期法、投资报酬率法、净现值法、现值指数法等财务分析方法，分析投资项目在财务上的可行程度。

3. 做出投资决策

在上述可行性研究的基础上，由企业的决策者做出是否投资的决策。

4. 执行投资方案

投资方案经批准后，企业的财务部门按投资方案要求筹措所需要的资金，以保证投资项目按计划进行，并按会计制度要求，正确进行会计核算，以保障对外投资财产的安全与完整。

5. 投资的控制

投资的控制是指按既定的投资方案对投资项目的一切投资活动进行监督。投资项目付诸实施后，企业应密切注意投资的发展变化，及时调整投资计划，使投资计划切实可行，有利于实现投资收益，减少投资风险。

（三）项目投资计算期

项目投资计算期，是指投资项目从投资建设开始到最终清理结束整个过程所需的全部时间，通常以年为单位。由于项目投资的规模较大，需要较长的建设时间，因此，通常将项目投资的整个持续时间分为建设期和生产经营期。其中，建设期（记作 s）是指从项目资金正式投入到项目建成投产为止所需的时间，其第 1 年年初称为建设起点，最后一年年末为投产日。生产经营期（记作 p）是指从投产日到清理结束日之间的时间间隔，又包括试产期和达产期（完全达到设计生产能力期）两个阶段。试产期是指项目投入生产，但生产能力尚未完全达到设计能力时的过渡阶段。达产期是指生产运营达到设计预期水平后的时间。项目投资计算期如图 4-1 所示。

如果用 n 表示项目投资计算期，则有如下的关系式：

$$项目投资计算期(n) = 建设期(s) + 生产经营期(p)$$

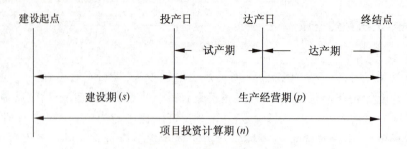

图 4-1 项目投资计算期

【例 4-1】 某公司拟购建一条生产线,预计使用寿命为 10 年。
(1) 在建设起点投资并投产,则其项目投资计算期为:
项目投资计算期 = 0 + 10 = 10(年)
(2) 建设期为两年,则其项目计算期为:
项目投资计算期 = 2 + 10 = 12(年)

(四) 项目投资成本

项目投资成本从投资的不同时期来看,有初始投资成本和经营期投资成本两种。

1. 初始投资成本

(1) 原始投资。原始投资,又称初始投资,是指企业为使该项目完全达到设计生产能力或开展正常经营而投入的全部现实资金。原始投资反映了项目所需现实资金水平的价值指标,包括建设投资和流动资金投资两项内容。

建设投资是指在建设期内按一定生产经营规模和建设内容进行的投资。一般包括固定资产投资、无形资产投资和其他资产投资。固定资产投资是指项目用于购置或安装固定资产应当发生的投资。固定资产原值与固定资产投资之间的关系如下:

固定资产原值 = 固定资产投资 + 建设期资本化借款利息

流动资金投资是指项目投产前后分次或一次投放于营运资金项目的投资增加额,又称垫支流动资金或营运资金投资。对于垫支的流动资金投资通常在项目终结日可以全额收回。

(2) 投资总额。投资总额是反映项目投资总体规模的价值指标,它等于原始投资与建设期资本化利息之和。其计算公式为:

投资总额 = 原始投资 + 建设期资本化利息

【例 4-2】 B 企业拟新建一条生产线项目,建设期为两年,经营期为 20 年。固定资产投资分别安排在建设起点、建设期第 2 年年初分两次投入,投资额分别为 200 万元和 100 万元;无形资产于建设期末投入,投资额为 78 万元;全部流动资金投资安排在建设期末投入,投资额为 20 万元。根据项目筹资方案的安排,建设期资本化借款利息为 32 万元。根据上述资料,可估算该项目的各项指标如下:

解答: 固定资产投资 = 200 + 100 = 300(万元)
固定资产原值 = 300 + 32 = 332(万元)
建设投资 = 300 + 78 = 378(万元)

流动资金投资 = 20(万元)
原始投资 = 378 + 20 = 398(万元)
项目总投资 = 398 + 32 = 430(万元)

它们之间的关系如图4-2所示。

投资总额 430万元 { 原始投资 398万元 { 建设投资:378万元 { 固定资产投资:300万元; 无形资产投资:78万元; 其他资产投资 }; 流动资金投资:20万元 }; 建设期资本化利息:32万元 }

图4-2　投资总额的构成

2. 经营期投资成本

经营期投资成本由经营期发生的经营成本、税金及附加和企业所得税三个方面构成。经营成本又称付现的营运成本(或简称付现成本),是指在运营期内为满足正常生产经营而动用货币资金支付的成本费用。从企业投资者的角度看,营业税金及附加和企业所得税都属于成本费用的范畴,因此,在投资决策中需要考虑这些因素。

二、现金流量的内容及估算

(一)现金流量的含义

现金流量是指投资项目在其计算期内各项现金流入和现金流出的统称,它是评价投资项目是否可行时必须事先计算的一个基础性数据。现金流量中的"现金"是广义的现金,它包括各种货币资金和与投资项目有关的非货币资产的变现价值。

> **☞ 提醒您**
> 如一个投资项目需要使用原有的厂房、设备和材料等,则相关的现金流量是指它们的变现价值,而不是其账面价值。

(二)现金流量的内容

项目投资的现金流量通常包括现金流入量、现金流出量和现金净流量。

1. 现金流入量

现金流入量是指由投资项目所引起的企业现金收入的增加额。具体包括以下几个方面:

(1)营业收入。营业收入是指投资项目投产后每年实现的全部营业收入。为了简化核算,假设正常经营年度内,每期发生的赊销额与收回的应收账款大致相等。营业收入是经营期主要的现金流入项目。

(2)回收固定资产的余值。回收固定资产的余值是指投资项目的固定资产在终结报废清理时的残值收入或中途转让时的变价收入。一般发生在项目投资的终结点。

(3) 收回垫支的流动资金。收回垫支的流动资金主要是指生产线出售或报废时，原垫支的流动资产投资可以全部收回。一般发生在项目投资的终结点。

> ☞ **请注意**
> 回收固定资产的余值与收回垫支的流动资金统称为回收额。一般发生在项目投资的终结点。

(4) 其他现金流入量。其他现金流入量是指不包括在以上内容中的现金流入项目。

2. 现金流出量

现金流出量是指投资项目引起的企业现金支出的增加额。具体包括以下内容：

(1) 建设投资。这是建设期发生的主要现金流出量，包括固定资产投资、无形资产投资和其他资产投资。

(2) 流动资金投资。流动资金投资是指投资项目建成后，为开展正常经营活动而投放在流动资产上的资金，由于在项目结束时能如数收回，因此又称为垫支流动资金。

(3) 付现成本。付现成本是指在经营期内为满足正常生产经营而需要用现金支付的成本，它是经营期内最主要的现金流出项目。付现成本是相对于非付现成本而言的，前者指的是需要每年支付现金的成本，而后者主要指折旧和摊销。所以，付现成本可以用总成本减折旧(或摊销)估计，用公式表示如下：

$$付现成本 = 总成本 - 折旧(或摊销)$$

(4) 所得税额。所得税额是指投资项目建成投产后，因应纳税所得额的增加而增加的所得税额。

(5) 其他现金流出量。其他现金流出量是指不包括在以上内容中的现金流出项目。

3. 现金净流量

现金净流量是指投资项目在项目计算期内由每年现金流入量与同年现金流出量之间的差额所形成的序列指标。

现金净流量的计算公式为：

$$某年净现金流量 = 该年现金流入量 - 该年现金流出量$$

由于项目投资计算期分为建设期和经营期，因而现金净流量也可以分为建设期的现金净流量和经营期的现金净流量。

(1) 建设期的现金净流量。由于在建设期一般没有现金流入量，而且建设期内的投资有时是一次性于起点投入，有时是在建设期内分次投入，所以建设期的现金净流量的计算公式可表示为：

$$某年的净现金流量 = -该年投资额$$

> ☞ **提醒您**
> 一般情况下，建设期内计算出来的净现金流量总是为负数。

(2) 经营期的净现金流量。经营期的净现金流量是指投资项目投产后，在经营期内由于生产经营活动而产生的现金净流量。在经营期内，现金的流入量主要是营业收入，而现

金流出量主要是付现成本和所得税额。所以,经营期的净现金流量的计算公式可表示为:

$$某年的净现金流量 = 营业收入 - 付现成本 - 所得税$$
$$= 营业收入 - (总成本 - 折旧或摊销) - 所得税$$
$$= 营业收入 - 总成本 - 所得税 + 折旧或摊销$$
$$= 利润总额 - 所得税 + 折旧或摊销$$
$$= 净利润 + 折旧或摊销$$

> ☞ 提醒您
>
> 在经营期末(终结点),净现金流量还应在此基础上加上终结点的回收额。

(三)确定现金流量的假设

由于项目投资现金流量的确定是一项很复杂的工作,为了简化现金流量的计算过程,特进行了一些假设:

1. 投资项目的类型假设

假设投资项目只包括典型的单纯固定资产投资项目、完整工业投资项目和更新改造项目三种类型。

2. 全投资假设

假设在确定项目的现金流量时,只考虑全部投资的运动情况,不具体区分自有资金还是借入资金等具体形式的现金流量,都将其视为自有资金对待。

3. 建设期投入全部资金假设

项目的原始总投资不论是一次投入还是分次投入,均假设它们是在建设期内投入的。

4. 投资项目的经营期和固定资产折旧年限一致的假设

假设投资项目形成的主要固定资产的折旧年限或使用年限与项目的经营期相同。

5. 时点指标的假设

为了便于利用资金时间价值的形式,不论现金流量具体内容所涉及的价值指标实际上是时点指标还是时期指标,均假设按照年初或年末的时点指标处理。其中,建设投资在建设期内有关年度的年初或年末发生,流动资金投资则在经营期期初(年初)发生,经营期内各年的收入、成本、折旧、摊销、利润、税金项目的确认均在年末发生,项目最终报废或清理均发生在终结点。

6. 确定性假设

假设与项目现金流量有关的价格、产销量、成本水平、企业所得税税率等因素均为已知常数。

(四)现金流量的估算

【例 4-3】 某企业拟购建一项固定资产,需要投资 100 万元,按直线法计提折旧,使用寿命为 10 年。预计投产后每年可以获得营业净利润 20 万元,假定不考虑所得税因素。

情形①:建设起点投入资金 100 万元,当年完工并投产,固定资产无残值。

情形②:建设期为 1 年,其余条件同情形①。

情形③:期满有净残值 10 万元,其余条件同情形①。

情形④：建设期为1年，建设期年初、年末各投入50万元资金，期满无残值。

要求：分别计算各种情形下的现金净流量。

解答：（1）根据情形①所给定资料，可以得到：

没有建设期，即项目投资计算期 $n=10$（年）

每年折旧额 $=\dfrac{100-0}{10}=10$（万元）

第1年年初的现金净流量 $NCF_0=-100$（万元）

第1年年末—第10年年末的现金净流量 $NCF_{1-10}=20+10=30$（万元）

（2）根据情形②所给定资料，可以得到：

有建设期，即项目投资计算期 $n=1+10=11$（年）

每年折旧额 $=\dfrac{100-0}{10}=10$（万元）

第1年年初的现金净流量 $NCF_0=-100$（万元）

第1年年末的现金净流量为零，即 $NCF_1=0$（万元）

第2年年末—第11年年末的现金净流量 $NCF_{2-11}=20+10=30$（万元）

（3）根据情形③所给定资料，可以得到：

没有建设期，即项目投资计算期 $n=10$（年）

每年折旧额 $=\dfrac{100-10}{10}=9$（万元）

第1年年初的现金净流量 $NCF_0=-100$（万元）

第1年年末—第9年年末的现金净流量 $NCF_{1-9}=20+9=29$（万元）

第10年年末的现金净流量 $NCF_{10}=20+9+10=39$（万元）

注：第10年年末为终结点现金流量，要考虑回收的固定资产残值流入。

（4）根据情形④所给定资料，可以得到：

有建设期，即项目投资计算期 $n=1+10=11$（年）

每年折旧额 $=\dfrac{100-0}{10}=10$（万元）

第1年年初的现金净流量 $NCF_0=-50$（万元）

第1年年末的现金净流量 $NCF_1=-50$（万元）

第2年年末—第11年年末的现金净流量 $NCF_{2-11}=20+10=30$（万元）

【例4-4】 公司准备购建一项固定资产，需在建设起点一次性投入全部资金410万元，建设期为1年。固定资产的预计使用寿命为10年，期末有10万元净残值，按直线法计提折旧。预计投产后每年可使企业新增销售收入为150万元，每年付现成本为50万元。公司所得税税率为25%。

要求：根据所给资料计算项目的现金净流量。

解答：根据所给定的资料计算有关的指标如下：

（1）项目投资计算期 $n=1+10=11$（年）

（2）第1年年初的现金净流量 $NCF_0=-410$（万元）

第1年年末的现金净流量 $NCF_1=0$（万元）

（3）经营期内：

年折旧额 $= \dfrac{410-10}{10} = 40(万元)$

各年净利润 $= (150-50-40) \times (1-25\%) = 45(万元)$

各年经营现金净流量 $NCF_{2—10} = 45+40 = 85(万元)$

（4）终结点现金净流量 $NCF_{11} = 85+10 = 95(万元)$

议一议

1. 项目投资具有哪些特点？
2. 如何计算项目投资计算期？项目投资成本由哪些成本构成？
3. 项目现金流量由哪些内容组成？
4. 在估算现金流量时应重点关注哪些项目的计算？

模块二　学会项目投资的评价与决策

学习目标

1. 认知项目投资决策指标类型及具体指标名称。
2. 掌握项目投资决策指标的计算方法。
3. 运用项目投资决策指标进行项目投资的决策。
4. 掌握各投资决策指标之间的关系，以及运用时的注意事项。
5. 树立科学的投资决策理念。

学习重点

1. 静态投资决策指标的计算和运用。
2. 动态投资决策指标的计算和运用。

学习难点

1. 内含报酬率含义的理解与计算。
2. 各投资决策指标之间的内在关系，以及运用时的注意事项。

李某是一家纺织公司老板,该公司现有一台设备1年前购入,原值为330万元,目前市场价值为150万元,剩余使用年限为10年,预计使用期满无残值,直线法计提折旧。使用该设备每年可产生30万元的净利润。目前,李某发现市场上有一种新的设备,更为先进。新设备可以用450万元购得,使用寿命为10年,直线法计提折旧,期满无残值。新设备每年将给企业带来75万元的净利润。该公司的资金成本为10%。

请思考:是否该换掉已使用一年的旧设备?如果更换应考虑哪些因素?

一、项目投资决策评价指标的类型

项目投资决策评价指标是用来衡量投资方案可行性与优劣的标准与尺度,主要包括静态投资回收期、投资收益率、净现值、净现值率、年金净流量、现值指数和内含报酬率。这些指标可以按不同的标志进行分类。

(一)按指标是否考虑资金时间价值分为静态评价指标和动态评价指标

静态评价指标指在计算过程中不考虑资金的时间价值,又称为非折现指标,包括静态投资回收期和投资收益率;动态评价指标指在计算过程中考虑资金的时间价值,又称为折现指标,包括净现值、净现值率、年金净流量、现值指数和内含报酬率。

(二)按指标性质不同分为正指标和反指标

正指标是指指标的数值越大越好,如投资收益率、净现值、净现值率、年金净流量、现值指数和内含报酬率;反指标是指指标的数值越小越好,如静态投资回收期。

(三)按指标数量特征分为绝对数指标和相对数指标

绝对数指标如静态投资回收期、净现值、年金净流量;相对数指标如投资收益率、净现值率、现值指数和内含报酬率。

(四)按指标重要性分为主要指标、次要指标和辅助指标

主要指标为净现值、净现值率、年金净流量、获利指数和内含报酬率;次要指标为静态投资回收期;辅助指标为投资收益率。具体如表4-1所示。

表4-1　　　　　　　　投资决策评价指标及其分类　　　　　　　　单位:万元

指标名称	分类标准			
	是否考虑资金时间价值	指标性质	指标数量特征	指标重要性
静态投资回收期	静态指标	反指标	绝对数指标	次要指标
投资收益率	静态指标	正指标	相对数指标	辅助指标

续表

指标名称	分类标准			
	是否考虑资金时间价值	指标性质	指标数量特征	指标重要性
净现值	动态指标	正指标	绝对数指标	主要指标
净现值率	动态指标	正指标	相对数指标	主要指标
年金净流量	动态指标	正指标	绝对数指标	主要指标
获利指数	动态指标	正指标	相对数指标	主要指标
内含报酬率	动态指标	正指标	相对数指标	主要指标

、静态评价指标

（一）静态投资回收期

1. 静态投资回收期含义与形式

静态投资回收期是指投资项目经营净现金流量抵偿原始总投资额所需要的全部时间，又称为全部投资回收期。该指标以年为单位，它代表收回投资项目的原始投资额所需要的年限。静态投资回收期有两种形式：一是不包括建设期的投资回收期(PP')；二是包括建设期的投资回收期(PP)。它们之间的关系为：

$$包括建设期的投资回收期(PP) = 建设期(S) + 不包括建设期的投资回收期(PP')$$
$$= S + PP'$$

2. 静态投资回收期的计算

（1）公式法。应用公式法计算投资回收期应当满足以下条件：一是项目投产后前若干年每年的净现金流量相等；二是这些年内的净现金流量之和大于或等于原始总投资。其计算公式为：

$$不包括建设期的投资回收期(PP') = \frac{原始总投资额}{每年相等净现金流量}$$

【例4-5】 如果是【例4-3】的情形①，则：

$$不包括建设期的投资回收期(PP') = \frac{100}{30} = 3.33(年)$$

如果是【例4-3】的情形②，则：

$$包括建设期的投资回收期(PP) = 建设期 + 不包括建设期的投资回收期(PP')$$
$$= 1 + 3.33 = 4.33(年)$$

（2）列表法。如果投资项目的各年净现金流量不相等，则静态投资回收期一般采用列表的方法进行计算。

【例4-6】 某企业拟增加一条流水线，所需要的投资额为200万元，项目当年投资并投产，项目预计的现金净流量如表4-2所示。

表 4-2　　　　　　　　　增加流水线预计的现金净流量　　　　　　　　　单位：万元

项目	年份					
	0	1	2	3	4	5
净现金流量	-200	20	40	80	120	20

由于该方案每年的净现金流量不相等，所以通过列表计算累计净现金流量的方法，确定包括建设期的投资回收期，再由此推算出不包括建设期的投资回收期。计算过程如表 4-3 所示。

表 4-3　　　　　　　　　增加流水线累计的现金净流量　　　　　　　　　单位：万元

年 份	每年的净现金流量	累计净现金流量
1	20	-180
2	40	-140
3	80	-60
4	120	60
5	20	80

从表中可知，收回投资所需要的时间是 3 年多，但不到 4 年，即用了 3 年的时间，收回了 140 万元，还剩 60 万元没有收回，需要第四年的一部分现金流量来完成，所以计算如下：

$$投资回收期 = 3 + \frac{60}{120} = 3.5(年)$$

想一想　还可以怎样计算该方案的投资回收期？

3. 静态投资回收期的决策标准

对于单独投资项目，运用投资回收期指标无法对投资项目做出优劣的评价，它需要一个参照标准，一般为基准投资回收期（即投资者要求的投资回收期）。判断的标准是，只要投资项目的投资回收期小于基准投资回收期，则投资项目可行；反之，投资项目的投资回收期大于基准投资回收期，则投资项目不可行。

上述两个案例中，假设基准投资回收期为 3 年，那么两方案均为不可行；若基准投资回收期为 4 年，则两方案均可行。

而对于多个投资项目，首先各个项目的投资回收期必须与基准投资回收期进行比较，若小于基准投资回收期的，项目初步可行，然后在初步可行的方案中选择回收期最短的项目。总之，投资回收期越短的项目越好，表明投资回收的速度快，项目经济效益好。

4. 静态投资回收期指标的优缺点

静态投资回收期计算简便，能够直观地反映原始投资的返本期限，可以直接利用净现金流量的信息，也容易为决策者所正确理解。但是该指标没有考虑资金的时间价值，不能反映投资方式不同对项目的影响，更没有考虑投资回收期以后的现金流量和投资项目的整体效益。因此，单纯以静态投资回收期来进行评判，很可能会误导企业急功近利，错失一些长期成功的项目。

（二）投资收益率

1. 投资收益率的含义

投资收益率是指投资项目达产期正常年份的年息税前利润或平均息税前利润占项目总投资的百分比，又称为投资报酬率或会计收益率。

2. 投资收益率的计算

投资收益率的计算公式为：

$$投资收益率 = \frac{年息税前利润或年均息税前利润}{项目总投资} \times 100\%$$

【例4-7】 某企业有甲、乙两个投资方案，投资总额均为100万元，全部用于购置新的设备，使用期均为5年，无残值，各年获取的息税前利润如表4-4所示。

表4-4　　　　　　　甲、乙投资方案获取的息税前利润比较　　　　　　　单位：万元

项目计算期	甲方案息税前利润	乙方案息税前利润
1	15	14
2	15	18
3	15	22
4	15	26
5	15	10
合　计	75	90

要求：计算甲、乙两个方案的投资收益率。

解答：甲方案投资收益率 $= \dfrac{15}{100} \times 100\% = 15\%$

乙方案投资收益率 $= \dfrac{90 \div 5}{100} \times 100\% = 18\%$

从计算结果来看，乙方案的投资收益率比甲方案的投资收益率高3%，乙方案比甲方案好。

3. 投资收益率的决策标准

一般来说，项目的投资收益率指标只有大于或等于无风险收益率（最低报酬率），投资项目才具有财务可行性。当然，投资项目的投资收益率是越高越好。

假设上述案例中，公司要求达到的最低报酬率为16%，则甲方案不可行，乙方案可行。

4. 投资收益率指标的优缺点

投资收益率计算时直接应用财务会计报表上的数据，资料易于收集，而且计算简便，能够反映建设期资本化利息的有无对项目的影响。但是正如我们在本单元模块一中已经了解的，项目评价的基础性指标是现金流量，以利润为基础计算出的会计收益率并不能正确反映投资项目的真实收益，也没有考虑资金时间价值，不能反映建设期长短、投资方式不同和回收额的有无等条件对投资项目的影响。

三、动态评价指标

（一）净现值（NPV）

1. 净现值的含义

净现值是指在项目计算期内,按照设定折现率或基准收益率计算的各年净现金流量的代数和,或表述为投资项目经营期各年净现金流量的现值之和与原始投资额现值之和的差额。在确定折现率或基准收益率时,需要统筹考虑行业的特点、资金时间值和风险价值。

2. 净现值计算

根据净现值的定义,其理论计算公式为:

$$\text{净现值}(NPV) = \sum_{t=0}^{n}(\text{第}t\text{年的净现金流量} \times \text{第}t\text{年的复利现值系数})$$

$$= \sum_{t=0}^{n} \frac{NCF_t}{(1+i)^t}$$

= 经营期各年净现金流量的现值之和 − 原始投资额现值之和

由于项目各年的净现金流量 NCF_t 属于系列款项,若项目投产后各年的净现金流量表现为普通年金或递延年金时,可以利用计算年金现值或递延年金现值的方法直接计算出项目净现值。

第一种特殊情况:当全部投资在建设起点一次投入,建设期为零,投产后 $1—n$ 年每年净现金流量相等,投产后的现金流量表现为普通年金形式,其理论公式可简化为:

$$\text{净现值}(NPV) = NCF_0 + NCF_{1-n} \times (P/A, i, n)$$

【例 4-8】 资料见【例 4-3】的情形①,假定该项目的行业基准折现率为 10%,要求:计算该项目的净现值。

解答:根据【例 4-3】情形①的计算可知:$NCF_0 = -100$（万元）,$NCF_{1-10} = 30$（万元）

则:净现值$(NPV) = -100 + 30 \times (P/A, 10\%, 10)$

$= -100 + 30 \times 6.1446$

$= 84.338$（万元）

或者:经营期各年净现金流量的现值之和 $= 30 \times (P/A, 10\%, 10) = 184.338$（万元）

原始投资额现值之和 $= 100$（万元）

净现值$(NPV) =$ 经营期各年净现金流量的现值之和 − 原始投资额现值之和

$= 184.338 - 100 = 84.338$（万元）

第二种特殊情况:当全部投资在建设起点一次投入,建设期为零,投产后每年经营净现金流量(不含回收额)相等,但终结点有回收额时,投产后 $1—(n-1)$ 年的现金流量表现为普通年金形式,第 n 年净现金流量视为第 n 年的终值,其理论公式可简化为:

$$\text{净现值}(NPV) = NCF_0 + NCF_{1-(n-1)} \times (P/A, i, n-1) + NCF_n \times (P/F, i, n)$$

【例 4-9】 资料见【例 4-3】的情形③,假定该项目的行业基准折现率为 10%,要求:计算该项目的净现值。

解答:根据【例 4-3】情形③的计算可知:$NCF_0 = -100$（万元）,$NCF_{1-9} = 29$（万元）

$NCF_{10} = 39$(万元)

则：净现值$(NPV) = -100 + 29 \times (P/A, 10\%, 9) + 39 \times (P/F, 10\%, 10)$

$\qquad\qquad\qquad\quad = -100 + 29 \times 5.7590 + 39 \times 0.3855$

$\qquad\qquad\qquad\quad = 82.0455$(万元)

或者：经营期各年净现金流量的现值之和 $= 29 \times (P/A, 10\%, 9) + 39 \times (P/F, 10\%, 10)$

$\qquad\qquad\qquad\qquad\qquad\qquad\qquad\quad = 182.0455$(万元)

原始投资额现值之和 $= 100$(万元)

净现值$(NPV) = $ 经营期各年净现金流量的现值之和 $-$ 原始投资额现值之和

$\qquad\qquad\quad = 182.0455 - 100 = 82.0455$(万元)

练一练 还可以怎样计算该方案的净现值？

第三种特殊情况：若建设期为 s，全部投资在建设起点一次投入，投产后 $(s+1)$—n 年每年净现金流量相等，则投产后的净现金流量具有递延年金的形式，其现值之和可以按照递延年金现值来计算。其理论公式可简化为：

净现值$(NPV) = NCF_0 + NCF_{(s+1)-n} \times [(P/A, i, n) - (P/A, i, s)]$

或 $= NCF_0 + NCF_{(s+1)-n} \times (P/A, i, n-s) \times (P/F, i, s)$

☞ 提醒您

这里的计算是运用前面的递延年金现值求法。

【例 4-10】 资料见【例 4-3】的情形②，假定该项目的行业基准折现率为 10%，要求：计算该项目的净现值。

解答：根据【例 4-3】情形②的计算可知：$NCF_0 = -100$(万元)，$NCF_1 = 0$(万元)，

$\qquad\qquad\qquad\qquad\qquad\qquad NCF_{2-11} = 30$(万元)

则：净现值$(NPV) = -100 + 30 \times [(P/A, 10\%, 11) - (P/A, 10\%, 1)]$

$\qquad\qquad\qquad\quad = -100 + 30 \times (6.4951 - 0.9091)$

$\qquad\qquad\qquad\quad = 67.58$(万元)

或 $\qquad\qquad\quad = -100 + 30 \times (P/A, 10\%, 10) \times (P/F, 10\%, 1)$

$\qquad\qquad\qquad\quad = -100 + 30 \times 6.1446 \times 0.9091$

$\qquad\qquad\qquad\quad = 67.58$(万元)

或者：经营期各年净现金流量的现值之和 $= 30 \times [(P/A, 10\%, 11) - (P/A, 10\%, 1)]$

$\qquad\qquad\qquad\qquad\qquad\qquad\qquad\quad = 30 \times (P/A, 10\%, 10) \times (P/F, 10\%, 1)$

$\qquad\qquad\qquad\qquad\qquad\qquad\qquad\quad = 167.58$(万元)

原始投资额现值之和 $= 100$(万元)

净现值$(NPV) = $ 经营期各年净现金流量的现值之和 $-$ 原始投资额现值之和

$\qquad\qquad\quad = 167.58 - 100 = 67.58$(万元)

第四种特殊情况：若建设期为 s，全部投资在建设期内分次投入，投产后 $(s+1)$—n 年每年净现金流量相等，则投产后的净现金流量具有递延年金的形式，其现值之和可以按照递延年金现值来计算。其理论公式可简化为：

$$净现值(NPV) = NCF_0 + NCF_1 \times (P/F, i, 1) + \cdots + NCF_s(P/F, i, s)$$
$$+ NCF_{(s+1)\sim n} \times [(P/A, i, n) - (P/A, i, s)]$$

【例 4-11】 资料见【例 4-3】的情形④,假定该项目的行业基准折现率为 10%,要求:计算该项目的净现值。

解答:根据【例 4-3】情形④的计算可知:$NCF_0 = -50(万元)$,$NCF_1 = -50(万元)$,
$$NCF_{2\sim 11} = 30(万元)$$

则:净现值$(NPV) = -50 - 50 \times (P/F, 10\%, 1) + 30 \times [(P/A, 10\%, 11) -$
$(P/A, 10\%, 1)]$
$= -50 - 50 \times 0.909\ 1 + 30 \times (6.495\ 1 - 0.909\ 1)$
$= 72.125(万元)$

或者:经营期各年净现金流量的现值之和 $= 30 \times [(P/A, 10\%, 11) - (P/A, 10\%, 1)]$
$= 167.58(万元)$

原始投资额现值之和 $= 50 + 50 \times (P/F, 10\%, 1) = 95.455(万元)$

净现值$(NPV) = $ 经营期各年净现金流量的现值之和 $-$ 原始投资额现值之和
$= 167.58 - 95.455 = 72.125(万元)$

议一议 通过前面四个案例的计算,【例 4-4】项目的净现值该如何计算?

净现值的计算形式与净现值率、现值指数和内部收益率的计算有关,因此,必须熟练掌握其计算技巧。

3. 净现值指标的决策标准

净现值是一个折现的绝对量正指标,是投资项目进行评价决策的最重要的指标之一。只有当投资项目的净现值大于零或等于零时,该项目才具有财务可行性。

4. 净现值指标的优缺点

该指标的优点是充分考虑了资金时间价值,而且能够利用项目计算期内的全部净现金流量信息;其缺点是无法反映投资项目的实际收益率,不能直接用于对寿命期不同的互斥投资方案进行决策。它只适用于项目寿命周期相同的、互斥投资方案的比较与决策。某项目虽然净现值小,但其寿命期短,另一项目尽管净现值大,但它是在较长的寿命期内取得的,两个项目由于寿命期不同,因而不可用净现值进行比较。

(二) 净现值率(NPVR)

1. 净现值率的含义

净现值率是反映投资项目的净现值占原始投资现值的比率,也可理解为单位原始投资的现值所创造的净现值。

2. 净现值率的计算

净现值率的计算公式为:

$$净现值率(NPVR) = \frac{投资项目的净现值}{原始投资的现值合计} \times 100\%$$

【例 4-12】 根据【例 4-8】净现值的计算数据,计算其净现值率。(保留四位小数)

解答:由【例 4-8】的计算可知:投资项目的净现值 $= 84.338(万元)$

$$原始投资的现值 = 100(万元)$$

则:净现值率 $= \dfrac{投资项目的净现值}{原始投资的现值合计} \times 100\%$

$$= \dfrac{84.338}{100} \times 100\% = 0.8434$$

想一想 根据【例4-9】【例4-10】【例4-11】净现值的计算数据计算其净现值率。

3. 净现值率指标的决策标准

净现值率是一个折现的相对量正指标,只有当该指标大于或等于零时,投资项目才具有财务可行性。

4. 净现值率指标的优缺点

该指标的优点是可以从动态的角度反映投资项目的资金投入与净产出之间的关系;其缺点与净现值指标一样,无法直接反映投资项目的实际收益率。

(三) 年金净流量(ANCF)

1. 年金净流量的含义

项目期间内全部现金净流量总额的总现值或总终值折算为等额年金的平均现金净流量,称为年金净流量。它是净现值法的辅助方法。

2. 年金净流量的计算公式

$$年金净流量 = 现金净流量总现值(NPV)/年金现值系数$$
$$= 现金净流量总终值/年金终值系数$$

【例4-13】 根据【例4-8】净现值的计算数据,计算其年金净流量。(保留四位小数)

解:由【例4-8】的计算可知:投资项目的净现值 = 84.338(万元)

则:年金净流量 $= \dfrac{现金净流量总现值(NPV)}{年金现值系数} = 84.338/(P/A, 10\%, 10)$

$$= \dfrac{84.338}{6.1446} = 13.7255(万元)$$

3. 决策标准

年金净流量的决策标准与净现值指标一样。

(1) 对于单个项目,年金净流量指标的结果大于零,说明每年平均的现金流入能抵补现金流出,方案在财务上可行。

(2) 对于多个项目,在寿命期不同的互斥投资方案间比较时,年金净流量越大,方案越好。

4. 年金净流量的优缺点

优点:适用于寿命期限不同的投资方案决策(与净现值的区别)。

缺点:所采用的贴现率不易确定,不便于对原始投资额不相等的独立投资方案进行决策(与净现值一样)。

> **☞ 提醒您**
>
> 互斥方案的评价指标：
> ① 投资方案的寿命期限相同时，适用净现值指标进行决策。
> ② 投资方案的寿命期限不同时，适用年金净流量法进行决策。

（四）获利指数（PI）

1. 获利指数的含义

获利指数是指投资项目投产后，按照行业基准折现率或设定折现率计算的经营期各年净现金流量的现值之和与原始投资额的现值之和的比值，又被称为现值指数。

2. 获利指数的计算

获利指数的计算公式为：

$$获利指数(PI) = \frac{经营期各年净现金流量的现值之和}{原始投资额的现值之和}$$

【例 4-14】 根据【例 4-8】净现值的计算数据，计算其获利指数。（保留四位小数）

解答：由【例 4-8】的计算可知：经营期各年净现金流量的现值之和 = 184.338（万元）

$$原始投资额的现值之和 = 100（万元）$$

则：获利指数 = $\frac{184.338}{100}$ = 1.843 4

通过【例 4-13】和【例 4-14】的计算可知，净现值率指标与获利指数指标之间的关系为：

$$获利指数(PI) = 1 + 净现值率(NPVR)$$

想一想 根据【例 4-9】【例 4-10】【例 4-11】净现值的计算数据，计算其获利指数。

3. 获利指数指标的决策标准

获利指数是一个折现的相对量正指标，只有当该指标大于或等于 1 时，投资项目才具有财务可行性。

4. 获利指数指标的优缺点

该指标的优缺点与净现值率指标相同，在实务中通常不要求直接计算获利指数，如果需要考核该指标，可以在求得净现值率指标的基础上推算出来。

（五）内含报酬率（IRR）

1. 内含报酬率的含义

内含报酬率，是指能够使投资项目的净现值等于零时的折现率，或者是能够使得经营期各年净现金流量的现值之和等于原始投资额现值之和时的折现率，通常又称为内部收益率。

2. 内含报酬率的计算

第一种情况：当全部投资在建设起点一次投入，建设期为零，投产后 1—n 年每年净现金流量相等，投产后的现金流量表现为普通年金形式，其理论公式可简化为：

$$NCF_0 + NCF_{1-n} \times (P/A, IRR, n) = 0$$

【例 4-15】 资料见【例 4-3】的情形①，要求：计算该项目的内含报酬率。（保留两位小数）

解答：根据【例 4-3】情形①的计算可知：$NCF_0 = -100$（万元），$NCF_{1-10} = 30$（万元）

则：$-100 + 30 \times (P/A, IRR, 10) = 0$

或者：经营期各年净现金流量的现值之和 = 原始投资额现值之和

$$30 \times (P/A, IRR, 10) = 100$$

具体计算程序如下：

① 计算年金现值系数：$(P/A, IRR, 10) = 3.3333$。

② 根据计算出来的年金现值系数查年金现值系数表，确定 IRR 的范围：$24\% < IRR < 28\%$。

③ 运用内插法（插入法）求出内部收益率 IRR：

$$IRR = 24\% + \frac{3.6819 - 3.3333}{3.6819 - 3.2689} \times (28\% - 24\%) = 27.38\%$$

第二种情况：投资项目在经营期内各年净现金流量不相等，或者建设期不为零，投资额在建设期内是分次投入的，则无法采用上述的简便方法，必须按照内含报酬率的定义采用逐步测试法，才能计算出使投资项目的净现值等于零的折现率，即内含报酬率。

【例 4-16】 资料见【例 4-3】的情形④，要求：计算该项目的内含报酬率。（保留两位小数）

解答：根据【例 4-3】情形④的计算可知：$NCF_0 = -50$（万元），$NCF_1 = -50$（万元），

$$NCF_{2-11} = 30（万元）$$

则：净现值 $= -50 - 50 \times (P/F, IRR, 1) + 30 \times [(P/A, IRR, 11) - (P/A, IRR, 1)] = 0$

具体计算程序如下：

① 估计一个较低的折现率，用它来计算净现值。如果净现值为正数，说明项目的实际收益率大于预计的折现率，应提高折现率再进一步测试；如果净现值为负数，说明项目的实际收益率小于预计的折现率，应降低折现率再进一步测试。如此反复测试，寻找出使净现值由正到负且接近零的两个折现率。

当折现率为 20% 时，净现值为 13.149；

当折现率为 24% 时，净现值为 -1.249。

② 根据上述相邻的两个折现率运用内插法求出项目的内含报酬率。

$$IRR = 20\% + \frac{13.149 - 0}{13.149 + 1.249} \times (24\% - 20\%) = 23.65\%$$

3. 内含报酬率指标的决策标准

内含报酬率指标是一个折现的相对量正指标，只有当该指标的值大于或等于行业基准折现率或项目所筹资金的成本率时，投资项目才具有财务可行性。

4. 内含报酬率指标的优缺点

该指标的优点是能从动态的角度直接反映投资项目的实际收益率水平，而且计算过程不受行业基准收益率的影响，比较客观；其缺点是计算过程十分麻烦。

（六）动态指标之间的关系

通过前面五个指标的介绍和计算，可以得知，净现值率（NPVR）、年金净流量（ANCF）的

计算需要在已知净现值(NPV)的基础上进行,内部收益率(IRR)的计算也需要利用净现值(NPV)。这些指标的数值均会受到建设期长短、资金投资方式,以及各年净现金流量的数量特征的影响。所不同的是净现值(NPV)是绝对量指标,其余为相对量指标。计算净现值(NPV)、净现值率(NPVR)、年金净流量(ANCF)和获利指数(PI)时,所使用的折现率是预先确定的,而内部收益率的计算与折现率的高低无关。

净现值(NPV)、净现值率(NPVR)、年金净流量(ANCF)、获利指数(PI)和内部收益率(IRR)指标之间的数量关系如下:

① 当 $NPV > 0$ 时,$NPVR > 0$,$ANCF > 0$,$PI > 1$,$IRR > i$;
② 当 $NPV = 0$ 时,$NPVR = 0$,$ANCF = 0$,$PI = 1$,$IRR = i$;
③ 当 $NPV < 0$ 时,$NPVR < 0$,$ANCF < 0$,$PI < 1$,$IRR < i$。

四、投资决策评价指标的运用

【例 4-17】 某公司准备添置一项设备以扩充生产能力,现有一方案,建设期为 1 年,年初和年末分别投入 20 000 元,投产前还需垫支流动资金 3 000 元。假设该设备使用寿命 5 年,直线法计提折旧,5 年后有净残值 5 000 元。5 年中每年销售收入为 18 000 元,付现成本第 1 年为 6 000 元,以后随着设备折旧,逐年将增加修理费 300 元。假设公司所得税税率为 25%,公司资金成本为 10%,公司要求的投资回收期(包括建设期)应短于 4 年。

要求:计算该方案静态投资回收期、净现值、获利指数,并判断该方案是否可行。

解答:(1) 计算该方案现金净流量。

年折旧额 = (20 000 + 20 000 - 5 000)/5 = 7 000(元)

$NCF_0 = -20\ 000$(元)

$NCF_1 = -(20\ 000 + 3\ 000) = -23\ 000$(元)

$NCF_2 = (18\ 000 - 6\ 000 - 7\ 000) \times (1 - 25\%) + 7\ 000 = 10\ 750$(元)

$NCF_3 = (18\ 000 - 6\ 300 - 7\ 000) \times (1 - 25\%) + 7\ 000 = 10\ 525$(元)

$NCF_4 = (18\ 000 - 6\ 600 - 7\ 000) \times (1 - 25\%) + 7\ 000 = 10\ 300$(元)

$NCF_5 = (18\ 000 - 6\ 900 - 7\ 000) \times (1 - 25\%) + 7\ 000 = 10\ 075$(元)

$NCF_6 = (18\ 000 - 7\ 200 - 7\ 000) \times (1 - 25\%) + 7\ 000 + 5\ 000 + 3\ 000 = 17\ 850$(元)

(2) 计算投资决策指标。

① 静态投资回收期:

该方案到经营期第 4 年年末的累计净现金流量 = (-20 000) + (-23 000) + 10 750 + 10 525 + 10 300 + 10 075 = -1 350(元),经营期第 5 年年末的现金净流量为 17 850 元。

该方案在步入经营期后的投资回收期 = 4 + 1 350/17 850 = 4.08(年)

因为该方案还有 1 年的建设期,所以该方案的静态投资回收期 $PP = 4.08 + 1 = 5.08$(年)。

② 净现值:

$NPV = -20\ 000 + (-23\ 000) \times (P/F, 10\%, 1) + 10\ 750 \times (P/F, 10\%, 2)$
$\quad + 10\ 525 \times (P/F, 10\%, 3) + 10\ 300 \times (P/F, 10\%, 4) + 10\ 075 \times (P/F, 10\%, 5)$
$\quad + 17\ 850 \times (P/F, 10\%, 6)$

$$= -20\ 000 + (-23\ 000) \times 0.909\ 1 + 10\ 750 \times 0.826\ 4 + 10\ 525 \times 0.751\ 3 +$$
$$10\ 300 \times 0.683\ 0 + 10\ 075 \times 0.620\ 9 + 17\ 850 \times 0.564\ 5$$
$$= -751.27(元)$$

③ 获利指数：
$$PI = \frac{10\ 750 \times 0.826\ 4 + 10\ 525 \times 0.751\ 3 + 10\ 300 \times 0.683\ 0 + 10\ 075 \times 0.620\ 9 + 17\ 850 \times 0.564\ 5}{20\ 000 + 23\ 000 \times 0.909\ 1}$$
$$= 0.98$$

（3）由于该项目的静态投资回收期为 5.08 年,大于公司设定的 4 年,而且项目的 $NPV < 0, PI < 1$,所以投资项目不可行。

【例 4-18】 资料见【例 4-4】,假设公司所在行业的基准折现率为 12%。

要求：计算该投资项目的净现值、净现值率、获利指数和内部收益率,并判断项目是否具有财务可行性。

解答：由【例 4-4】的计算可得知：

项目投资计算期 $n = 1 + 10 = 11$（年）

$NCF_0 = -410$（万元）

$NCF_1 = 0$（万元）

$NCF_{2-10} = 45 + 40 = 85$（万元）

$NCF_{11} = 85 + 10 = 95$（万元）

则：经营期各年净现金流量的现值之和 $= 85 \times [(P/A, 12\%, 10) - (P/A, 12\%, 1)]$
$$+ 95 \times (P/F, 12\%, 11) = 431.683（万元）$$

原始投资额的现值之和 $= 410$（万元）

净现值（NPV）$=$ 经营期各年净现金流量的现值之和 $-$ 原始投资额的现值之和
$$= 431.683 - 410 = 21.683（万元）$$

净现值率（NPVR）$= \dfrac{\text{投资项目的净现值}}{\text{原始投资额的现值之和}} = \dfrac{21.683}{410} = 0.052\ 9$

获利指数（PI）$= \dfrac{\text{经营期各年净现金流量的现值之和}}{\text{原始投资额的现值之和}} = \dfrac{431.683}{410} = 1.052\ 9$

通过净现值的计算得知,当折现率为 12% 时,投资项目的净现值为 21.683 万元,说明投资项目的实际报酬率应当大于 12%,测试的折现率设为 14%,那么,投资项目的净现值为 $-18.716\ 5$ 万元。因此,投资项目的实际报酬率介于 12% 至 14% 之间。运用内插法计算：

$$\text{内部收益率（IRR）} = 12\% + \frac{21.683}{21.683 + 18.716\ 5} \times (14\% - 12\%) = 13.07\%$$

因为项目的 $NPV > 0, NPVR > 0, PI > 1, IRR > 12\%$,所以投资项目在财务上是可行的。

议一议

1. 有哪些指标可用来评价项目投资是否具有财务可行性？

2. 运用净现值、净现值率、获利指数和内部收益率四个指标评价投资项目财务可行性的标准是什么？它们之间有何关系？

【搜索关键词】

项目投资　现金流量　净现金流量　静态评价指标　动态评价指标

【单元小结】

项目投资是指企业以建造或购置固定资产为主要内容的投资,包括新建项目和更新改造项目两种类型。项目投资计算期是指投资项目从投资建设开始到最终清理结束整个过程所需的全部时间,通常以年为单位。通常将项目投资的整个持续时间分为建设期和生产经营期。项目投资的投资成本从投资的不同时期来看,有初始投资成本和经营期投资成本两种。

现金流量在投资决策中是指一个项目引起的企业现金支出和现金流入增加的数量。项目投资的现金流量通常包括现金流入量、现金流出量和现金净流量。项目的现金净流量的计算按其所涉及时间的不同,可分为建设期现金净流量的计算、经营期现金净流量的计算和终结点现金净流量的计算。

经营期现金净流量 = 税后利润 + 折旧(或摊销)

投资决策评价指标是用来衡量投资方案优劣的标准,主要有投资收益率、静态投资回收期、净现值、净现值率、获利指数和内含报酬率等指标。静态投资回收期和投资收益率因为不考虑货币时间价值,一般应作为投资决策的辅助指标。净现值、净现值率、获利指数和内含报酬率应作为投资决策的主要参照指标。净现值大于零,净现值率大于零,年金净流量大于零,获利指数大于1,内含报酬率大于资金成本率,则投资项目具有财务可行性。

【主要名词中英文】

现金净流量/现金流量净额	Net Cash Flow
静态投资回收期	Static Payback Time
投资收益率	Rate of Return on Investment
净现值	Net Present Value
净现值率	Net Present Value Rate
获利指数	Profitability Index
内含报酬率	Internal Rate of Return

单元五

营运资金管理

模块一 认识营运资金

学习目标

1. 认知营运资金的概念与特点。
2. 理解营运资金的管理原则。
3. 培养在营运资金管理中的守法守规意识,提升营运资金管理的责任感。

学习重点

营运资金的概念与特点。

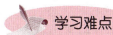学习难点

营运资金的投资与融资策略。

案例导入

大兴安岭北神奇集团拥有总资产4.2亿元,年创产值4.5亿元,但在改制后几个月来,集团的盈利水平大幅度下降。其董事长、总经理王世明对集团下属公司进行走访,下属公

司的生产、销售、人员管理乃至公司文化,都不存在问题。原因在哪里呢？在仔细回忆走访过程时,王世明想起了几家公司的财务人员的怨言:"应收账款越来越多,欠钱的是大爷";"存货量太大,得浪费多少成本啊";"有时候想进一些原材料没有资金,有时候资金一放就闲置半年"。很快他领悟到了导致集团盈利水平大幅度下降的原因所在。

（资料来源：豆丁网：http://www.docin.com/p-130205726.html）

请思考：董事长领悟到的是什么?

一、营运资金的概念和特点

（一）营运资金的概念

营运资金又称营运资本,是指企业生产经营活动中占用在流动资产上的资金。营运资金有广义和狭义之分。广义的营运资金又称毛营运资金（总营运资金）,是指一个企业流动资产的总额;狭义的营运资金又称净营运资金,是指企业流动资产减去流动负债后的余额。在企业的流动资产中,来源于流动负债的部分常常面临债权人的短期索求权,而无法供企业在较长期限内自由运用。因此,一般企业的净营运资金总是大于零的,其超出部分的资金由企业的长期资本提供。这样能为企业提供宽裕的自由使用时间,从而减少企业无法支付债务的可能性,进而降低了风险。

> ☞ 提醒您
> 本教材所指的营运资金是指广义的营运资金。

（二）营运资金的特点

为了有效地管理企业的营运资金,必须研究营运资金的特点,以便有针对性地进行管理。营运资金一般具有如下特点：

（1）营运资金的来源具有灵活多样性。与筹集长期资金的方式相比,企业筹集营运资金的方式较为灵活多样,通常有银行短期借款、短期融资券、商业信用、应交税费、应付利润、应付职工薪酬、应付费用、预收货款和票据贴现等多种内外部融资的方式。

（2）营运资金的数量具有波动性。流动资产的数量会随企业内外条件的变化而变化,时高时低,波动很大。季节性企业如此,非季节性企业也如此。随着流动资产数量的变动,流动负债的数量也会相应发生变动。

（3）营运资金的周转具有短期性。企业占用在流动资产上的资金,通常会在一年或一个营业周期内收回。根据这一特点,营运资金可以用商业信用、银行短期借款等短期筹资方式来加以解决。

（4）营运资金的实物形态具有变动性和易变现性。企业营运资金的实物形态是经常变化的,一般按照现金、材料、在产品、产成品、应收账款、现金的顺序转化。为此,在进行流动资产管理时,必须在各项流动资产上合理配置资金数额,做到结构合理,以促进资金周转顺利进行。此外,交易性金融资产、应收账款、存货等流动资产一般具有较强的变现能力,如果遇到意外情况,企业出现资金周转不灵、现金短缺时,便可迅速变卖这些资产,以获取现金。这对财务上应付临时性资金需求具有重要意义。

二、营运资金的管理原则

企业的营运资金在全部资金中占有相当大的比重,而且周转期短,形态易变,是企业财务管理工作的一项重要内容。实证研究也表明,财务经理的大量时间都用于营运资金的管理。企业进行营运资金管理,应遵循以下原则。

(一)保证合理的资金需求

企业应认真分析生产经营状况,合理确定营运资金的需要数量。企业营运资金的需求数量与企业生产经营活动有直接关系。一般情况下,当企业产销两旺时,流动资产会不断增加,流动负债也会相应增加;而当企业产销量不断减少时,流动资产和流动负债也会相应减少。营运资金的管理必须把满足正常合理的资金需求作为首要任务。

(二)提高资金使用效率

加速资金周转是提高资金使用效率的主要手段之一。提高营运资金使用效率的关键就是采取得力措施,缩短营业周期,加速变现过程,加快营运资金周转。因此,企业要千方百计地加速存货、应收账款等流动资产的周转,以便用有限的资金,服务于更大的产业规模,为企业取得更好的经济效益提供条件。

(三)节约资金使用成本

在营运资金管理中,必须正确处理保证生产经营需要和节约资金使用成本两者之间的关系。要在保证生产经营需要的前提下,遵守勤俭节约的原则,尽力降低资金使用成本。一方面,要挖掘资金潜力,盘活全部资金,精打细算地使用资金;另一方面,积极拓展融资渠道,合理配置资源,筹措低成本资金,服务于生产经营。

(四)保持足够的短期偿债能力

偿债能力的高低是企业财务风险高低的标志之一。合理安排流动资产与流动负债的比例关系,保持流动资产结构与流动负债结构的适配性,保证企业有足够的短期偿债能力是营运资金管理的重要原则之一。流动资产、流动负债以及两者之间的关系能较好地反映企业的短期偿债能力。流动负债是在短期内需要偿还的债务,而流动资产则是在短期内可以转化为现金的资产。因此,如果一个企业的流动资产比较多,流动负债比较少,说明企业的短期偿债能力较强;反之,则说明短期偿债能力较弱。但如果企业的流动资产太多,流动负债太少,也不是正常现象,这可能是因为流动资产闲置或流动负债利用不足所致。

三、营运资金战略

企业必须建立一个框架用来评估营运资金管理中的风险与收益的平衡,包括营运资金的投资和融资战略,这些战略反映企业的需要以及对风险承担的态度。实际上,一个财务管理者必须做两个决策:一是需要拥有多少营运资金;二是如何为营运资金融资。在实践中,这些决策一般同时进行,而且它们相互影响。

(一)流动资产的投资战略

由于销售水平、成本、生产时间、存货补给时订货到交货的时间、顾客服务水平、收款和支付期限等方面存在不确定性,因此,流动资产的投资决策至关重要。对于不同的产业和企业规模,流动资产与销售额比率的变动范围非常大。

企业不确定性和对风险的承受程度决定了其在流动资产账户上的投资水平。流动资产账户通常随着销售额的变化而立即变化,而风险则与销售的稳定性和可预测性相关。销售额越不稳定,越不可预测,则投资于流动资产上的资金就应越多,以保证有足够的存货满足顾客的需要。

稳定性和可预测性的相互作用非常重要。如果销售额是不稳定的,但可以预测,如属于季节性变化,那么将没有显著的风险。然而,如果销售额不稳定而且难以预测,例如,石油和天然气开采业以及许多建筑业企业,就会存在显著的风险,从而必须保证一个高的流动资产水平,维持较高的流动资产与销售收入比率。如果销售额既稳定又可预测,则只需维持较低的流动资产投资水平。

一个企业必须选择与其业务需要和管理风格相符合的流动资产投资战略。如果企业管理政策趋于保守,就会选择较高的流动资产水平,保证更高的流动性(安全性),但盈利能力也更低;然而,如果管理者偏向于为了产生更高的盈利能力而承担风险,那么它将以一个低水平的流动资产与销售收入比率来运营。下面就紧缩的或较低流动性的投资战略与宽松的或较高流动性的投资战略进行介绍。

1. 紧缩的流动资产投资战略

在紧缩的流动资产投资战略下,企业维持低水平的流动资产与销售收入比率。利用适时制(JIT)存货管理技术,原材料等存货投资将尽可能紧缩。另外,尚未结清的应收账款和现金余额将保持在最低水平。

紧缩的流动资产投资战略可能伴随着更高风险,这些风险可能源于更紧的信用和存货管理,或源于缺乏现金用于偿还应付账款。此外,紧缩的信用政策可能减少企业销售收入,而紧缩的产品存货政策则不利于顾客进行商品选择,从而影响企业销售。

只要不可预见的事件没有损坏企业的流动性而导致严重的问题发生,紧缩的流动资产投资战略就会提高企业效益。

2. 宽松的流动资产投资战略

在宽松的流动资产投资战略下,企业通常会维持高水平的流动资产与销售收入比率。也就是说,企业将保持高水平的现金、高水平的应收账款(通常来自宽松的信用政策)和高水平的存货(通常源于补给原材料或不愿意因为产成品存货不足而失去销售)。对流动资产的高投资可能导致较低的投资收益率,但由于较高的流动性,企业的营运风险较小。

3. 如何选择流动资产投资战略

一个企业该选择何种流动资产投资战略取决于该企业对风险和收益的权衡。通常,银行和其他借款人对企业流动性水平非常重视,因为流动性包含了这些债权人对信贷扩张和借款利率的决策。他们还考虑应收账款和存货的质量,尤其是当这些资产被用来当作一项贷款的抵押品时。

许多企业,由于上市和短期借贷较为困难,通常采用紧缩的投资战略。此外,一个企业的流动资产战略可能还受产业因素的影响。在销售边际毛利较高的产业,如果从额外销售中获得的利润超过额外应收账款所增加的成本,宽松的信用政策可能为企业带来更为可观的收益。

流动资产投资战略的另一个影响因素是那些影响企业政策的决策者。财务管理人员较之运营或销售经理,通常具有不同的流动资产管理观点。运营经理通常喜欢高水平的原材料存货或部分产成品,以便满足生产所需。相似地,销售经理也喜欢高水平的产成品存货以便满足顾客的需要,而且喜欢宽松的信用政策以便刺激销售。相反,财务管理人员喜欢使存货和应收账款最小化,以便使流动资产融资的成本最小化。

(二) 流动资产的融资战略

一个企业对流动资产的需求数量,一般会随着产品销售的变化而变化。例如,产品销售季节性很强的企业,当销售处于旺季时,流动资产的需求一般会更旺盛,可能是平时的几倍;当销售处于淡季时,流动资产需求一般会减弱,可能是平时的几分之一;即使当销售处于最低水平时,也存在对流动资产最基本的需求。在企业经营状况不发生大的变化的情况下,流动资产的最基本的需求具有一定的刚性和相对稳定性,我们可以将其界定为流动资产的永久性水平。当销售发生季节性变化时,流动资产将会在永久性水平的基础上增加或减少。因此,流动资产可以被分解为两部分:永久性部分和波动性部分。检验各项流动资产变动与销售之间的相关关系,将有助于我们较准确地估计流动资产的永久性和波动性部分,便于我们进行应对流动资产需求的融资政策。

流动资产的融资政策是指与波动性流动资产与永久性流动资产有关的资金融通政策,主要有三种:保守型融资政策、积极型融资政策和中庸型融资政策。

1. 保守型融资政策

保守型融资政策是指企业主要利用长期资金来满足永久性流动资产和一部分甚至是全部波动性流动资产的融资政策。该政策的优点是企业利用长期资金将不受市场短期负债利率波动的影响,也不会因短期债务到期而不能及时偿还,或者被迫举借新债来偿还旧债,更不会出现变卖流动资产来偿还到期的短期债务的情况。其缺点是长期资金的成本高于短期资金的成本,另外大多数企业很难从金融市场上随时筹集到所需要的长期资金。因此,这种政策在实际中很少被企业采用。

2. 积极型融资政策

积极型融资政策是指企业一般利用短期资金来满足全部波动性流动资产和一部分永久性流动资产的融资政策。该政策的优点是能在较大程度上降低资金成本。其缺点是若偿还不了到期的短期债务,企业将会失去信誉甚至面临破产的风险。因此,一般的企业不愿意冒险和损失信誉来达到降低资金成本的目的。

3. 中庸型融资政策

既然保守型融资政策过于稳健,而积极型融资政策又过于冒险,在市场存在大量不确定因素的情况下,这两种政策显然是两个极端。因此,绝大多数企业采用介于这两种政策之间的中庸型融资政策。该政策是以短期非自动生成的债务资金来满足波动性流动资产的需要,以长期资金来满足永久性流动资产的需要。采用该政策,其资金成本和风险介于前两者之间。

1. 针对营运资金的含义与特点,企业应如何确定营运资金的持有水平?
2. 在营运资金的管理中,应掌握哪些原则?
3. 关于流动资产的投资有哪些策略?
4. 关于流动资产的融资有几种政策?企业应如何选择?

模块二　学会现金管理

学习目标

1. 认知企业现金管理的意义。
2. 认知机会成本、转换成本、短缺成本与现金持有量的关系。
3. 理解现金预算的构成,掌握计算净现金流量和现金余额的方法。
4. 掌握测算最佳现金持有量的方法。
5. 培养现金管理中的规则意识和坚守职业道德的底线思维。

学习重点

1. 机会成本、转换成本、短缺成本和现金持有量关系的把握。
2. 现金预算的编制。
3. 最佳现金持有量的确定。

学习难点

1. 机会成本、转换成本、短缺成本和现金持有量的关系。
2. 企业编制现金预算的数据来源。
3. 各种最佳现金持有量确定模式的运用。

案例导入

华夏银行,成立于1992年,2003年9月A股上市。2004年陆续推出多项现金管理产品,到2007年基本形成涵盖客户账户管理、收款管理、流动性管理的现金管理方案,并采取家族式的策略对现有产品进行整合,将现金管理统一到现金新干线品牌下,针对现金管理产品,根据客户需求不断衍生,为客户提供整体现金管理解决方案。

现金新干线上市以来,营销效果显著,一季度发布前是629亿元,二、三季度开展活动,迅速上升至930到1 000多亿元。2008年一季度现金新干线的业务量是去年同期的1.9倍。华夏银行现金新干线的推出,获得市场的良好反应和客户的积极评价,在2007年第15届中国国际技术展览会上,获得优秀金融产品奖。在2007年中国最信赖银行评选活动中,获得最佳服务创新奖。

华夏银行对一家北京医药连锁企业进行资金集中管理。之前这个企业辖下有很多销售网点,销售网点有独立采购权,传统方式很难实现资金集中。而华夏银行在各个地方开户,通过资金结算快线将资金全部集中到总部,根据分公司、子公司的需要可以适时地下拨,这样就实现了采购集中化。资金集中才可以采购集中,这样就降低了成本。财务人员也集中了,总部可以管理辖下公司调拨、收付款。

(资料来源:新浪财经:http://finance.sind.com.cn/hy/20080711/12105082412.shtml)

请思考:1. 现金管理在企业的生存和发展中发挥着怎样的作用?
2. 现金流的断裂可能带来的后果是什么?

一、现金管理的目的

现金是指生产过程中暂时停留在货币形态的资金,包括库存现金、银行存款和其他货币资金。现金是流动性最强的非盈利性资产,持有一定数量的现金是企业组织生产经营活动的必要条件,也是稳定经营、降低财务风险、增强偿债能力的基础。但是持有过多的现金,即闲置资金过多,则会使企业的收益降低,因为现金不能为企业直接赚取收益。因此,企业在保证经营活动现金需要的同时,应加强现金管理,降低闲置的现金数量,提高现金的利用效果,这就是企业现金管理的目的。

二、持有现金的动机与成本

(一)持有现金的动机

现金是可以立即投入流通的交换媒介。它的突出特点是普遍的可接受性,即可以有效地立即用来购买商品、货物,用于劳务支出或偿还债务等。企业持有一定数量的现金主要是基于以下三个方面的动机:

1. 交易动机

交易动机是指企业为了满足日常业务开支而保持现金的动机,如购买材料、支付工资、缴纳税款、偿还到期债务、支付股利等。虽然企业会经常取得业务收入,但每天的现金收入和现金支出并非同时等额发生。因此,保持一定数量的现金余额是十分必要的,这样,当出现现金支出大于现金收入时,企业的正常生产经营活动仍然可以继续进行。一般来说,企业为满足交易动机所持有的现金余额主要取决于企业销售水平。企业销售扩大,销售额增加,所需要的现金余额也随之增加。这种因交易动机而持有的现金余额称为交易性现金余额。

2. 预防动机

预防动机是指企业为了应付紧急情况而保持现金的动机。由于财务管理环境的复杂性和多变性,企业未来现金的需要具有较大的不确定性,再加上有可能出现的自然灾害,都可能导致未来现金的需要产生波动。因此,为了满足未来发生意外事件的现金支付需要,也为了保证企业未来的生产经营活动能够进行下去,企业要在正常现金需要量的基础上,追加一定数额的现金。这种因预防动机而持有的现金余额称为预防性现金余额。

> ☞ 提醒您
>
> 企业为了满足预防动机而持有现金数额的大小取决于以下因素:一是企业对现金短缺所愿意承受的风险程度;二是企业对现金收入预测的可靠程度;三是企业临时举债的能力。

3. 投机动机

投机动机是指企业为了抓住市场中各种稍纵即逝的机会,获得更大的利益而保持现金的动机。如在证券市场发生剧烈动荡时,企业用手头上所拥有的现金低价买入高价卖出有价证券,以取得丰厚的投资收益。再如,在商品市场上以现金购入廉价材料或商品,或适时地买进卖出,以赚取差价等。这种以投资为目的而储备的现金余额称为投机性现金余额。

想一想 企业有没有必要分别为每种动机建立现金余额?为什么?如果不需要,那么企业在确定现金余额时,至少应考虑哪两个动机的需要?

(二)持有现金的相关成本

企业持有现金的成本通常由以下四个部分组成:

1. 机会成本

现金的机会成本是指企业因持有一定现金余额而丧失的再投资收益。再投资收益是企业不能同时用该现金进行有价证券投资所产生的机会成本,是应收账款占用资金的应计利息,它属于变动成本,它与现金持有量的多少密切相关,即现金持有量越大,机会成本越大,反之就越小。

2. 管理成本

现金的管理成本是指企业因持有一定数量的现金发生的管理费用。例如,管理人员工资、安全措施费用等。一般认为这是一种固定成本,这种固定成本在一定范围内和现金持有总成本之间没有明显的比例关系。

3. 转换成本

转换成本是企业用现金购入有价证券以及有价证券变现时付出的交易费用,即现金与有价证券之间相互转换的成本,如委托买卖佣金、委托手续费、证券过户费、实物交割手续费等。严格地讲,转换成本并不都是固定费用,有的具有变动成本性质,如委托买卖佣金或手续费。这些费用通常是按照委托成交金额计算的。在证券总额既定的条件下,无论变现次数怎样变动,所需支付的委托成交金额的费用是固定的。这部分成本与证券变现次数无关,属于决策无关成本。因而,与证券变现次数密切相关的转换成本只包括其中的固定性交易费用。证券转换成本与现金持有量的关系是:现金持有量越少,进行证券变现的次数越多,相应的转换成本越大;反之,需要的转换成本就越小。

转换成本 = 证券变现次数 × 每次交易成本

4. 短缺成本

短缺成本是指因现金持有量不足,而又无法及时通过有价证券变现等方式加以补充而给企业带来的损失。例如,企业由于现金短缺而无法购进原材料,从而使企业生产经营中断而造成的损失。现金的短缺成本与现金持有量呈反方向变动关系,即现金的短缺成本随着现金持有量增加而下降,随着现金持有量减少而上升。

三、现金预算的编制

(一) 现金预算概述

现金预算是在经营预算和专门决策预算的基础上,对企业预算期内现金收支、余额及资金融通等情况进行规划与测算而编制的预算,通常由现金收入、现金支出、现金多余或不足、资金筹集与运用四个部分组成。

"现金收入"部分包括期初现金余额和预算期现金收入,现金收入的主要来源是销货收入。年初的"现金余额"是在编制预算时预计的;"预算期现金收入"的数据来自销售预算;"可动用现金合计"是期初现金余额与本期现金收入之和。

"现金支出"部分包括预算的各项现金支出,编制主要依据是:直接材料预算、直接人工预算、制造费用预算、销售及管理费用预算和应交税金及附加预算等相关数据。

"现金多余或不足"是现金收入合计与现金支出合计的差额。差额为正,说明收入大于支出,现金有多余,可用于偿还借款或用于有价证券投资;差额为负,说明支出大于收入,现金不足,可采取抛售有价证券或向银行借款等措施。

现金收支差额与期末余额均要通过协调资金筹措和运用来调整,应当在保证各项支出所需资金供应的前提下,注意保持期末现金余额在合理的上下限度内波动。因为现金属于非营利性资产,储备过多会造成浪费,储备过少会影响使用,因此,应当使现金余额保持一个合理的量。当现金收支差额为正值(现金结余),在偿还利息和借款本金之后还超过现金余额上限时,就应拿出一部分现金进行有价证券投资;一旦发现还本付息之后的收支差额低于现金余额下限,就应抛出一部分有价证券以弥补现金的不足;当现金收支差额为负值(现金短缺)时,可以采取暂缓还本付息、抛售有价证券或向银行借款等措施,以弥补现金缺口。

（二）现金预算的编制

现金预算通常根据经营现金收入预算、直接材料采购现金支出预算、应交税费预算、直接人工预算、制造费用现金支出预算、销售费用现金支出预算和管理费用现金支出预算等相关数据进行编制。需要熟练掌握以下两个关系式：

某期现金余缺 = 该期可动用现金合计 − 该期现金支出合计

期末现金余额 = 现金余缺 ± 现金的筹集与运用

【例 5-1】 某公司按年分季编制现金预算,财务部门预计公司最佳现金余额为 22 000 元,已经将相关数据汇总,编制现金预算如表 5-1 所示。

表 5-1　2022 年度某公司现金预算　单位:元

项　目	一季度	二季度	三季度	四季度	全　年
期初现金余额	30 000	22 934	22 560	22 840	30 000
加:经营现金收入	452 800	542 800	539 600	552 200	2 087 400
可动用现金合计	4 828 00	565 734	562 160	575 040	2 117 400
减:现金支出					
采购材料	241 674	271 924	238 195	236 680	988 473
支付工资	172 000	146 500	136 250	141 250	596 000
制造费用	33 750	33 750	33 750	33 750	135 000
销售及管理费用	30 000	30 000	30 000	30 000	120 000
购置固定设备	0	0	50 000	0	50 000
支付税费	71 942	20 000	20 000	20 000	131 942
现金支出合计	549 366	502 174	508 195	461 680	2 021 415
收支余缺	(66 566)	63 560	53 965	113 360	95 985
资金筹措及运用:					
向银行借款(期初)	110 000	0	0	0	110 000
偿还借款(期末)	(20 000)	(40 000)	(30 000)	(40 000)	(130 000)
支付利息	(500)	(1 000)	(1 125)	(2 000)	(4 625)
证券投资	0	0	0	(50 000)	(50 000)
融通资金合计	89 500	(41 000)	(31 125)	(92 000)	(74 625)
期末现金余额	22 934	22 560	22 840	21 360	21 360

☞ 提醒您

经营现金收入来自销售预算表;采购材料来自材料采购预算表;支付工资来自直接人工预算表;制造费用来自制造费用预算表;销售及管理费用来自销售及管理费用预算表;购置固定设备、支付税费和融通资金相关数据来自专门决策预算表。现金预算是在经营预算和专门决策预算的基础上编制的,经营预算和专门决策预算由相关部门编制,这里不予阐述。同时,现金预算通常按年分季或季度分月进行编制,编制过程中涉及资金借入的时间通常算作季初或月初,归还借款本息的时间算作季末或月末。

四、最佳现金持有量的确定

为了保证正常的生产经营业务需要,企业必须保持一定的现金存量。现金余额的控制就是确定最佳现金持有量,即在正常情况下保证生产经营活动的最低限度需要的现金和银行存款数额。确定最佳现金持有量的常用模式如下。

(一)成本分析模式

成本分析模式是根据现金有关成本,分析预测总成本最低时现金持有量的一种方法。运用该方法确定最佳现金持有量时,只分析持有一定量的现金所产生的机会成本及短缺成本,且以满足这两种成本之和最低时的现金持有量作为最佳现金持有量,对于转换成本和固定成本则不予考虑。

【例5-2】 某公司现有A、B、C、D四种现金持有方案,有关成本资料如表5-2所示。

表5-2　　　　　　　　　　　现金持有方案表

方案	项目		
	现金持有量/元	机会成本率	短缺成本/元
A	10 000	10%	4 800
B	20 000	10%	2 500
C	30 000	10%	1 000
D	40 000	10%	800

根据表5-2,采用成本分析模式编制该企业最佳现金持有量计算表,如表5-3所示。

表5-3　　　　　　　　　　　最佳现金持有量计算表

方案	项目			
	现金持有量/元	机会成本/元	短缺成本/元	相关总成本/元
A	10 000	1 000	4 800	5 800
B	20 000	2 000	2 500	4 500
C	30 000	3 000	1 000	4 000
D	40 000	4 000	800	4 800

通过以上各方案总成本比较可知,C方案相关总成本最低,即企业平均持有30 000元现金时,各方面的总代价最低,因此30 000元为最佳现金持有量。

该方法相对比较简单,容易理解。但决策是以现有的备选方案为前提,从中选优。若备选方案中漏掉了实际最优方案,则所选的方案就不是最佳的现金持有方案。

(二)周转期模式

周转期模式是从现金周转的角度,根据现金需求量和周转速度来确定最佳现金持有量的方法。现金周转速度取决于现金周转期,而现金周转期包括以下三个方面的内容:

(1)存货周转期,即将原材料转化成产品并最终出售所需要的时间;
(2)应收账款周转期,即从形成应收账款到收回现金所需要的时间;
(3)应付账款周转期,即从赊购材料开始到现金付款所需要的时间。

上述三个方面内容与现金周转期的关系如图 5-1 所示。

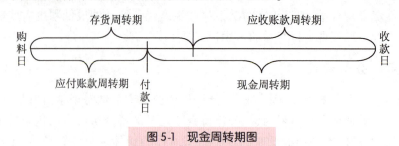

图 5-1 现金周转期图

从图 5-1 可以看出:

现金周转期 = 存货周转期 + 应收账款周转期 − 应付账款周转期

因此,现金周转率 = 360/现金周转期。

在计算确定现金周转期及周转率后,就可以确定最佳现金持有量:

最佳现金持有量 = 预计全年现金需求量/现金周转率

【例 5-3】 某公司预计全年现金需求量为 60 万元,预计存货周转期 70 天,应收账款周转期 30 天,应付账款周转期 40 天,请计算该企业的最佳现金持有量。

现金周转期 = 70 + 30 − 40 = 60(天)

现金周转率 = 360 ÷ 60 = 6(次)

最佳现金持有量 = 60 ÷ 6 = 10(万元)

该方法计算简便,通俗易懂。但它是以材料采购与产品销售所产生的现金流量在数量上大体一致、企业的生产经营过程在一年内平稳进行为前提的,如果这种假设不能成立,计算出来的最佳现金持有量将会出现偏差。

(三)存货模式

存货模式是指将存货经济订货批量模型原理用于确定最佳现金持有量。在存货模式中,只考虑现金的机会成本和转换成本,而不考虑现金的管理费用和短缺成本。机会成本和转换成本随着现金持有量的变动而呈现出相反的变动趋势,即现金持有量大,则现金的机会成本高,转换成本低;反之,现金持有量小,则现金机会成本低,转换成本高。最佳现金持有量就是使现金的机会成本与转换成本之和最低的现金持有量,用公式表示如下:

$$TC = (Q/2) \times K + (T/Q) \times F$$

式中,TC 为现金总成本;F 为现金与有价证券每次的转换成本;T 为特定时期内现金需求总量;Q 为最佳现金持有量;K 为有价证券利息率。

> ☞ 提醒您
>
> 成本分析模式考虑现金的机会成本及短缺成本,而存货模式考虑现金的机会成本和转换成本。这两种方法的机会成本的计算公式是不同的。

存货模式下,现金管理相关总成本与持有机会成本、转换成本的关系如图 5-2 所示。

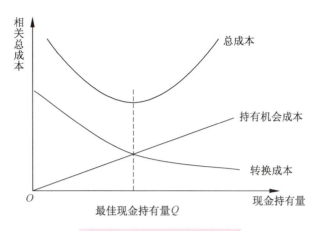

图 5-2　存货模式示意图

从图 5-2 可以看出:

$$Q = \sqrt{\frac{2TF}{K}}$$

将最佳现金持有量代入总成本计算公式得:

$$TC = \sqrt{2TFK}$$

☞ **请注意**

公式中的 T 和 K 时间口径应一致,T 和 F 计量单位一致。

运用存货模式时,要求具备一定的前提条件:企业一定期间内现金的收入与支出均匀、稳定、可预测;证券的利率或报酬率以及每次交易成本可知;现金的支出过程比较稳定、波动较小,且每当现金余额降至零时,均可以通过部分证券变现得以补足。

【例 5-4】 某企业现金收支状况比较稳定,预计全年(按 360 天计算)现金需要量为 7 万元,现金与有价证券的转换成本为每次 140 元,有价证券年利率 10%,则:

最佳现金持有量$(Q) = \sqrt{\dfrac{2 \times 70\,000 \times 140}{10\%}} = 14\,000(元)$

相关总成本$(TC) = \sqrt{2 \times 70\,000 \times 140 \times 10\%} = 1\,400(元)$

五、现金的日常管理

企业应遵循现金的使用范围、库存现金限额和有关结算制度等规定,确定最佳现金持有量,科学合理地对现金流进行管理,有效提高资金使用效率,提升企业经营效果,降低企业财务风险。为此,需要重点做好以下几个方面的工作。

(一)力争现金流入量与流出量同步

当企业的现金流入与现金流出发生的时间趋于一致时,可以降低交易性现金持有量。

（二）加速收款

企业既要利用应收账款赊销吸引顾客，又应缩短回款时间，须在两者之间找到恰当的平衡点。

（三）延缓现金的支出时间

（1）合理利用现金浮游量。企业从开出支票，收票人收到支票并存入银行，至银行将款项划出企业账户，会有一段时间，现金在这段时间的占用称为现金浮游量。为此，企业在使用现金浮游量时，必须控制好使用的时间，严防出现银行存款透支的情况。

（2）推迟支付应付款。

（3）采用汇票付款。

（四）闲置现金的投资管理

对于企业闲置现金，既要提高资产的收益性，又要保持资产的流动性，做好现金收益性与流动性的平衡。

模块三　学会应收账款管理

学习目标

1. 认知应收账款管理的相关成本。
2. 掌握应收账款机会成本的计算。
3. 掌握企业信用政策的制定方法。
4. 树立积极保障企业应收账款安全、完整的责任意识。

学习重点

1. 应收账款相关成本的计算。
2. 应收账款信用政策的制定。

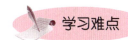
学习难点

应收账款信用政策的制定。

案例导入

某公司预计2023年度赊销收入为1 000万元,信用条件为N/30,变动成本率为60%,资金成本率为6%。该公司为扩大销售,拟订了A、B两个信用条件方案。

A方案:将信用条件放宽到N/60,预计坏账损失率为3%,收账费用10万元。

B方案:将信用条件改为2/10,1/20,N/30,估计约有85%的客户(按赊销额计算)会利用2%的现金折扣,10%的客户会利用1%的现金折扣,坏账损失率为2%,收账费用15万元。

以上两个方案均使销售收入增长10%。

请思考:企业应该选择何种方案?

一、应收账款的功能

应收账款指企业因销售商品、材料、提供劳务等,应向购货单位收取的款项,其功能是指在生产经营中所起的作用,主要表现在以下两个方面。

(一)增加销售量,扩大市场占有率

企业销售产品可以采取两种基本方式,即现销和赊销方式。在激烈的市场竞争条件下,商品与劳务的赊销,在强化企业竞争能力、吸引顾客、扩大销售和获取更大的收益等方面有着其他任何结算方式都无法比拟的优势,特别是在银根紧缩、市场疲软、资金匮乏的情况下,赊销的促进作用就特别明显。企业为了扩大市场占有率或开拓市场的需要,一般都采取优惠的信用条件进行销售,以增强市场竞争能力。

(二)减少存货

赊销可以加速产品销售的实现,加快产成品向销售收入的转化速度,降低企业持有产成品存货,并可降低仓储费和管理费等支出。因此,当企业存货较多时,一般都可采用较为优惠的信用条件进行赊销,把存货转化为应收账款,节约各种存货费用。

在市场经济条件下,企业间相互提供商业信用是一种普遍现象,因此,对应收账款进行管理就成为企业流动资产管理的重要组成部分。

二、应收账款的成本

采用赊销方式销售,将会使企业应收账款的数额大量增加,现金回收时间延长,甚至面临收不回应收账款的风险。因而,企业持有应收账款将会付出一定的代价,主要包括机会成本、管理成本、坏账成本。

(一) 机会成本

应收账款的机会成本是指资金投放在应收账款上而不能用于其他投资,从而使企业丧失获得其他投资收益的机会,这种成本的大小通常与维持赊销业务所需资金量、资金成本率有关。其计算公式为:

应收账款机会成本 = 维持赊销业务所需资金量 × 资金成本率

维持赊销业务所需资金量 = 应收账款平均余额 × 变动成本率

应收账款平均余额 = (年赊销额/360) × 平均收账天数

= 平均每日赊销额 × 平均收账天数

【例 5-5】 某企业年度赊销额预计为 3 000 000 元,应收账款平均收账天数为 60 天,变动成本率为 70%,资金成本率为 12%。问:该企业应收账款机会成本为多少?

解答:应收账款平均余额 = (3 000 000/360) × 60 = 500 000(元)

维持赊销业务所需资金量 = 500 000 × 70% = 350 000(元)

应收账款机会成本 = 350 000 × 12% = 42 000(元)

一般情况下,资金成本率不变,所以应收账款机会成本很大程度上取决于维持赊销业务所需资金量,而维持赊销业务所需资金量在变动成本率无法改变的情况下取决于平均收账天数。平均收账天数越少,一定数量资金维持的赊销额就越大;反之,平均收账天数越多,一定数量资金维持的赊销额就越少。

(二) 管理成本

应收账款的管理成本是指对应收账款日常管理而发生的一切耗费。它主要包括:对客户的资信调查费用、搜集各种信息的费用、催收账款的费用、账簿的记录费用及其他费用。

(三) 坏账成本

应收账款的坏账成本是指企业因故不能如数收回应收账款而给企业带来的损失。该项成本一般与应收账款的数量成正比,即应收账款数额越大,坏账成本就越大。为了减少坏账给企业生产经营活动的稳定性带来的不利影响,按规定企业应当以应收账款余额的一定百分比提取坏账准备。坏账的发生对企业总是不利的,应尽量防范。所以,减少坏账的发生是企业制定信用政策时应考虑的重要因素。

三、应收账款的信用政策

信用政策是指企业基于对客户资信情况的认定而给予客户赊销方面的优惠。应收账款赊销效果的好坏,依赖于企业的信用政策,而制定合理的信用政策是企业应收账款管理的重点,信用政策的内容主要包括信用标准、信用条件和收账政策。

(一) 信用标准

信用标准是指客户获得企业商业信用所具备的最低条件,代表公司愿意承担的最大付款风险的金额。如果客户未达到信用标准,则不能享受企业提供的商业信用,或只能享受较低的信用优惠。如果公司执行的信用标准过于严格,可能会降低对符合信用风险标准客户的赊销额,因此会限制公司的销售机会。如果公司执行的信用标准过于宽松,可能会对不符合可接受信用风险标准的客户提供赊销,因此会增加随后还款的风险并增加坏账费用。

企业在设定某一客户的信用标准时,往往先评价其赖账的可能性,最常见的评价方法是"5C"系统,它代表了信用风险的判断因素。

(1) 品质(Character):是评价客户信用的首要因素,是客户履行偿还债务的态度。这主要通过了解客户以往的付款履约记录进行评价。

(2) 能力(Capacity):是客户偿还债务的能力。它主要取决于客户的资产,特别是流动资产的数量、质量及其与流动负债的比率关系。

(3) 资本(Capital):是客户的财务实力和财务状况,表明客户可能偿还债务的背景,是客户偿付债务的最终保证。

(4) 担保(Collateral):是客户提供作为授信安全保证的资产。当企业对客户的底细未了解清楚时,客户提供的担保越充足,信用安全保障就越大。

(5) 条件(Condition):是指可能影响客户偿债能力的各种经济环境,它反映了客户偿债的应变能力。

在确定客户信用等级和对客户进行信用评价的基础上,为每一个客户建立一个信用档案,详细记录其有关资料。企业通常应事先决定档案的有关内容,以便信用控制人员的资料搜集是完整的而不是随机的。

想一想 企业在确定赊销时,结合已学的财务会计知识,你认为要注意哪些方面?

(二) 信用条件

企业在给予客户商业信用时,需要考虑具体的信用条件。信用条件是指企业要求客户支付赊销款的条件,包括信用期限、现金折扣和折扣期限等。

1. 信用期限

信用期限是企业为顾客规定的最长付款时间,即允许客户从购货到支付货款的时间间隔。企业产品销量与信用期限之间存在一定的依存关系,通常,延长信用期可以在一定程度上扩大销量,但是不当地延长信用期,会增大发生坏账损失和增加收账费用的可能性。因此,如何确定信用期限应视延长信用期限增加的收益与增加的成本比较而定,从理论上讲,只要延长信用期限增加的收入大于相应的成本增加,就可以延长信用期。

【例5-6】 某公司采用赊销方式销售甲产品,原信用条件是N/30,变动成本率60%,资金成本(或有价证券利息率)为10%。为了增加销量,公司拟将信用条件放宽到N/60,信用条件改变前后相关数据如表5-4所示。问:该公司是否应改变信用条件?

表 5-4　　　　　　　　　　　　　信用条件备选方案表　　　　　　　　　　　　单位：元

项　目	信用期	
	N/30	N/60
年赊销额	480 000	600 000
应收账款平均收账天数	30	60
应收账款平均余额	40 000	100 000
维持赊销业务所需资金	24 000	60 000
预计坏账损失	5 000	7 000
预计收账费用	5 000	8 000

解答：根据以上资料，计算相应指标，如表 5-5 所示。

表 5-5　　　　　　　　　　　　　信用条件分析评价表　　　　　　　　　　　　单位：元

项　目	信用期	
	N/30	N/60
年赊销额	480 000	600 000
变动成本	288 000	360 000
信用成本前收益	192 000	240 000
应收账款机会成本	2 400	6 000
坏账损失	5 000	7 000
收账费用	5 000	8 000
信用成本后收益	179 600	219 000

根据表 5-5 可知，改变信用条件后，收益的增加大于成本增加，所以可以将信用条件放宽到 N/60，即采用 60 天的信用期。

想一想　如果将信用期放宽到 90 天，表中的哪些项目会变化？

众信公司的
商业信用决策

2. 现金折扣政策

企业为了减少应收账款上的资金占用，加速资金收回，往往在延长信用期的同时，采用一定的优惠政策。现金折扣政策就是为敦促顾客尽早付清货款而提供的一种价格优惠，即在规定的时间内提前偿付货款的客户可按一定比例享受折扣。现金折扣是在顾客提前付款时给予的优惠，折扣期限是为顾客规定的可享受现金折扣的付款时间。例如，A 公司制定的信用条件为(2/10，N/30)，其含义为：在 10 天之内付款可享受 2% 的现金折扣，如果放弃折扣优惠，则全部款项必须在 30 天内付清。在此，30 天为信用期限，10 天为折扣期限，2% 为现金折扣率。

【例 5-7】 承【例 5-6】，假设公司在放宽信用期的同时，为鼓励客户尽早付款，提出了"2/30，N/60"的现金折扣条件，估计将有 60% 的客户会利用现金折扣，坏账损失降为 4 000 元，收账费用为 5 000 元。问：该公司在延长信用期的同时提供现金折扣的决策是否正确？

解答：根据上述资料，有关指标计算如下：

应收账款平均收账天数 = $30 \times 60\% + 60 \times 40\% = 42$(天)

应收账款平均余额 = $600\,000 \div 360 \times 42 = 70\,000$(元)

维持赊销业务所需资金 = $70\,000 \times 60\% = 42\,000$(元)

应收账款机会成本 = 42 000 × 10% = 4 200(元)

根据以上资料,编制表5-6。

表5-6　　　　　　　　　　　信用条件分析评价表　　　　　　　　　单位:元

项 目	信用期	
	N/60	2/30,N/60
年赊销额	600 000	600 000
变动成本	360 000	360 000
信用成本前收益	240 000	240 000
应收账款机会成本	6 000	4 200
坏账损失	7 000	4 000
收账费用	8 000	5 000
现金折扣	0	7 200
信用成本后收益	219 000	219 600

计算结果表明,实行现金折扣后,收益的增加大于成本增加,所以可以采取"2/30,N/60"的现金折扣政策。

练一练　为鼓励客户尽早付款,提出了"1/40,N/60"的现金折扣条件,估计将有80%的客户会利用现金折扣,坏账损失降为5 000元,收账费用为6 000元。该公司如何决策?

(三) 收账政策

应收账款发生后,企业应采取各种措施,尽量争取按期收回款项,否则会因拖欠时间过长而发生坏账,使企业蒙受损失。收账政策是指企业针对客户违反信用条件,拖欠甚至拒付账款所采取的收账策略与措施。可以从以下两个方面加强收账管理:

(1) 实行全面监督。通过账龄分析、平均收账期分析、收现率分析等判断客户是否存在账款拖欠问题,从而估计潜在的风险损失,正确地估量应收账款价格,以便及时发现问题,提前采取对策。

(2) 确定合理的收账程序。这是要促使客户愿意偿还货款和对客户施加适当压力。对逾期较短的客户,不便过多地打扰,以电话或信函通知即可,以免失去这一客户;对尚未到期的客户,可措辞婉转地写信催收;对逾期较长的客户,应频繁地进行催收;对故意不还或上述方法无效的客户,则应提请有关部门仲裁或诉诸法律。

从理论上讲,履约付款是客户不容置疑的责任与义务,债权企业有权通过法律途径要求客户履约付款。但是如果企业对所有客户拖欠或者拒付账款的行为均付诸法律解决,往往不是最有效的办法,因为企业解决与客户账款纠纷的目的,主要在于怎样最有成效地将账款收回。基于这种考虑,企业如果能够同客户商量折中的方案,也许能够将大部分账款收回。

制定收账政策要在增加收账费用与减少坏账损失、减少应收账款机会成本之间进行权衡,若前者小于后者,说明制定的收账政策是可行的。

想一想　企业制定收账政策应考虑哪些因素?

四、应收账款日常管理

在市场经济条件下,企业存在应收账款是很正常的,而且有些企业的应收账款余额很大,这其中就有可能蕴含着巨大风险。因此,企业必须加强应收账款的日常管理,采取有力的措施进行分析、控制,以便及时发现问题,提前采取对策。这些措施主要有应收账款追踪分析、应收账款账龄分析等。

(一)应收账款追踪分析

应收账款一旦发生,企业就必须考虑如何按期足额收回的问题。要达到这一目的,企业在应收账款发生之前,必须了解客户的信用品质和财务状况,即使在发生后,仍然有必要进行追踪分析。因为客户的这两个因素是可能随时变化的。应收账款发生之前或刚发生时,客户的品质和财务状况都表现很好,但随着市场的变化,客户可能发生产品滞销、资金链断裂,或高层人员变化等问题,从而影响客户的现金支付能力。当发现客户的信用品质或财务状况发生变化时,企业应采取果断的措施,尽快收回应收账款,哪怕是暂时收回一部分,并且应该对客户的信用记录进行相应的调整。

(二)应收账款账龄分析

应收账款账龄分析是指对各类不同账龄的应收账款余额占应收账款总额的百分比情况的分析,又叫作应收账款账龄结构分析。通过这一分析,企业可以了解到如下情况:首先有多少客户尚在信用期限内;其次有多少客户已经超过信用期而尚未付款;最后估算有多少应收账款拖欠时间太久而有可能成为坏账,以便企业加强应收账款的管理。某企业的应收账款账龄结构如表 5-7 所示。

表 5-7　　　　　　　　　　应收账款账龄结构表

应收账款账龄	账龄账户数量/个	金额/万元	比重/%
信用期内	50	580	58
逾期 3 个月内	30	150	15
逾期 6 个月内	12	130	13
逾期 9 个月内	7	70	7
逾期 1 年内	5	45	4.5
逾期 1 年以上	3	25	2.5
应收账款总计	—	1 000	100

通过表 5-7 可以看出,该企业应收账款余额中,有 580 万元尚在信用期限内,占全部应收账款的 58%,逾期数额 420 万元,占全部应收账款的 42%。其中,逾期 9 个月以上的应收账款余额为 70 万元,占全部应收账款的 7%,此时企业应当分析这些拖欠账款的是哪些客户,发生拖欠的原因是什么。对不同原因拖欠的客户应采取不同的收账方法,制定经济可行的收账政策、收账方案;对有可能发生的坏账损失,需要提前准备,充分估计这一因素对

企业的影响。当然,对尚未逾期的应收账款也不能放松管理与监督,以防发生新的拖欠。

以上所述应收账款管理的两个方法,在实际管理工作中,既能单独运用也可将两者结合起来,对应收账款进行分析和监控,以便及时发现应收账款的变化,采取相应的措施应对。

议一议

1. 企业应收账款的存在,会发生哪些成本?
2. 计算应收账款机会成本时,为何应考虑变动成本?
3. 企业制定应收账款的信用政策时应考虑什么因素?
4. 企业进行应收账款日常管理时应考虑哪些因素?

模块四 学会存货管理

学习目标

1. 认知存货功能和成本构成。
2. 掌握存货经济批量的确定。
3. 确定存货的订货点。
4. 掌握存货储存期的计算方法。
5. 培养存货日常管理中的企业财产保全意识、成本节约意识和增效意识。

学习重点

1. 存货成本的计算。
2. 经济批量的计算。
3. 订货点的确定。

学习难点

1. 经济订货批量。
2. 存货储存期的控制。

案例导入

目前每吨钢材的标准价格为 5 000 元,钢材销售企业规定:客户每次订货量不足 5 000 吨,售价按标准价格计算;客户每次订货量在 5 000 吨以上 10 000 吨以下的,售价按标准价格优惠 5%;客户每次订货量 10 000 吨以上的,售价按标准价格优惠 8%。甲是一家汽车制造企业,全年需要钢材 720 000 吨,而每次订货的变动成本为 1 000 元,每吨钢材的年储存成本为 360 元。

请思考:该汽车制造企业每次订购钢材的数量应为多少才是最经济的?

一、存货的功能

存货是指企业在生产经营过程中为销售或耗用而储备的物资。存货在企业的流动资产中占据很大比重,但它又是一种变现能力较差的流动资产项目。对存货的管理重点是在各种存货成本与存货效益之间做出权衡,在充分发挥存货功能的基础上,降低存货成本,实现两者的最佳结合。存货的功能是指存货在企业生产经营过程中起到的作用。具体包括以下几个方面。

(一)保证生产正常进行

生产过程中需要的原材料和在产品,是生产的物质保证,为保证生产的正常进行,必须储备一定量的原材料,否则可能会造成生产中断、停工待料现象。

(二)有利于销售

一定量的存货储备能够增强企业在生产和销售方面的机动性和适应市场变化的能力。当企业市场需求量增加时,若产品储备不足就有可能失去销售良机,所以保持一定量的存货是有利于市场销售的。

(三)便于维持均衡生产,降低产品成本

有些企业产品属于季节性产品或者需求波动较大的产品,此时若根据需求状况组织生产,则可能有时生产能力得不到充分利用,有时又超负荷生产,这样会造成产品成本的上升。

(四)降低存货取得成本

一般情况下,当企业进行采购时,进货总成本与采购物资的单价和采购次数有密切的关系。而许多供货商为了鼓励客户多买其产品,往往在客户采购量达到一定数量时,给予价格折扣,所以企业通过大批量集中进货,既可以享受价格折扣,降低购置成本,也可因减少订货次数,降低了订货成本,使总的进货成本降低。

（五）防止意外事件的发生

企业在采购、运输、生产和销售过程中，都可能发生意料之外的事故，保持必要的存货保险储备，可以避免和减少意外事件的损失。

二、存货的成本

（一）取得成本

取得成本是指为取得某种存货而支出的成本，通常用 TC_a 表示。其又分为订货成本和购置成本。

1. 订货成本

订货成本是指为组织采购存货而发生的费用，如办公费、差旅费、邮费、电报电话费、运输费等支出。订货成本中有一部分与订货次数无关，如常设采购机构的基本开支，称为订货的固定成本，用 F_1 表示；另一部分与订货次数有关，如差旅费、邮电费等，称为订货的变动成本。每次订货的变动成本用 K 表示。订货次数等于存货年需要量 D 与每次进货量 Q 之商。订货成本的计算公式为：

$$订货成本 = F_1 + \frac{D}{Q} \times K$$

2. 购置成本

购置成本是指存货本身的价值，即存货的买价，它是存货单价与数量的乘积。在无商业折扣的情况下，购置成本是不随采购次数变动而变动的，是存货决策的一项无关成本。年需要量用 D 表示，单价用 U 表示，于是购置成本为 DU。

订货成本加上购置成本，就等于存货的取得成本。其公式可表达为：

$$取得成本 = 订货成本 + 购置成本$$
$$= 订货固定成本 + 订货变动成本 + 购置成本$$
$$TC_a = F_1 + \frac{D}{Q} \times K + DU$$

> ☞ 请注意
>
> 这里的购置成本是指年需要量下的购置成本，而不是批量下的单次购置成本。

（二）储存成本

储存成本是指存货在储存过程中发生的支出，包括存货占用资金所应计的利息、仓库费用、保险费用、存货破损和变质费用等，通常用 TC_c 表示。

储存成本也分为固定成本和变动成本。固定成本与存货数量的多少无关，如仓库折旧费、仓库员工的固定工资等，这类成本与决策无关，常用 F_2 表示。变动成本与存货的数量有关，如存货资金的应计利息、存货的破损和变质损失、存货保险费等，单位储存变动成本用

K_C 表示。用公式表达的储存成本为：

储存成本 = 储存固定成本 + 储存变动成本

$$TC_C = F_2 + K_C \times \frac{Q}{2}$$

（三）缺货成本

缺货成本是指由于存货不足而造成的损失，如材料供应中断造成的停工损失；产成品库存短缺造成的延迟发货的信誉损失及丧失销售机会损失；材料缺货而采用替代材料的额外支出。缺货成本中有些是机会成本，只能做大致的估算。当企业允许缺货时，缺货成本随平均存货的减少而增加，它是存货决策中的相关成本。缺货成本用 TC_S 表示。

如果以 TC 来表示储备存货的总成本，那么它的计算公式为：

储备存货的总成本 = 取得成本 + 储存成本 + 缺货成本

$$TC = TC_a + TC_C + TC_S = F_1 + \frac{D}{Q} \times K + DU + F_2 + K_C \times \frac{Q}{2} + TC_S$$

企业存货量的最优化，就是使企业存货总成本即上式 TC 值最小。

想一想 结合所学知识，你认为存货成本包括哪些内容？

三、存货经济批量决策

所谓经济批量是指企业全年存货总成本最低的每次采购数量。

（一）经济进货批量的基本模型

为了将问题简化，在进行经济批量决策时，常常做如下假设：（1）企业一定时期的进货总量可以较为准确地预测；（2）存货的流转比较均衡；（3）存货的价格稳定，且不考虑商业折扣；（4）进货日期完全由企业自行决定，并且采购不需要时间；（5）仓储条件及所需现金不受限制；（6）不允许出现缺货；（7）所需存货市场供应充足，并能集中到货。

在满足以上假设的前提下，存货的买价和短缺成本都不是决策的相关成本，此时经济批量考虑的仅仅是订货的变动成本与储存的变动成本之和最低。

年储存成本、年订货成本与年总成本的关系如图 5-3 所示，在年储存成本与年订货成本相等时总成本最低。对应的采购数量 Q 即为经济采购数量，简称经济批量。

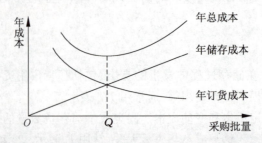

图 5-3 年储存成本、年订货成本与年总成本的关系

年总成本 = 年订货成本 + 年储存成本

$$TC = \frac{D}{Q} \times K + K_C \times \frac{Q}{2}$$

式中,TC 为每期存货的总成本;Q 为每次订货批量;D 为存货的全年需要量;K 为存货的每批订货成本;K_C 为每单位存货的年储存成本。

从图 5-3 中可以看出,存货年总成本最低时,年储存成本与年订货成本相等,即

$$\frac{D}{Q} \times K = K_C \times \frac{Q}{2}$$

由此得出:经济采购批量 $Q = \sqrt{\dfrac{2DK}{K_C}}$。

$$\text{存货的总成本 } TC = \sqrt{2KDK_C}$$

$$\text{采购的次数 } n = \frac{D}{Q}$$

【例 5-8】 某企业全年需要 A 材料 720 000 千克,每次订货的成本为 400 元,单位储存成本为 4 元,则该企业 A 材料的经济采购批量是多少?经济批量变动的总成本是多少?一年采购多少次?

解答:(1) 经济采购批量 $Q = \sqrt{\dfrac{2DK}{K_C}} = \sqrt{\dfrac{2 \times 720\ 000 \times 400}{4}} = 12\ 000$(千克)。

(2) 存货的总成本 $TC = \sqrt{2KDK_C} = \sqrt{2 \times 720\ 000 \times 400 \times 4} = 48\ 000$(元)。

(3) 采购的次数 $n = \dfrac{D}{Q} = \dfrac{720\ 000}{12\ 000} = 60$(次)。

以上经济批量决策是在许多假设的前提下做出的,通常称为基本经济批量决策。但是在实践中,常常不能满足以上全部假设条件,从而需要对上述决策方法进行修正,下面考虑放宽部分假设条件情况下的经济批量问题。

练一练 某企业全年需要 A 材料 600 000 千克,每次订货的成本为 60 元,单位储存成本为 9 元,则该企业 A 材料的经济采购批量是多少?经济批量变动的总成本是多少?一年采购多少次?

(二)存在商业折扣情况下的经济批量模式

在市场经济条件下,为了鼓励客户购买更多的商品,销售企业通常会给予不同程度的价格优惠,即实行商业折扣或称价格折扣。购买得越多,所获得的价格优惠越大。此时,进货企业对经济批量的确定,除了考虑进货费用和储存成本外,还必须考虑采购数量对采购价格的影响。这时的经济批量决策程序是:

(1) 确定无数量折扣情况下的基本经济批量及其总成本。

(2) 考虑享受商业折扣情况下的最低批量的采购成本,最后比较这两种情况下的总成本并选择较低的采购方案。

【例 5-9】 假设在【例 5-8】中一次订购 A 材料超过 20 000 千克,则可以获得 2% 的商业折扣,A 材料的采购单价为 10 元/千克,此时应如何做出采购决策?

解答:(1) 按经济批量采购时的总成本:

总成本(一次采购 12 000 千克) = 年需要量×单价 + 经济批量的存货变动总成本
$$= 720\ 000 \times 10 + 48\ 000 = 7\ 248\ 000(元)$$

(2) 按享受商业折扣的最低批量：

总成本(一次采购 20 000 千克) = 年需要量×单价 + 年订货成本 + 年储存成本
$$= 720\ 000 \times 10 \times (1 - 2\%) + \frac{720\ 000}{20\ 000} \times 400 + 4 \times \frac{20\ 000}{2}$$
$$= 7\ 056\ 000 + 14\ 400 + 40\ 000 = 7\ 110\ 400(元)$$

经比较可知，享受折扣后的总成本低于经济批量的总成本，所以应享受商业折扣，即一次应采购 20 000 千克，这样可以节约 137 600 元的采购总成本。

(三) 订货点的确定

一般情况下，企业的存货不可能做到随时领用随时补充，因此，不能等到存货全部用光时才去采购，而需要在没有用完时就提出订货，即所谓的提前订货。在提前订货的情况下，企业再次发出订货单订货时，尚存的存货数量称为订货点(又称再订货点)。其计算公式如下：

$$订货点 = 保险储备 + 预计交货期内的需求$$
$$预计交货期内的需求 = 平均每日耗用量 \times 订货的提前期$$

保险储备量是为了防止发出订货单后，每日存货耗用量增大或供货单位延期造成缺货而储备的存货的数量，这种储备在正常情况下是不动用的。

存货保险储备的计算公式为：

$$保险储备量 = 平均每日耗用量 \times 保险储备天数$$

保险储备天数一般凭经验或报告期的供货平均延误期的天数来确定。

订货点公式中的订货提前期是指从提出订货到货物运抵企业并入库所需要的时间。

【例 5-10】 假定企业经济采购批量为 8 000 千克，一年订货 30 次，假设订货提前期为 3 天，保险储备天数为 3 天，每月平均耗用量为 20 000 千克。则：

保险储备量 = 20 000 ÷ 30 × 3 = 2 000(千克)

订货点 = 2 000 + 20 000 ÷ 30 × 3 = 4 000(千克)

订货点时最高库存量 = 2 000 + 4 000 = 6 000(千克)

订货点和库存材料量变动情况如图 5-4 所示。

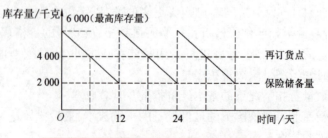

图 5-4 订货点和库存材料量变动情况

> **请注意**
> 这里的最高库存量不是仓库实际的最高库存量,而是发出订单时仓库里实际库存量。

订货点对企业的经济订货量无任何影响,它使企业订货更接近实际,要求企业在存货达到再订货点时,就要发出订单,不能等到存货用完后再去订货,从而避免因缺货造成生产中断。

> **提醒您**
> 在经济批量已知的情况下,确定订货点为什么还要考虑保险储备量呢?这是因为上述经济批量的确定,是假设企业存货每日耗用量不变,而且各项存货从订货到到货的间隔期均已确定为条件的,但是实际上它们往往都会发生变化。因此,企业存货必须有一定的保险储备,以防止因供应延误、存货短缺而造成损失。

四、存货的控制

(一)存货储存期控制法

为了加快存货的流转,企业应尽量缩短存货的储存期,尤其是应该缩短产品或商品的储存期。这是因为,储存存货会占用资金和增加仓储管理费,而且在市场变化很快的情况下,储存期过长有可能导致企业的产品或商品滞销而给企业带来巨大的损失。因此,尽力缩短存货储存期,加速存货周转,是提高企业经济效益、降低企业经营风险的重要手段。

企业储存存货而发生的费用,按其与储存时间的关系可以分为固定储存费用与变动储存费用两类。前者与存货储存期的长短无直接关系,后者则与存货储存期的长短有密切关系,如存货资金占用费、存货储存管理费等。它们与利润存在以下关系:

$$利润 = 毛利 - 税金及附加 - 固定储存费 - 变动储存费$$
$$= 毛利 - 税金及附加 - 固定储存费 - 每日变动储存费 \times 储存期$$

$$每日变动储存费 = 进价 \times 数量 \times \left(\frac{年利率}{360} + \frac{月保管费率}{30}\right)$$

由上式可得:

$$存货的保本储存期 = \frac{毛利 - 税金及附加 - 固定储存费}{每日变动储存费}$$

$$存货的保利储存期 = \frac{毛利 - 税金及附加 - 固定储存费 - 目标利润}{每日变动储存费}$$

$$获利或亏损额 = 每日变动储存费用 \times (保本储存天数 - 实际储存天数)$$

当保本储存天数大于实际储存天数时为获利,反之为亏损。

对存货储存期进行管理,可以及时为经营决策者提供存货的储存状态信息,以便决策者对不同的存货采取相应的措施。一般来说,凡是已过保本期的产品或商品大多属于积压滞销的存货,企业应采取降价促销的办法,尽快将其推销出去;对超过保利期但未超过保本期的存货,应当分析原因,找出对策,力争在保本期内将其销售出去;对于尚未超过保利期的存货,企业应当密切监督,防止发生过期损失。企业每隔一段时间应对各类产品的销售状况做出总结,调整企业未来的产品结构,提高存货的周转速度和投资效益。

【例 5-11】 某流通企业购进甲商品 500 件,单位进价(不含增值税)为 500 元,单位售价为 550 元(不含增值税),经销该批商品的固定储存费用为 5 000 元,若货款均来自银行贷款,年利率为 9%,该批存货的月保管费用率为 0.3%,税金及附加为 2 500 元。要求:

(1) 计算该批存货的保本储存期。
(2) 若企业要求获得 3.5% 的投资利润率,计算保利期。
(3) 若该批存货实际储存了 150 天,问能否实现 3.5% 的目标投资利润率?如不能实现,差额是多少?
(4) 若该批存货亏损了 875 元,则实际储存了多少天?(一年按 360 天、一个月按 30 天计算)

解答:存货的保本储存天数 $= \dfrac{(550-500) \times 500 - 5\,000 - 2\,500}{500 \times 500 \times (9\%/360 + 0.3\%/30)} = 200$(天)

存货的保利储存天数 $= \dfrac{(550-500) \times 500 - 5\,000 - 2\,500 - 500 \times 500 \times 3.5\%}{500 \times 500 \times (9\%/360 + 0.3\%/30)}$

$= 100$(天)

每日变动储存费 $= 500 \times 500 \times \left(\dfrac{9\%}{360} + \dfrac{0.30\%}{30}\right) = 87.5$(元)

储存 150 天的实际利润额 $= 87.5 \times (200 - 150) = 4\,375$(元)

实际利润 4 375 元小于目标利润 $= 8\,750(500 \times 500 \times 3.5\%)$ 元,因而未达到 3.5% 的目标利润率。

亏损 875 元的实际储存天数 $= 200 - \dfrac{-875}{87.5} = 210$(天)

练一练 某商业企业批进批出一批商品共 1 000 件,该批商品单位进价为 18 元(不含增值税),单位售价为 25 元(不含增值税),经销该批商品的固定储存费用为 1 200 元。该批商品的进货款来自银行贷款,年利率为 7.2%,商品的月保管费用率为 3.6%,税金及附加为 760 元。要求:

(1) 计算该批商品的保本储存期。
(2) 若该企业要求获得 12% 的投资利润率,计算保利期。
(3) 若该批商品实际储存了 100 天,问能否实现 12% 的目标投资利润率?
(4) 若该企业商品亏损了 1 008 元,则实际储存了多少天?

(二) 存货 ABC 控制法

19 世纪意大利经济学家巴雷特首创了 ABC 控制法。一般来说,企业的存货品种繁多,数量巨大,尤其是大中型生产企业的存货更是成千上万,如何对这些存货加强管理是财务管理工作的重要课题。

存货 ABC 控制法的要点是把企业的存货按照一定的标准划分为 A、B、C 三类,然后根据重要性分别采取不同的方法进行管理。存货分类的标准主要有两个:一是金额标准;二是品种数量标准。其中,最基本的标准是金额标准,品种数量标准只是作为参考。

一般来说,存货的划分标准大体如下:

A 类存货金额占整个存货金额的 60%~80%,品种数量占整个存货品种数量的 5%~20%;

B 类存货金额占整个存货金额的 15%~20%,品种数量占整个存货品种数量的 15%~30%;

C 类存货金额占整个存货金额的 5%~15%,品种数量占整个存货品种数量的 60%~70%。

存货 ABC 控制法的步骤如下:① 计算每一种存货在一定时期内的资金占用额;② 计算每一种存货资金占用额占全部资金占用额的百分比,并按大小顺序排列,编成表格;③ 根据事先确定的标准,将存货分成 A、B、C 三类,如图 5-5 所示。

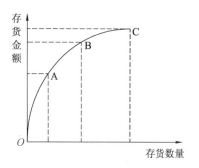

图 5-5　存货 ABC 控制法

将存货划分为 A、B、C 三类后,再采取不同的管理方法。A 类存货应进行重点管理,经常检查这类存货的库存情况,严格控制该类存货的支出。由于该类存货的品种数量较少,而占用的资金却很多,所以企业应对其按照每一个品种分别进行管理;B 类存货的金额相对较小,数量也较多,可以通过划分类别的方式进行管理,或者按照其在生产中的重要程度和采购难易程度分别采用管理方法;C 类存货占用的金额比重很小,品种数量又多,可以只对其进行总量控制和管理。

议一议

1. 存货的存在,会导致企业发生哪些成本?如何将这些成本控制到最低?
2. 在确定存货经济采购批量时,应考虑哪些成本?如何进行决策?
3. 企业如何确定存货的保本与保利的储存期?
4. 将存货划分为 A、B、C 三类的标准是什么?针对存货 A、B、C 三类分别采用什么管理对策?

【搜索关键词】

营运资金　最佳现金持有量　信用政策　存货经济订货批量　存货控制

【单元小结】

营运资金又称营运资本,是指企业生产经营活动中流动资产占用的资金。营运资金一般具有如下特点:来源具有灵活多样性;数量具有波动性;周转具有短期性;实物形态具有变动性和易变现性。

现金是指生产过程中暂时停留在货币形态的资金,包括库存现金、银行存款和其他货币资金。企业持有现金的动机有:交易、预防和投机。持有现金会发生持有成本、转换成本和短缺成本。最佳现金持有量是指在正常情况下保证生产经营活动的最低限度需要的现金和银行存款数额。确定最佳现金持有量的模式有成本分析模式、周转期模式和存货模式。现金的日常管理包括现金回收管理和现金支出管理。

应收账款是企业采用商业信用的直接结果,持有应收账款的成本包括:机会成本、管理成本和坏账成本。信用政策是指企业基于对客户资信情况的认定而给予客户赊销方面的优惠,其内容包括信用标准、信用条件和收账政策。信用条件包括信用期限、现金折扣和折扣期限。应收账款日常管理措施包括应收账款的追踪分析和应收账款账龄分析。

存货是企业在生产经营过程中为销售或耗用而储备的物资。存货具有以下功能:保证生产正常进行;有利于销售;便于维持市场均衡生产,降低产品成本;降低存货取得成本;防止意外事件的发生。存货存在会发生取得成本、储存成本和缺货成本。存货经济采购批量是指企业全年存货总成本最低的每次采购数量。经济批量的确定分为有商业折扣模型和无商业折扣模型。在提前订货的情况下,企业再次发出订货单订货时,尚存的存货数量称为订货点。存货的控制包括存货储存期控制和存货 ABC 控制两种。

【主要名词中英文】

营运资金	Operating Funds
最佳现金持有量	Best Cash Holdings
现金预算	Cash Budget
信用政策	Credit Policy
信用标准	Credit Standard
信用条件	Credit Terms
收账政策	Collective Policy
存货经济订货批量	Economic Order Quantity
再订货点	Reorder Point
存货储存期	Inventory Storage Period
存货 ABC 分类控制	Inventory ABC Classification Control

单元六

收入与分配管理

模块一　学会营业收入管理

 学习目标

1. 认知营业收入及其管理意义。
2. 掌握预测营业收入的方法。
3. 掌握企业产品定价方法。
4. 树立营业收入是企业生存、发展壮大的必要条件的理念,建立正确预测和合法合规地取得企业营业收入的责任感和主人翁意识。

 学习重点

1. 营业收入定性分析法。
2. 营业收入定量预测方法。

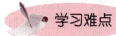 学习难点

1. 营业收入定量预测方法。
2. 产品定价方法。

案例导入

美国某公司 2021 年 12 月发表预测称,受计算机硬件和打印机业务增长以及有效削减成本的带动,2022 年(2022 年 10 月底结束),该公司的营业收入有望突破 1 000 亿美元。就在该公司被丑闻困扰之际,该公司首席执行官当天在参加一个分析师大会时表示,公司的经营状况良好,所有主要业务部门的营业利润率都将保持在较高水平。

根据该公司的预测,2022 年该公司的营业收入将提高 4% 至 6% ,增至 1 009 亿到 1 028 亿美元;盈利则有望达到每股 2.78 至 2.98 美元。该公司的这一预测高于此前分析师所做的预测。

请思考:1. 该公司将计划采取哪些措施提高营业收入?
2. 营业收入对利润的影响是怎样的?

一、营业收入意义

(一)营业收入的含义

营业收入是企业在日常经营活动中,由于销售商品、提供劳务等所形成的货币收入,是会导致所有者权益增加的、与所有者投入资本无关的经济利益的总流入。在市场经济条件下,收入作为影响利润指标的重要因素,越来越受企业和投资者等众多信息使用者的重视。广义的营业收入是指企业因销售商品、提供劳务、转让资产使用权所取得的各种收入的总称。由于销售收入应当是企业收入的主体,故本单元所指营业收入主要是指销售收入,即企业在日常经营活动中,由于销售产品、提供劳务等所形成的收入。

> **☞ 提醒您**
>
> 营业收入有广义营业收入与狭义营业收入之分,本单元所指的营业收入为狭义的营业收入,即销售收入。

(二)加强营业收入管理的意义

(1)营业收入的取得是企业继续经营的基本条件。企业的经营活动要不断地进行,就必须用取得的营业收入来补偿经营支出,这样才能重新购买原材料、支付工资薪酬和其他费用。

(2)营业收入的取得是企业实现盈利、上缴税费的前提。企业只有通过销售,并及时取得营业收入,才能实现生产经营活动中创造的盈利,从而按规定计算缴纳税费。

(3)营业收入的取得是加速资金周转的重要环节。企业应加强营业收入管理,扩大销售量、及时取得营业收入,从而加速资金周转,提高资金利用效率。

(4)加强营业收入管理,能提高企业素质和市场竞争力。加强营业收入管理,能促使企业研究市场变化,做出正确经营决策,经营适销对路的商品,避免盲目经营,从而提高企业素质和市场竞争力。

二、营业收入的构成

（一）营业收入的内容

（1）主营业务收入与企业经营活动直接相关，具有经常性和稳定性，在企业营业收入中所占比重大，直接影响着企业的经济效益，是企业营业收入管理的重点。

（2）其他业务收入是主营业务收入以外所取得的各种收入，与企业经营活动没有直接联系，在企业营业收入中有比重小的特点。

（二）营业收入的抵减项目

企业的经营活动是指企业通过各种方式，将商品或劳务提供给购买单位，并按规定的销售价格收回货款的经济活动。企业实际取得的营业收入与应取得的营业收入常常不一致，这是由于在实际工作中，存在销售退回、销售折让、销售折扣事项，从而形成营业净收入。

> ☞ 请注意
>
> 销售退回、销售折让以及销售折扣之间存在区别。而销售折扣又分为商业折扣和现金折扣，前者不存在冲减营业收入问题，后者在实际发生时计入当期损益中。

三、销售预测分析

销售预测分析是指通过市场调查，以有关的历史资料和各种信息为基础，运用科学的预测方法或管理人员的实际经验，对企业产品在计划期间的销售量或销售额做出预计或估量的过程。企业在进行销售预测时，应充分研究和分析企业产品销售的相关资料，如产品价格、产品质量、售后服务、推销方法等。此外，对企业所处的市场环境、物价指数、市场占有率及经济发展趋势等情况也应进行研究分析。

销售预测的方法有很多种，主要包括定性分析法和定量分析法。

（一）销售预测的定性分析法

定性分析法，即非数量分析法，是指专业人员根据实际经验，对预测对象的未来情况及发展趋势做出预测的一种分析方法。定性分析法一般适用于预测对象的历史资料不完备或无法进行定量分析的情况，主要包括推销员判断法、专家判断法和产品寿命周期分析法。

1. 推销员判断法

推销员判断法，又称意见汇集法，是由企业熟悉市场情况及相关变化信息的经营销售人员对由推销人员计查得来的结果进行综合分析，从而做出较为正确预测的方法。这种方法用时短、耗费小，比较实用。在市场发生变化的情况下，能很快地对预测结果进行修正。

2. 专家判断法

专家判断法，是由专家根据他们的经验和判断能力对特定产品的未来销售量进行判断和预测的方法。主要有以下三种不同形式：

（1）个别专家意见汇集法，即分别向每位专家征求对企业产品未来销售情况的个人意见，然后将这些意见加以综合分析，确定预测值。

（2）专家小组法，即将专家分成小组，运用专家们的集体智慧进行判断预测的方法。此方法的缺陷是预测小组中专家意见可能受权威专家的影响，客观性较德尔菲法差。

（3）德尔菲法，又称函询调查法，它采用函询的方式，征求各方面专家的意见，各位专家在互不通气的情况下，根据自己的观点和方法进行预测，然后由企业把各个专家的意见汇集在一起，通过不记名方式反馈给各位专家，请他们参考别人的意见修正本人原来的判断，如此反复数次，最终确定预测结果。

3. 产品寿命周期分析法

产品寿命周期分析法就是利用产品销售在不同寿命周期阶段上的变化趋势，进行销售预测的一种定性分析方法，它是对其他预测分析方法的补充。产品寿命周期是指产品从投入市场到退出市场所经历的时间，一般要经过萌芽期、成长期、成熟期和衰退期四个阶段。判断产品的寿命周期阶段，可根据销售增长主要指标进行。一般来说，萌芽期增长不稳定，成长期增长率最大，成熟期增长率稳定，衰退期增长率为负数。

（二）销售预测的定量分析法

定量分析法，也称数量分析法，是指在预测对象有关资料完备的基础上，运用一定的数学方法，建立预测模型，从而做出预测。定量分析法一般包括趋势预测分析法和因果预测分析法两大类。其中因果预测分析法主要包括量本利预测法和回归分析法。

1. 趋势预测分析法

趋势预测分析法主要包括算术平均法、加权平均法和指数平滑法等。

（1）算术平均法，即将若干历史时期的实际销售量或销售额作为样本值，求初期算术平均数，并将该平均数作为下期销售的预测值。其计算公式为：

$$Y = \frac{\sum X_i}{n}$$

式中，Y 为预测值；X_i 为第 i 期的实际销售量；n 为期数。

算术平均法适用于每月销售量波动不大的产品的销售预测。

【例 6-1】 某公司 2014—2021 年的产品销售量资料如表 6-1 所示。

表 6-1　　　　　　　　某公司 2014—2021 年产品销售量表　　　　　　　　单位：吨

年度	2014	2015	2016	2017	2018	2019	2020	2021
销售量	3 250	3 300	3 150	3 350	3 450	3 500	3 400	3 600

根据算术平均法的计算公式，公司 2022 年的预测销售量为：

$$预测销售量(Y) = \frac{\sum X_i}{n}$$

$$= \frac{3\,250 + 3\,300 + \cdots + 3\,400 + 3\,600}{8} = 3\,375(吨)$$

(2) 加权平均法,同样是将若干历史时期实际销售额作为样本值,将各个样本值按照一定的权数计算得出加权平均数,并将该平均数作为下期销售量的预测值。一般由于市场变化较大,离预测期越近的样本值对预测值的影响越大,而离预测期越远的样本值则影响越小,所以权数的选取应遵循"近大远小"的原则。其计算公式为:

$$Y = \sum_{i=1}^{n} W_i X_i$$

式中,Y 为预测值;W_i 为第 i 期的权数;X_i 为第 i 期的实际销售量;n 为期数。

加权平均法较算术平均法更为合理,计算也比较方便,因而在实践中应用较多。

【例 6-2】 沿用【例 6-1】中的资料,假设 2014—2021 年各期数据的权数如表 6-2 所示。

表 6-2　　某公司 2014—2021 年产品销售量各期权数表

年度	2014	2015	2016	2017	2018	2019	2020	2021
销售量/吨	3 250	3 300	3 150	3 350	3 450	3 500	3 400	3 600
权数	0.04	0.06	0.08	0.12	0.14	0.16	0.18	0.22

根据加权平均法的计算公式,公司 2022 年的预测销售量为:

$$\begin{aligned}
预测销售量(Y) &= \sum_{i=1}^{n} W_i X_i \\
&= 3\,250 \times 0.04 + 3\,300 \times 0.06 + \cdots + 3\,400 \times 0.18 + 3\,600 \times 0.22 \\
&= 3\,429(吨)
\end{aligned}$$

(3) 指数平滑法,实质上是一种加权平均法,是以事先确定的平滑指数 a 及 $(1-a)$ 作为权数进行加权计算,从而预测销售量的一种方法。其计算公式为:

$$Y_{n+1} = aX_n + (1-a)Y_n$$

式中,Y_{n+1} 为未来第 $n+1$ 期的预测值;Y_n 为第 n 期预测值,即预测值前期的预测值;X_n 为第 n 期的实际销售量,即预测前期的实际销售量;a 为平滑指数;n 为期数。

一般平滑指数的取值通常在 0.3~0.7 之间,其取值大小取决于前期实际值与预测值对本期预测值的影响。当上期实际值对本期预测值产生较大影响时,采用较大的平滑指数;反之,则采用较小的平滑指数。

该方法运用比较灵活,适用范围较广,但在平滑指数的选择上具有一定的主观随意性。

【例 6-3】 沿用【例 6-1】中的资料,2021 年实际销售量为 3 600 吨,原预测销售量为 3 475 吨,平滑指数 $a = 0.5$。要求用指数平滑法预测公司 2022 年的销售量。

解答:根据指数平滑法的计算公式,公司 2022 年的预测销售量为:

$$\begin{aligned}
预测销售量(Y_{n+1}) &= aX_n + (1-a)Y_n \\
&= 0.5 \times 3\,600 + (1-0.5) \times 3\,475 \\
&= 3\,537.5(吨)
\end{aligned}$$

2. 量本利预测法

量本利预测法就是根据企业生产的业务量、成本、利润三者之间的关系,进行综合分

析,预测企业产品销售量的方法。预测产品销售量的具体方法如下:

(1) 保本点预测法(又称盈亏平衡点预测法)。盈亏平衡点产品销售量也就是销售收入等于销售成本费用的销售量。达到这个销售量时,企业恰好能够收回成本,做到不盈不亏。其计算公式为:

$$盈亏平衡点产品销售量 = \frac{固定成本总额}{销售单价 - 单位产品变动成本}$$

【例6-4】 某小型家用电器企业计划生产甲产品,单位售价115元,固定成本总额为80万元,单位变动成本为60元,则:

$$盈亏平衡点产品销售量 = \frac{800\ 000}{115 - 60} = 14\ 545\ (件)$$

计算结果表明,当该产品销售量达到14 545件时,才能保证不亏损,达到保本的目的。

(2) 保利预测法。企业的经营目的是盈利,而不是为达到保本点。在单价和成本水平既定的情况下,根据企业所提出的目标利润,预测完成目标利润需要达到的产品销售量。其计算公式为:

$$目标利润销售量 = \frac{目标销售利润 + 固定成本总额}{销售单价 - 单位产品变动成本}$$

【例6-5】 承【例6-4】,假定该企业目标销售利润确定为18万元,则实现目标利润的销售量为:

$$实现目标利润销售量 = \frac{180\ 000 + 800\ 000}{115 - 60} = 17\ 818(件)$$

实现目标利润销售额 = 115 × 17 818 = 2 049 070 (元)

计算结果表明,只有产品销售量达到17 818件或销售收入达到2 049 070元时,才能保证18万元目标销售利润的实现。

3. 回归分析法

前提条件:一定时期的销售额数据时间分布可模拟成一条直线,可用直线方程进行预测。

依据:回归直线趋势方程:$y = a + bt$。其中:y是预测值;t是时间序列号;a、b是参数。

计算方法:首先根据历史资料计算出a、b两个参数,并将其代入趋势直线方程;然后,根据预测期时间序列号求出相应的预测值y。

计算原理:利用最小二乘法原理,运用简捷法求出a、b两个参数。

计算公式:$a = \dfrac{\sum t^2 \sum y - \sum t \sum ty}{n \sum t^2 - (\sum t)^2}$

$$b = \frac{n \sum ty - \sum t \sum y}{n \sum t^2 - (\sum t)^2}$$

令$\sum t = 0$,则上述公式简化为:

$$a = \sum y \div n$$
$$b = \sum yt \div \sum t^2$$

☞ **请注意**

t 的取值,当历史资料数据 n 为奇数时,居中项 t 的时间序列号为 0,然后向上以 -1、-2、-3……,向下以 1、2、3……顺序编上时间序列号;当历史资料数据 n 为偶数时,居中的二项 t 的时间序列号为 -1、1,然后向上以 -3、-5、-7……,向下以 3、5、7……顺序编上时间序列号,最终使 $\sum t = 0$。

【例 6-6】 已知某公司历年销售额资料如表 6-3 所示。

表 6-3 某公司 2016—2021 年销售额表 单位:万元

年份(n)	2016	2017	2018	2019	2020	2021
销售额(y)	44	50	45	60	55	70

要求:预测 2022 年与 2023 年的销售额。

解答:根据公司历年销售资料编制时间序列号如下:

年份(n)	销售额(y)	时间序列号(t)	yt	t^2
2016	44	-5	-220	25
2017	50	-3	-150	9
2018	45	-1	-45	1
2019	60	1	60	1
2020	55	3	165	9
2021	70	5	350	25
合计	324	0	160	70

$a = \sum y \div n = 324 \div 6 = 54$

$b = \sum yt \div \sum t^2 = 160 \div 70 = 2.29$

则直线趋势方程为:$y = 54 + 2.29t$

预测:2022 年的时间序列号 t 为 7,$y_{2022} = 54 + 2.29 \times 7 = 70.03$(万元)。

2023 年的时间序列号 t 为 9,$y_{2023} = 54 + 2.29 \times 9 = 74.61$(万元)。

练一练 用 5 期的销售额资料,预测 2022 年的销售额。

四、销售定价管理

销售定价不仅影响产品的边际贡献,而且影响产品的销售数量与市场地位,从而对企业收入产生复杂而直接的影响。正确制定销售定价策略,直接关系到企业的生存和发展,加强销售定价管理是企业财务管理的重要内容。

（一）销售定价管理的含义

销售定价管理是指在调查分析的基础上，选用合适的产品定价方法，为销售的产品制定最为恰当的售价，并根据具体情况运用不同价格策略，以实现经济效益最大化的过程。

企业销售各种产品都必须确定合理的销售价格。产品价格的高低直接影响到销售量的大小，进而影响到企业的盈利水平；价格策略运用得恰当与否，也会影响到企业正常的生产经营活动，甚至影响到企业的生存与发展。进行良好的销售定价管理，可以使企业的产品更丰富而有吸引力，从而扩大市场占用率，改善企业的相应竞争地位。

（二）影响产品价格的因素

影响产品价格的因素非常复杂，主要包括以下几个方面：

1. 价值因素

价格是价值的货币表现，价值的大小决定着价格的高低，而价值的大小又是由生产产品的社会必要劳动时间决定的。因此，提高社会劳动生产率，缩短生产产品的社会必要劳动时间，可以相对地降低产品价格。

2. 成本因素

成本是影响定价的基本因素。企业必须获得可以弥补已发生成本费用的足够多的收入，才能长期生存发展下去。虽然短期内的产品价格有可能低于其成本，但从长期来看，产品价格应等于总成本加上合理的利润，否则企业无利可图，难以长久生存。

3. 市场供求因素

市场供求对价格的变动具有重大影响。当一种产品市场供应大于需求时，就会对其价格产生向下的压力；而当其供应小于需求时，则会推动价格的提升。市场供求关系是永远矛盾着的两个方面，因此，产品价格也会不断地波动。

4. 竞争因素

产品竞争程度不同，对定价的影响也不同。竞争越激烈，对价格的影响也越大。在完全竞争的市场，企业几乎没有定价的主动权；在不完全竞争的市场，竞争强度主要取决于产品生产的难易程度和供求形势。为了做好定价决策，企业必须充分了解竞争者的情况，最重要的是竞争对手的定价策略。

5. 政策法规因素

各个国家对市场物价的高低和变动都有限制和法律规定，同时国家会通过生产市场、货币金融等手段间接调节价格。企业在制定定价策略时一定要很好地了解本国及所在国有关方面的政策和法规。

（三）产品定价方法

产品定价主要包括完全成本加成定价法、变动成本定价法、保本点定价法和目标利润定价法。

1. 完全成本加成定价法

该定价法是在完全成本的基础上，加合理利润来定价。合理利润的确定，在工业企业一般是根据成本利润率，而在商业企业一般是根据销售利润率。在考虑税金的情况下，有关计算公式为：

（1）成本利润率定价：

$$成本利润率 = \frac{预测利润总额}{预测成本总额} \times 100\%$$

$$单位产品价格 = \frac{单位成本 \times (1 + 成本利润率)}{1 - 适用税率}$$

（2）销售利润率定价：

$$销售利润率 = \frac{预测利润总额}{预测销售总额} \times 100\%$$

$$单位产品价格 = \frac{单位成本}{1 - 销售利润率 - 适用税率}$$

上述公式中，单位成本指单位完全成本，可以用单位制造成本加上单位产品负担的期间费用来确定。

【例6-7】 某企业生产甲产品，预计单位产品的制造成本为100元，计划销售10 000件，计划期的期间费用总额为900 000元，该产品适用的消费税税率为5%。成本利润率必须达到20%。根据上述资料，运用完全成本加成定价法测算单位甲产品的价格。

解答：单位甲产品价格 $= \dfrac{\left(100 + \dfrac{900\ 000}{10\ 000}\right)(1 + 20\%)}{1 - 5\%} = 240(元)$

【例6-8】 某企业生产乙产品，预计单位产品的制造成本为150元，销售利润率为20%，该产品适用的消费税税率为5%。根据上述资料，运用完全成本加成定价法测算单位乙产品的价格。

解答：单位乙产品价格 $= \dfrac{150}{1 - 20\% - 5\%} = 200(元)$

完全成本加成定价法可以保证全部生产耗费得到补偿，但它很难适应市场需求的变化，往往导致定价过高或过低。并且，当企业生产多种产品时，间接费用难以准确分摊，从而会导致定价不准确。

2. 变动成本定价法

变动成本是指企业在生产能力有剩余的情况下增加生产一定数量的产品所应分担的成本。这些增加的产品可以不负担企业的固定成本，只负担变动成本。在确定价格时产品成本仅以变动成本计算。此处所指变动成本是完全变动成本，包括变动制造成本和变动期间费用。其计算公式为：

$$单位产品价格 = \frac{单位变动成本 \times (1 + 成本利润率)}{1 - 适用税率}$$

【例6-9】 某企业生产丙产品，设计生产能力为12 000件，计划生产10 000件，预计单位产品的变动成本为190元，计划期的固定成本费用总额为950 000元，该产品适用的消费税税率为5%，成本利润率必须达到20%。假定本年度接到一额外订单，订购1 000件丙产品，单价300元。请问：该企业计划内产品单位价格是多少？是否应接受这一额外订单？

解答：根据上述资料，企业计划内生产的产品价格为：

$$计划内单位丙产品价格 = \frac{\left(\dfrac{950\ 000}{10\ 000} + 190\right) \times (1 + 20\%)}{1 - 5\%} = 360(元)$$

追加生产 1 000 件的变动成本为 190 元,则:

$$\text{计划外单位丙产品价格} = \frac{190 \times (1+20\%)}{1-5\%} = 240(\text{元})$$

因为额外订单单价高于其按变动成本计算的价格,故应接受这一额外订单。

3. 保本点定价法

保本点,又称盈亏平衡点,是指企业在经营活动中既不盈利也不亏损的销售水平,在此水平上利润等于零。在这种方法下,成本按其性态,即随产量变动而变动的关系,分为固定成本和变动成本。保本点定价法的基本原理就是根据产品销售量计划数和一定时期的成本水平、适用税率来确定产品的销售价格。采用这一方法确定的价格是最低销售价格。其计算公式为:

$$\text{单位产品价格} = \frac{\text{单位固定成本} + \text{单位变动成本}}{1-\text{适用税率}} = \frac{\text{单位完全成本}}{1-\text{适用税率}}$$

【例 6-10】 某企业生产丁产品,本期计划销售量为 10 000 件,应负担的固定成本总额为 250 000 元,单位产品变动成本为 70 元,适用的消费税率为 5%。根据上述资料,运用保本点定价法测算单位产品的价格。

解答:$\text{单位丁产品价格} = \dfrac{\dfrac{250\,000}{10\,000}+70}{1-5\%} = 100(\text{元})$

4. 目标利润定价法

目标利润是指企业在预定时期内应实现的利润水平。目标利润定价法是根据预期目标利润和产品销售量、产品成本、适用税率等因素来确定产品销售价格的方法。其计算公式为:

$$\text{单位产品价格} = \frac{\text{目标利润总额} + \text{完全成本总额}}{\text{产品销量} \times (1-\text{适用税率})}$$

$$\text{或} = \frac{\text{单位目标利润} + \text{单位完全成本}}{1-\text{适用税率}}$$

【例 6-11】 某企业生产戊产品,本期计划销售量为 10 000 件,目标利润总额为 240 000 元,完全成本总额为 520 000 元,适用的消费税税率为 5%。根据上述资料,运用目标利润定价法测算单位戊产品的价格。

解答:$\text{单位戊产品价格} = \dfrac{240\,000 + 520\,000}{10\,000 \times (1-5\%)} = 80(\text{元})$

议一议 影响产品价格的因素有哪些?

单元六　收入与分配管理

模块二　学会利润管理

 学习目标

1. 认知利润的构成和管理要求。
2. 掌握利润预测的方法。
3. 理解利润分配的原则、利润分配政策。
4. 树立利润分配中的守法用法意识、纳税意识，帮助企业在赚取利润的同时，承担社会责任，维护国家利益。

 学习重点

1. 利润预测的方法。
2. 利润分配政策。

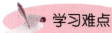 学习难点

1. 利润预测的方法。
2. 股利政策的选择。

 案例导入

某公司2020年(正常年度)提取盈余公积后的净利润为800万元，分配现金股利320万元，2021年提取盈余公积后的净利润为600万元，2022年无投资项目。

请思考：1. 公司制定股利政策应考虑哪些因素？
　　　　2. 在不同的股利政策下，公司2021年可分配现金股利是多少？

167

一、利润

(一) 利润构成

利润是指企业在一定会计期间的经营成果。利润包括收入减去费用后的净额、直接计入当期利润的利得和损失等,它是企业最终的财务成果。利得是由企业非日常活动所产生的会导致所有者权益增加的与所有者投入资本无关的经济利益的流入;损失是指由企业非日常经济活动所产生的会导致所有者权益减少的与向所有者分配无关的经济利益的流出。利润是衡量企业生产经营状况的一个重要综合指标。企业生产经营的主要目的就是不断提高盈利水平,一方面为国家提供积累资金,保证社会扩大再生产的正常进行,促进国民经济快速发展;另一方面企业只有最大限度地获取利润,才能在市场中生存和增强竞争能力。

企业利润总额主要由营业利润、投资净收益、补贴收入和利得或损失四个方面组成,利润构成内容的相关计算如下:

1. 营业利润

$$营业利润 = 营业收入 - 营业成本 - 税金及附加 - 期间费用 - 资产减值损失 + 公允价值变动损益 \pm 投资净收益$$

其中,营业收入是指企业经营业务所确认的收入总额,包括主营业务收入和其他业务收入。

营业成本是指企业经营业务所发生的实际成本总额,包括主营业务成本和其他业务成本。

资产减值损失是指企业计提各项资产减值准备所形成的损失。

公允价值变动损益(或损失)是指企业交易性金融资产等公允价值变动形成的应计当期损益的利得(或损失)。

投资收益(或损失)是指企业以各种方式对外投资所取得的收益(或发生的损失)。

2. 利润总额

$$利润总额 = 营业利润 + 补贴收入 + 营业外收入 - 营业外支出$$

其中,营业外收入是指企业所发生的与其日常活动无直接关系的各项利得,主要包括非流动资产处置利得、盘盈利得、罚没利得、接收捐赠利得、确实无法支付而按规定程序经批准后转作营业外收入的应付款项等。

营业外支出是指企业所发生的与其日常活动无直接关系的各项损失,主要包括非流动资产处置损失、盘亏损失、罚款支出、公益性捐赠支出、非常损失等。

> ☞ **请注意**
> 营业外收支是指企业所发生的与其日常活动无直接关系的各项利得和损失,营业外收入和营业外支出各包括哪些内容,你知道吗?

3. 净利润

净利润 = 利润总额 – 所得税费用

其中,所得税费用是指企业确认的应从当期利润总额中扣除的所得税费用。

(二) 利润管理的要求

1. 提供优质产品和服务,不断提高盈利水平

企业应在法律允许的范围内,通过不断增加产品数量、品种,提高产品质量,降低生产成本和费用及加速资金周转等正确途径,参与市场竞争,为社会提供优质的产品和劳务服务,以提高盈利水平。

2. 实行利润目标分管责任制,保证目标利润的实现

企业应以目标利润为核心,层层落实目标管理责任制。要把企业的总体目标利润分解到各个科室、车间、班组和相关个人,实行利润分级归口管理制度。要规定各科室、各车间、各班组和相关人员为实现目标利润应完成的任务和承担的责任,以及完成或超额完成利润指标应获得的经济利益,使人人关心利润,为创造利润献计献策,极大地调动职工的积极性,保障目标利润的实现。

3. 严格执行有关法律法规,正确进行利润分配

利润分配是一项政策性很强的工作,企业实现的利润要依照国家税务法律规定,计算并上缴所得税额,并对结转所得税后的净利润,按国家《公司法》及财经法律法规规定比例等进行分配。

想一想 在市场经济条件下,企业以利润最大化为目标。这种情况下,企业还用关注国家利益吗?

二、利润预测

(一) 利润预测的内容

利润预测是指企业在销售收入预测的基础上,对企业未来时期的利润情况预先进行的科学估计和预算。在实际工作中,企业要对一定时期的发展状况和影响企业利润变动的各个因素进行分析与研究,进而对企业在未来期间可能实现的利润预测数进行估计和预算,准确的利润预测有利于保证企业目标利润的实现,它是企业编制利润计划的前提,是企业经营决策和确定目标的重要依据。

利润预测的内容,即等于利润总额所包含的内容,主要有营业利润的预测、投资净收益的预测、营业外收支的预测和利润总额的预测。

1. 营业利润的预测

营业利润在利润总额中所占比重较大,因而对营业利润的预测是利润预测的重点。工业企业的营业利润预测是指对工业企业销售利润的预测,包括对主营业务利润、其他业务利润的预测,而主营业务利润在营业利润中所占比重较大,而主营业务利润大小,则主要取决于企业产品销售量和单位产品利润。单位产品利润由单位产品成本和销售单价所决定。

单位产品成本和产品销售量的预测,可根据企业成本费用预测及营业收入预测资料取得。产品单位售价由企业根据定价目标,选择适当定价方法加以制定。

2. 投资净收益的预测

投资净收益的预测是对企业对外投资所取得的收益,扣除发生的投资损失和计提的投资减值准备后余额的预测。投资净收益预测包括对企业债务投资、股票投资和其他投资所取得的利息、股利和利润的预测;对企业投资到期收回或中途转让所收回的数额大于原投资、账面价值的差额的预测,以及用权益法核算的股权投资在被投资单位增加的净资产中所拥有的数额的预测等。投资损失预测,包括对企业投资到期收回或中途转让所收回数额低于原投资账面价值的差额的预测,以及用权益法核算的股权投资在被投资单位减少的净资产中所分担的数额的预测等,同时包括在投资过程中,依据谨慎性原则计提的投资减值准备。

3. 营业外收支的预测

营业外收支的预测,就是对企业营业外收入和营业外支出的预测。营业外收支虽然与企业日常生产经营活动没有直接关系,但它与企业日常经营活动存在着一定联系,并直接影响利润总额。营业外收支的发生常常带有一定的偶然性,而且营业外收入的发生与营业外支出的发生两者没有必然关系,因而往往难以准确地预测。

> ☞ 提醒您
>
> 在实际工作中,对营业外收支的项目一般可根据上期实际发生额再充分考虑计划年度的变化情况进行预测。

4. 利润总额的预测

利润总额的预测是在营业利润的预测、投资净利润的预测和营业外收支的预测的基础上汇总而成的。

$$预计利润总额 = 预计营业利润 + 预计投资净收益 + 预计营业外收入 - 预计营业外支出$$

(二)利润预测方法

目标利润是指企业在计划期间努力能够达到的利润总额,是企业计划期生产经营活动综合效益的集中体现。目标利润是通过利润预测来确定的,它是利润预测的核心步骤。

利润预测的方法很多,但每种方法都有一定的局限性。因此,在实际工作中企业应根据具体情况,选择适当的方法。下面介绍最常用的几种预测方法。

1. 量本利分析法

量本利分析法是根据商品销售量、成本、利润之间的依存关系进行利润预测的方法。我们知道,在成本中,单位变动成本不变,但是变动成本总额则随销售量的增减成比例变动;固定成本总额在一定产量范围内保持相对不变。根据这种关系,预测目标销售利润的计算公式为:

$$预计目标销售利润 = 预计销售数量 \times (预计单位销售价格 - 预计单位变动成本 - 单位税金及附加) - 固定成本总额$$

在运用上述公式时,为便于理解,可以不考虑税金及附加。

【例 6-12】 某生产企业生产一批甲产品,经市场调研结合本企业技术生产能力,预计计划年度销售量为 3 000 台,单位售价 0.86 万元,其中单位变动成本 0.62 万元,该产品应负担的固定成本总额为 380 万元。则该企业甲产品的目标销售利润预算如下:

甲产品目标销售利润 = 3 000 × (0.86 - 0.62) - 380 = 340(万元)

如果预计多种产品的目标销售利润,可以用上式分别预算各种产品的销售利润,然后加以汇总。如果多种产品的固定成本是合在一起的,则计算公式如下:

预计目标销售利润 = ∑[预计某产品销售数量 × (预计单位销售价格 - 预计该产品单位制造成本)] - 预计期间费用

【例 6-13】 某企业销售甲产品和乙产品,产品销售资料如表 6-4 所示。

表 6-4　　　　　　　　　某企业销售甲、乙产品情况表

产品名称	单位售价/元	单位制造成本/元	销售数量/台	期间费用/元
甲产品	115	50	4 000	88 000
乙产品	180	75	5 000	

根据以上公式和资料,可预计甲、乙产品目标销售利润如下:

预计甲、乙产品目标销售利润 = [4 000 × (115 - 50) + 5 000 × (180 - 75)] - 88 000 = 697 000(元)

2. 比例测算法

比例测算法是指根据利润同有关财务指标比例关系测算计划期目标利润数额的方法。常用的比例关系有销售利润率、成本利润率等。

> **请注意**
> 比例测算法简单易行,适用于产品结构简单、销售价格和成本比例较稳定,即利润率变化不大的企业。

(1) 销售利润率法。销售利润率是指利润与主营业务净收入的比值。采用这种方法测算利润,要求主营业务收入的预测已完成而且较准确,销售利润率指标较稳定,这样才能反映企业未来的经营趋势。主营业务收入预测得正确与否,对编制财务计划至关重要,因为预计的财务报表中许多变量都与主营业务收入有关,它还能衡量企业销售收入获利水平的高低。其计算公式为:

预计主营业务目标利润 = 预计计划期主营业务净收入 × 上年销售利润率

主营业务净收入 = 主营业务收入 - 销售折扣 - 销售折让 - 销售退回净额

【例 6-14】 某生产企业从 2019 年至 2021 年销售利润率一直保持在 12% 以上。经市场调研、预测,该企业在 2022 年主营业务收入可达到 2 360 万元。则该企业 2022 年的主营业务目标利润预测如下:

目标利润 = 2 360 × 12% = 283.2(万元)

(2) 成本利润率法。成本利润率是利润与成本的比值。采用这种方法可对不可比产

品的主营业务利润进行核算,它是计划期不可比产品主营业务成本总额以及不可比产品应销比例以及不可比产品预计成本利润率的乘积。

其计算公式为：

$$\text{不可比产品的主营业务利润} = \text{计划期不可比产品主营业务成本总额} \times \text{不可比产品应销比例} \times \text{不可比产品预计成本利润率}$$

其中,不可比产品应销比例是指不可比产品销售量占生产量的比例。

【例6-15】 某企业为了扩大企业经营项目,经调研后计划生产一批 D 产品,计划生产成本总额 60 万元,预计应销比例为 96%,成本利润率为 20%。则该企业计划年度不可比 D 产品主营业务目标利润测算如下：

不可比 D 产品主营业务目标利润 = 60 × 96% × 20% = 11.52(万元)

3. 倒求法

倒求法是根据企业自身发展和自我积累,以及改善集体福利、增加投资分红的需要,匡算出企业税后利润额,从而倒求出目标利润的方法。其原理为：

税后利润 = 提取的公积金和公益金 + 分红利润 + 未分配利润

预计税后利润 = (分红利润 + 未分配利润)/(1 - 公积金和公益金提取率)

目标利润(税前) = 预计税后利润/(1 - 所得税税率)

【例6-16】 某企业预计需要分红利润 200 000 元,留存利润 84 750 元,公积金和公益金提取率分别为 10% 和 5%,所得税率为 25%,则该企业的目标利润应为多少？

预计税后利润 = (200 000 + 84 750)/(1 - 10% - 5%) = 335 000(元)

目标利润(税前) = 335 000/(1 - 25%) = 446 667(元)

利得和损失(营业外收支)的净额在利润总额中的比例一般较小,所以在对其进行预测时可以采用一些比较简便的方法。例如,可以按上期的实际发生额作为计划期的预测数额,也可以在上期实际发生额的基础上,根据计划期有关因素的增减变化情况进行适当调整,作为计划期的预测数。

三、利润分配管理

利润分配管理是对企业利润分配的主要活动及其形成的财务关系的组成与调节,是企业将一定时期内所创造的经营成果合理地在企业内、外部各方利益相关者之间进行有效分配的过程。企业的利润分配有广义和狭义两种概念。广义的利润分配是指对企业的收入和净利润进行分配,包含两个层次的内容：第一层次是对企业收入的分配；第二层次是对企业净利润的分配。狭义的利润分配则仅仅是指对企业净利润的分配。

> ☞ 提醒您
>
> 利润分配有广义的利润分配与狭义的利润分配,本单元所指的利润分配为广义的利润分配,即对企业收入和净利润的分配。

企业通过经营活动取得收入之后,要按照补偿成本、缴纳所得税、提取公积金、向投资者分配利润等顺序进行利润分配。对于企业来说,利润分配不仅是资产保值、保证简单再生产的手段，同时也是资产增值、实现扩大再生产的工具。利润分配可以满足国家政治职能与组织经济职能的需要，是处理所有者、经营者等各个方面物质利益关系的基本手段。

（一）利润分配管理意义

利润分配管理作为现代企业财务管理的重要内容之一，对于维护企业与各相关利益主体的财务关系、提升企业价值具有重要意义。具体而言，企业利润分配管理的意义表现在以下三个方面。

1. 利润分配集中体现了企业所有者、经营者与职工之间的利益关系

企业所有者是企业权益资金的提供者，按照谁出资、谁受益的原则，其应得的投资利润须通过企业的利润分配来实现，而获得投资利润的多少取决于企业盈利状况及利润分配政策。通过利润分配，投资者能实现预期的利润，提高企业信誉程度，有利于增强企业融通资金的能力。

企业的债权人在向企业投入资金的同时也承担了一定的风险，企业的利润分配应体现出对债权人利益的充分保护，除了按时支付到期本金、利息外，企业在进行利润分配时也要考虑债权人未偿付本金的保障制度，否则将在一定程度上削弱企业的偿债能力，从而降低企业的财务弹性。

职工是价值的创造者，是企业收入和利润的源泉。通过薪资的支付以及各种福利的提供，可以提高职工的工作热情，为企业创造更多价值。

因此，为了正确、合理地处理企业各方面利益相关者的需求，就必须对企业所实现的利润进行合理分配。

2. 利润分配是企业再生产的条件以及优化资本结构的重要措施

企业在生产经营过程中投入的各类资金，随着生产活动的进行不断地发生消耗和转移，形成成本费用，最终构成商品价值的一部分。销售收入的取得，为企业成本费用的补偿提供了前提，为企业简单再生产的正常进行创造了条件。通过利润分配，企业能形成一部分自行安排的资金，可以增强企业生产经营的财力，有利于企业适应市场需要扩大再生产。

此外，留存利润是企业重要的权益资金来源，利润分配的多少，影响企业积累的多少，从而影响权益与负债的比例，即资本结构。企业价值最大化的目标要求企业的资金结构能够最优，因而利润分配便成了优化资金结构、降低资金成本的重要措施。

> ☞ 提醒您
>
> 　　留存利润是指企业从历年实现的利润中提取留存于企业的内部积累，它来源于企业的生产经营活动所实现的净利润，包括企业的盈余公积和未分配利润两个部分。留存利润是企业历年累积起来的，故又称累积资本。

3. 利润分配是国家建设资金的重要来源之一

在企业正常的生产经营活动中，职工不仅为自己创造了价值，还为社会创造了一定的价值，即利润。利润代表企业的新创财富，通过利润分配，国家财政也能够集中一部分企业利润，由国家有计划地分配使用，实现国家政治职能和经济职能，发展能源、交通和原材料基础工业，为社会经济的发展创造良好的条件。

（二）利润分配的原则

利润分配作为一项重要的财务活动,应当遵循以下原则:

(1) 财务依法分配原则;(2) 分配与积累并重原则;(3) 兼顾各方面利益原则;(4) 投资与利润对等原则。

（三）利润分配的程序

根据我国《公司法》及相关法律制度的规定,公司净利润的分配应按照下列顺序进行。

1. 弥补以前年度亏损

企业在提取盈余公积之前,应先用当年利润弥补亏损。企业年度亏损可以用下一年度的税前利润弥补。下一年度的税前利润不足以弥补的,可以用以后年度的税前利润弥补,连续五年未能弥补的亏损则用税后利润弥补。

2. 提取法定盈余公积

根据公司法的规定,盈余公积的提取比例为当年税后利润(弥补亏损后)的10%。当年法定盈余公积金的积累已达注册资本的50%时,可以不再提取。法定盈余公积提取后,根据企业的需要,可用于弥补亏损或转增资本,但企业用盈余公积金转增资本后,法定盈余公积金的余额不得低于转增前公司注册资本的25%。提取法定盈余公积金的目的是增加企业内部积累,以利于企业扩大再生产。

3. 提取任意盈余公积

根据《公司法》规定,公司从净利润中提取法定盈余公积后,经股东会或股东大会决议,还可以从税后利润中提取任意盈余公积。这是为了满足企业管理的需要,控制向投资者分配利润的水平,以及调整各年度利润分配的波动。

4. 向股东分配股利

根据《公司法》的规定,公司弥补亏损和提取盈余公积后的利润,可以向股东分配股利。其中,有限责任公司股东按照实缴的出资比例分取红利,全体股东约定不按照出资比例分取红利的除外;股份有限公司按照股东持有的股份比例分配,但股份有限公司章程规定不按照持股比例分配的除外。

（四）股利政策

股利政策是指在法律允许的范围内,企业是否发放股利、发放多少股利以及何时发放股利的方针及对策。

股利政策的最终目标是使公司价值最大化。股利往往可以向市场传递一些信息,股利的发放多寡、是否稳定、是否增长等,往往是大多数投资者推测公司经营状况、发展前景优劣的依据。因此,股利政策关系到公司在市场上、在投资者中间的形象,成功的股利政策有利于提高公司的市场价值。

1. 股利分配理论

企业的股利分配方案既取决于企业的股利政策,又取决于政策制定者对股利分配的理解与认识,即股利分配理论。股利分配理论是指人们对股利分配的客观规律的科学认识与总结,其核心问题是股利政策与公司价值的关系问题。市场经济条件下,股利分配要符合财务管理目标。人们对股利分配与财务目标之间关系的认识存在不同的流派与观念,目前还没有一种被大多数人所接受的权威观点和结论。但主要有以下两种较流行的观点:

一是股利无关论。该理论认为,在一定的假设条件限制下,股利政策不会对公司的价值或股票的价格产生任何影响,投资者不关心公司股利的分配。公司市场价值的高低,是由公司所选择的投资政策的获利能力和风险组合所决定的,而与公司的利润分配政策无关。

二是股利相关论。该理论与股利无关论相反,认为企业的股利政策会影响股票价格和公司价值。

> **提醒您**
>
> 股利无关理论(MM理论)由莫迪格利安尼(Modigliani)和米勒(Miller)提出。基本要点在于:股利分配与公司价值无关。该理论的基本假设:(1) 不存在任何发行费用或交易费用;(2) 不存在任何个人和公司所得税;(3) 股利政策对公司的资金成本没有影响;(4) 公司的资本投资决策独立于其股利决策;(5) 投资者对股利收益与资本所得具有同样的偏好;(6) 关于公司未来的投资机会,投资者与公司管理当局可获得相同的信息。

2. 股利政策

股利政策由企业在不违反国家有关法律法规的前提下,根据本企业具体情况制定。股利政策既要保持相对稳定,又要符合公司财务目标和发展目标。在实际工作中,通常有以下股利政策可供选择:

> **请注意**
>
> 选择怎样的股利政策直接影响到股票的价格和企业在投资者心目中的形象,因此要持十分慎重的态度。利润分配基本分为两部分,一部分是税前利润分配,另一部分是税后利润分配。

(1) 剩余股利政策。剩余股利政策是公司在有良好的投资机会时,根据目标资本结构,测算出投资所需的权益资本额,先从盈余中留用,然后将剩余的盈余作为股利来分配,即净利润首先满足公司的资金需求,如果还有剩余,就派发股利;如果没有,则不派发股利。因此,采用剩余股利政策时,公司还要遵循如下步骤:

① 设定目标资金结构,在此资金结构下,公司的综合资金成本将达最低水平;

② 确定公司的最佳资金预算,并根据公司的目标资金结构预计资金需求中所需增加的权益资金数额;

③ 最大限度地使用留存利润来满足资金需求中所需增加的权益资金数额;

④ 留存利润在满足公司权益资本增加需求后,若还有剩余再用来发放股利。

【例6-17】 某公司2021年税后净利润为1 000万元,2022年的投资计划需要资金1 200万元,公司的目标资金结构为权益资金占60%,债务资金占40%。

按照目标资金结构的要求,公司投资方案所需的权益资金数额为:

1 200×60% =720(万元)

公司当年全部可用于分派的盈利为1 000万元,除了满足上述投资方案所需的权益资金数额外,还有剩余可用于发放股利。2021年,公司可以发放的股利为:

1 000 －720＝280(万元)

假设该公司当年流通在外的普通股为1 000万股,那么每股股利为:

280÷1 000＝0.28(元/股)

 假定公司下一年度的投资预算为1 600万元,目标资金结构为权益资本率60%。如用剩余股利政策,按照目标资金结构的要求,公司投资方案所需的权益资金额为多少? 公司2021年度可以发放的股利是多少?

剩余股利政策的优点是:留存利润优先保证再投资的需要,有助于降低再投资的资金成本,保持最佳的资本结构,实现企业价值的长期最大化。

剩余股利政策的缺点是:若完全遵照执行剩余股利政策,股利发放额就会每年随着投资机会和盈利水平的波动而波动。在盈利水平不变的前提下,股利发放额与投资机会的多寡呈反方向变动;而在投资机会维持不变的情况下,股利发放额将与公司盈利呈同方向波动。剩余股利政策不利于投资者安排收入与支出,也不利于公司树立良好的形象,一般适用于公司初创阶段。

(2) 固定或稳定增长的股利政策。固定或稳定增长的股利政策是指公司每年派发的股利额固定在某一特定水平或是在此基础上维持某一固定比率逐年稳定增长。公司只有在确信未来盈余不会发生逆转时才会宣布实施固定或稳定增长的股利政策。在这一政策下,应首先确定股利分配额,而且分配额一般不随资金需求的波动而波动。

固定或稳定增长股利政策的优点有:① 由于稳定的股利向市场传递着公司正常发展的信息,有利于树立公司的良好形象,增强对公司的信心,稳定股票的价格。② 稳定的股利额有助于投资者安排股利收入和支出,有利于吸引那些打算进行长期投资并对股利有很高依赖性的股东。③ 稳定的股利政策可能不符合剩余股利理论,但考虑到股票市场会受多种因素影响(包括股东的心理状态和其他要求),为了将股利维持在稳定的水平上,即使推迟某些投资方案或暂时偏离资本结构,也可能比降低股利或股利增长率更为有利。

固定或稳定增长股利政策的缺点有:股利的支付与企业的盈利相脱节,即不论公司盈利多少,均要支付固定的或按固定比率增长的股利,这可能会导致企业资金紧缺,财务状况恶化。此外,在企业无利可分的情况下,若依然实施固定或稳定增长的股利政策,也是违反《公司法》的行为。

因此,采用固定或稳定增长的股利政策,要求公司对未来的盈利和支付能力能做出准确判断。一般来说,公司确定的固定股利不宜偏高,以免陷入无力支付的被动局面。固定或稳定增长的股利政策通常适用于经营比较稳定或正处于成长期的企业,且很难被长期使用。

(3) 固定股利支付率政策。固定股利支付率政策是指公司将每年净利润的某一固定百分比作为股利分派给股东。这个百分比通常称为股利支付率。股利支付率一经确定,一般不得随意变更,在这一股利政策下,只要公司的税后利润一经确定,所派发的股利也就相应确定了。固定股利支付率越高,公司留存的净利润越少。

固定股利支付率的优点有：① 采用固定股利支付率政策，股利与公司盈余的紧密配合体现了"多盈多分、少盈少分、无盈不分"的股利分配原则。② 由于公司的获利能力在年度间是经常变动的，因此，每年的股利就会随着公司利润而变动。采用固定股利支付率政策，公司每年按固定的比例从税后利润中支付现金股利，从企业的支付能力角度看，这是一种稳定的股利政策。

固定股利支付率的缺点有：① 大多数公司每年的利润很难保持稳定不变，导致年度间的股利额波动较大，由于股利的信号传递作用，波动的股利很容易给投资者带来经营状况不稳定、投资风险较大的不良印象，成为公司的不利因素。② 容易使公司面临较大的财务压力。这是因为公司实现的盈利多，并不能代表公司有足够的现金留用来支付较多的股利额。③ 合适的固定支付率的确定难度比较大。

由于公司每年面临的投资机会、筹资渠道都不同，而这些都会影响到公司的股利分派，所以，一成不变地奉行固定支付率政策的公司在实际中并不多见，固定股利支付率政策只是比较适用于那些稳定发展且财务状况也比较稳定的公司。

【例 6-18】 某公司长期以来用固定股利支付率政策进行股利分配，确定的股利支付率为 30%。2021 年税后净利润为 1 500 万元，如果继续执行固定股利支付率政策，公司本年度将要支付的股利为：$1\ 500 \times 30\% = 450$（万元）。

（4）低正常股利加额外股利政策。低正常股利加额外股利政策，是指公司事先设定一个较低的正常股利额，每年除了按正常股利额向股东发放股利外，还在公司盈余较多、资金较为充裕的年份向股东发放额外股利。但是，额外股利并不固定化，不意味着公司永久地提高了股利支付率。该股利政策下的每股股利可以用以下公式表示：

$$Y = a + bX$$

式中，Y 为每股股利；X 为每股利润；a 为低正常股利；b 为股利支付率。

低正常股利加额外股利政策的优点有：① 赋予公司较大的灵活性，使公司在股利发放上留有余地，并具有较大的财务弹性。公司可根据每年的具体情况，选择不同的股利发放水平，以稳定和提高股价，进而实现公司价值的最大化。② 使那些依靠股利度日的股东每年至少可以得到虽然较低但比较稳定的股利收入，从而吸引住这部分股东。

低正常股利加额外股利政策的缺点有：① 由于年份之间公司盈利的波动使得额外股利不断变化，造成分派的股利不同，容易给投资者以利润不稳定的感觉。② 当公司在较长时间内持续发放额外股利后，可能会被股东误认为"正常股利"，一旦取消，传递出的信号可能会使股东认为这是公司财务状况恶化的表现，进而导致股价下跌。

相对来说，对那些盈利随着经济周期波动较大的公司或盈利与实现的现金流量很不稳定的公司，低正常股利加额外股利政策也许是一种不错的选择。

（五）利润分配制约因素

企业的利润分配涉及企业相关各方的切身利益，受众多不确定因素的影响，在确定分配政策时，应当考虑各种相关因素的影响，主要包括法律因素、公司因素、股东因素及其他的因素。

1. 法律因素

为了保护债权人和股东的利益，法律法规就公司的利润分配做出了如下规定：

（1）资本保全约束。规定公司不能用资本（包括实收资本或股本和资本公积）发放股利，目的在于维持企业资本的完整性，保护企业完整的产权基础，保障债权人的利益。

> ☞ **请注意**
>
> 资本保全从静态看是保持投入资本的完整无缺，它要求企业在生产经营过程中，成本补偿和利润分配要保持资本的完整性，保证权益不受侵蚀。从动态的角度看，资本保全还包括利润分配中企业留存收益的保全。

（2）资本积累约束。规定公司必须按照一定的比例和基数提取各种公积金，股利只能从可供分配利润中支付。此处，可供分配利润包含公司当期的净利润按照规定提取各种公积金后的余额和以前积累的未分配利润。另外，在进行利润分配时，一般应当贯彻"无利不分"的原则，即当企业出现年度亏损时，一般不进行利润分配。

（3）超额累积利润约束。由于资本利得与股利收入的税率不一致，如果公司为了避税而使得盈余的保留大大超过了公司目前及未来的投资需要时，将被加征额外的税款。

（4）偿债能力约束。要求公司考虑现金股利分配对偿债能力的影响，确定再分配后仍能保持较强的偿债能力，以维持公司的信誉和借贷能力，从而保证公司的正常资金周转。

2. 公司因素

公司基于短期经营和长期发展的考虑，在确定利润分配政策时，需要关注以下因素：

（1）现金流量。由于会计规范的要求和核算方法的选择，公司盈余与现金流量并非完全相同，净收益的增加不一定意味着可供分配的现金流量的增加。公司在进行利润分配时，要保证正常的经营活动对现金的需求，以维持资金的正常周转，使生产经营得以有序进行。

（2）资产的流动性。企业现金股利的支付会减少其现金持有量，降低资产的流动性，因而保持一定的资产流动性是企业正常运转的必备条件。

（3）盈余的稳定性。一般来讲，公司的盈余越稳定，其股利支付水平也就越高。

（4）投资机会。如果公司的投资机会多，对资金的需求量大，那么它就很可能会考虑采用低股利支付水平的分配政策；相反，如果公司的投资机会少，对资金的需求量小，那么它就很可能倾向于采用较高的股利支付水平。此外，如果公司将留存收益用于再投资所得报酬低于股东个人单独将股利收入投资于其他投资机会所得的报酬时，公司就不应多留存收益，而应多发放股利，这样有利于股东价值的最大化。

（5）筹资因素。如果公司具有较强的筹资能力，随时能筹集到所需资金，那么它会具有较强的股利支付能力。另外，留存收益是企业内部筹资的一种重要方式，它同发行新股或举债相比，不需花费筹资费用，同时增加了公司权益资本的比重，降低了财务风险，便于低成本取得债务资本。

（6）其他因素。由于股利的信号传递作用，公司不宜经常改变其利润分配政策，应保持一定的连续性和稳定性。此外，利润分配政策还会受其他公司的影响，比如，不同发展阶段、不同行业的公司股利支付比例会有差异，这就要求公司在进行政策选择时考虑发展阶段以及所处行业状况。

3. 股东因素

股东在控制权、收入和税负方面的考虑也会对公司的利润分配政策产生影响。

（1）控制权。现有股东往往将股利政策作为维持其控制地位的工具。企业支付较高的股利导致留存收益减少，当企业为有利可图的投资机会筹集所需资金时，发行新股的可能性增大，新股东的加入必然稀释公司的控制权。所以，股东会倾向于较低的股利支付水平，以便从内部的留存收益中取得所需资金。

（2）稳定的收入。如果股东依赖现金股利维持生活，他们往往要求企业能够支付稳定的股利，而反对过多留存。

（3）避税。由于股利收入的税率要高于资本利得税率，因此有些股东出于避税考虑往往要求限制股利的支付，而较多地保留盈余，以便从股价上涨中获利。

4. 其他因素

（1）债务契约。一般来说，股利支付水平越高，留存收益越少，企业的破产风险越大，就越有可能损害到债权人的利益。因此，为了保证自己的利益不受侵害，债权人通常都会在债务契约、租赁合同中加入关于借款企业股利政策的限制条款。

（2）通货膨胀。通货膨胀会带来货币购买力水平下降，导致固定资产重置资金不足，此时，企业往往不得不考虑留用一定的利润，以便弥补由于购买力下降而造成的固定资产重置资金缺口。因此，在通货膨胀时期，企业一般会采取偏紧的利润分配政策。

（六）股利支付形式与程序

1. 股利支付形式

股利支付形式可以分为不同的种类，主要有以下四种：

（1）现金股利。现金股利是以现金支付的股利，它是股利支付的最常见方式。公司选择发放现金股利除了要有足够的留存收益外，还要有足够的现金，而现金充足与否往往会成为公司发放现金股利的主要制约因素。

（2）财产股利。财产股利是以现金以外的其他资产支付的股利，主要是以公司所拥有的其他公司的有价证券，如债券、股票等，作为股利支付给股东。

（3）负债股利。负债股利是以负债方式支付的股利，通常以公司的应付票据支付给股东，有时也以发放公司债券的方式支付股利。

财产股利和负债股利实际上是现金股利的替代，这两种股利支付形式在我国公司实务中很少使用。

（4）股票股利。股票股利是以公司增发股票的方式所支付的股利，我国实务中通常称其为"红股"。股票股利对公司来说，并没有现金流出企业，也不会导致公司财产减少，而只是将公司的留存收益转化为股本。但股票股利会增加流通在外的股票数量，同时降低股票每股价值。它不改变公司股东权益总额，但会改变股东权益的构成。

2. 股利支付程序

（1）股利宣告日，即股东大会决议通过并由董事会将股利支付情况予以公告的日期。公告中将宣布每股应支付的股利、股权登记日、除息日以及股利支付日。

（2）股权登记日，即有权领取本期股利的股东资格登记截止日期。凡是在此指定日期收盘之前取得公司股票，成为公司在册股东的投资者都可以作为股东享受公司分派的股利。在这一天之后取得股票的股东则无权领取本次分派的股利。

（3）除息日，即领取股利的权利与股票分离的日期。在除息日之前购买的股票才能领取本次股利，而在除息日当天或是以后购买的股票，则不能领取本次股利。由于失去了"付息"的权利，除息日的股票就会下跌。

（4）股权发放日，即公司按照公布的分红方案向股权登记日在册的股东实际支付股利的日期。

【例 6-19】 某上市公司于 2022 年 4 月 10 日公布 2021 年度的最后分红方案，其公告如下："2022 年 4 月 9 日在北京召开的股东大会，通过了董事会关于每股分派 0.15 元的 2021 年股利分配方案。股权登记日为 4 月 25 日，除息日为 4 月 26 日，股东可在 5 月 10 日至 25 日之间通过深圳交易所按交易方式领取股息。特此公告。"该上市公司股利支付程序如图 6-1 所示。

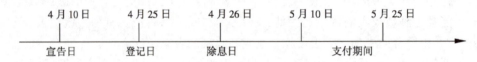

图 6-1　某上市公司股利支付程序图

（七）股票分割与股票回购

1. 股票分割

股票分割又称拆股，即将一股股票拆分为多股股票的行为。股票分割一般只会增加发行在外的股票总数，但不会对公司的资本结构产生任何影响。股票分割与股票股利非常相似，都是在不增加股东权益的情况下增加了股份的数量，所不同的是，股票股利虽不会引起股东权益额的改变，但股东权益的内部结构会发生变化，而股票分割之后，股东权益总额及其内部结构都不会发生任何变化，变化的只是股票面值。

股票分割的作用如下：

（1）降低股票价格。股票分割会使每股市价降低，买卖该股票所需资金量减少，从而可以促进股票的流通和交易。流通性的提高和股东数量的增加，会在一定程度上加大对公司股票恶意收购的难度。此外，降低股票价格还可以为公司发行新股做准备，因为股价太高会使许多潜在投资者力不从心而不敢轻易对公司股票进行投资。

（2）在市场和投资者中传递"公司发展前景良好"的信号，有助于提高投资者对公司股票的信心。与股票分割相反，如果公司认为其股票价格过低，不利于其在市场上的声誉和未来的再筹资时，为提高股票的价格，会采取反分割措施，反分割又称股票合并或逆向分割，是指将多股股票合并为一股股票的行为。反分割显然会降低股票的流通性，提高公司股票的门槛，它向市场传递的信息通常都是不利的。

【例 6-20】 某上市公司在 2021 年年末资产负债表上的股东权益账户情况如表 6-5 所示。

表6-5	某上市公司2021年年末股东权益情况表	单位：万元
普通股（面值10元，发行在外1 000万股）		10 000
资本公积		10 000
盈余公积		5 000
未分配利润		8 000
股东权益合计		33 000

① 假设股票市价为20元，该公司宣布发放10%的股票股利，即现有股东每持有10股即可获赠1股普通股。发放股票股利后，股东权益有何变化？每股净资产是多少？

② 假设该公司按照1∶2的比例进行股票分割，股票分割后，股东权益有何变化？每股净资产是多少？

根据上述资料，分析计算如下：

① 发放股票股利后股东权益情况如表6-6所示。

表6-6	某上市公司发放股票股利后股东权益情况表	单位：万元
普通股（面值10元，发行在外1 100万股）		11 000
资本公积		11 000
盈余公积		5 000
未分配利润		6 000
股东权益合计		33 000

每股净资产为：

33 000÷(1 000+100)=30(元/股)

② 股票分割后股东权益情况如表6-7所示。

表6-7	某上市公司股票分割后股东权益情况表	单位：万元
普通股（面值5元，发行在外2 000万股）		10 000
资本公积		10 000
盈余公积		5 000
未分配利润		8 000
股东权益合计		33 000

每股净资产为：

33 000÷(1 000×2)=16.5(元/股)

2. 股票回购

(1) 股票回购的含义及方式。股票回购是指上市公司出资将其发行在外的普通股以一定价格购买回来给予注销或作为库存股的一种资本运作方式。公司不得随意收购本公司的股份,只有在满足相关法律规定的情形下才允许股票回购。股票回购的方式主要包括市场回购、要约回购和协议回购三种。其中,公开市场回购是指公司在公开交易市场上以当前市价回购股票;要约回购是指公司在特定期间向股东发出要约,以高出当前市价的某一价格回购既定数量股票;协议回购则是指公司以协议价格直接向一个或几个主要股东回购股票。

(2) 股票回购的动机。在证券市场上,股票回购的动机多种多样,主要有以下几点:

① 现金股利的替代,现金股利政策会对公司产生未来的派现压力,而股票回购不会。当公司有富余资金时,通过购回股东所持股票将现金分配给股东,这样,股东就可以根据自己的需要选择继续持有股票或出售获得现金。

② 改变公司的资金结构。无论是现金回购还是举债回购股份,都会提高公司的财务杠杆水平,改变公司的资金结构。公司认为权益资金在资金结构中所占比例较大时,为了调整资金结构而进行股票回购,可以在一定程度上降低整体资金成本。

③ 传递公司信息。由于信息不对称和预期差异,证券市场上的公司股票价格可能被低估,而过低的股价将会对公司产生负面影响。一般情况下,投资者会认为股票回购是公司认为其股票价值被低估而采取的应对措施。

④ 基于控制权的考虑。控股股东为了保证其控制权,往往采取直接或间接的方式回购股票,从而巩固既有的控制权。另外,股票回购使流通在外的股份数变少,股价上升,从而可以有效地防止敌意收购。

(3) 股票回购的影响。股票回购对上市公司的影响主要表现在以下几个方面:

① 股票回购需要大量的资金支付回购成本,容易造成资金紧张,降低资产流动性,影响公司的后续发展。

② 股票回购无异于股东退股和公司资本的减少,也可能会使公司的发起人股东更注重创业利润的实现,从而不仅在一定程度上削弱了对债权人利益的保护,而且忽视了公司的长远发展,损害了公司的根本利益。

③ 股票回购容易导致公司操纵股价。公司回购自己的股票容易导致其利用内幕消息进行炒作,加剧公司行为的非规范化,损害投资者的利益。

议一议

1. 企业通常有哪些股利政策可供选择?
2. 利润分配制约因素有哪些?
3. 公司净利润的分配应按照什么顺序进行?
4. 股利支付形式可以分为哪些种类?
5. 股票回购的动机主要有几点?

我国上市公司股利政策分析

【搜索关键词】

营业收入 利润 利润分配 股利政策 股票回购

【单元小结】

销售收入是企业的主要财务指标,它在资金运动过程中处于十分重要的地位,是企业简单再生产和扩大再生产的资金来源,是加速资金周转的前提。销售收入大小的制约因素主要是产品的销售数量和销售价格,因此,企业在经营管理过程中一定要做好销售预测分析以及销售定价管理。

利润是企业的最终财务成果,追求更多的利润是企业生产经营的目的。对利润的形成、分配和日常管理,就成为企业一项重要的工作内容。对利润的构成要加以区分,对影响利润的各项内容要进行分析,对目标利润的预测方法要灵活掌握。利润分配管理是对企业利润分配的主要活动及其形成的财务关系的组成与调节,是企业将一定时期内所创造的经营成果合理地在企业内、外部各方利益相关者之间进行有效分配的过程。对于企业来说,利润分配要遵循一定的基本原则,考虑影响利润分配的政策因素,采取有利于企业发展壮大的股利政策,既可满足国家政治职能与组织经济职能的需要,又是处理好所有者、经营者等各个方面物质利益关系的基本手段。

【主要名词中英文】

营业收入	Primary Income
利润	Profit
净利润	Net Income
现金股利	Cash Dividend
股票股利	Stock Dividend
财产股利	Property Dividend

单元七

财务控制与分析

模块一　认识财务控制

学习目标

1. 认知财务控制的含义与种类。
2. 熟悉责任中心的含义与种类。
3. 掌握各责任中心的考核指标。
4. 树立财务控制与承担责任的意识。

学习重点

责任中心的种类及考核指标。

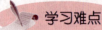

学习难点

责任中心的考核指标。

案例导入

与众多国际知名品牌汽车相比，国内轿车的最大优势在于性价比，性价比主要包括功能和价格、成本等指标。在目前汽车行业竞争激烈的情况下,成本控制要从企业内部入手。A 汽车制造公司的具体做法是:把每个职能部门划分成多个"利润中心",并将它作为一个模拟的独立法人公司进行考核管理。比如生产部门,系统里可以直接显示该生产职能部门的利润情况、资产负债情况、投资回报率等。这样作为生产部门的负责人,成本、费用支出和收入情况就可以一目了然。从此前的"大锅饭"形式转变为一个个"小灶",这是 A 汽车制造公司信息部门的一个业务创新。这种将看似无序的财务账本量化的做法,使每个职能部门都能明白自己是否创造了价值,创造价值的同时动用了多少资源,以及投资回报率的状况。

请思考:A 汽车制造公司的这次改革主要综合了哪些财务管理理论?

一、财务控制的含义与种类

(一)财务控制的含义

财务控制是以计划任务和各项定额为依据,对资金的收入、支出、占用、耗费进行日常的核算,利用相关财务信息和特定手段对企业财务活动施加影响和进行调节,以便实现计划规定的财务目标。它是落实财务计划、保证财务计划实现的有效措施。

(二)财务控制的种类

财务控制可以按不同的标准进行分类,常见的分类标准及种类如表 7-1 所示。

表 7-1　　　　　　　　　财务控制的分类标准与种类

分类标准	具 体 种 类
1. 控制的时间	事前财务控制:财务活动发生之前所实施的控制,能起到预防的作用。 事中财务控制:在财务活动进行过程中所实施的控制。 事后财务控制:对财务活动的结果所进行的分析和评价。
2. 控制的对象	收支控制:以企业和各责任中心的财务收支活动为对象进行的控制。 现金控制:以企业和各责任中心的现金收支活动为对象进行的控制。
3. 控制的依据	预算控制:以财务预算为依据,对预算执行主体的财务收支活动所进行的控制。 制度控制:以企业制定的规章制度为依据,约束企业和各责任中心财务收支活动的控制。
4. 控制的内容	一般控制:对企业财务活动赖以进行的内部环境所实施的总体控制。 应用控制:对企业财务活动的具体控制。

二、责任控制

企业为了实行有效的内部协调与控制,通常按照统一领导、分级管理的原则,在其内部合理划分责任单位,即责任中心。该中心在企业内部承担一定经济责任,并享有一定权利。

根据企业内部责任中心的权限范围及业务活动的特点不同,可将其划分为以下三个责任中心:成本中心、利润中心和投资中心。

(一) 成本中心

1. 成本中心的含义

成本中心是指对成本或费用承担责任的中心,该中心不会形成能用货币计量的收入,因而不需要对收入、利润或投资负责。成本中心的应用范围最广,企业内部凡有成本发生,需要对成本负责,并能实施成本控制的单位,都可成为成本中心,如工厂、车间或班组。

2. 成本中心的类型

成本中心的类型可分为标准成本中心和费用中心。

标准成本中心是指所生产的产品稳定而明确,并且已经知道单位产品所需要投入量的责任中心。这类责任中心的每种产品有明确的原材料、人工费用及各种间接费用的数量标准与价格标准。其典型代表为制造业工厂、车间、班组等。

费用中心是指产出物不能用财务指标来衡量,或投入与产出之间没有密切关系的责任中心。通常采用预算总额审批的控制方法。这类中心包括行政管理部门、研究开发部门、销售部门等。

3. 成本中心的特征

第一,成本中心只考核成本费用不考核收益,即该中心只以货币形式计量投入,不以货币形式计量产出;第二,成本中心只对可控成本承担责任,即只对能够控制其发生及数量的成本负责。

4. 成本中心的考核指标

成本中心的考核指标主要有成本(费用)变动额和成本(费用)变动率两个指标。

$$成本(费用)变动额 = 实际责任成本(费用) - 预算责任成本(费用)$$

$$成本(费用)变动率 = \frac{成本(费用)变动额}{预算责任成本(费用)} \times 100\%$$

(二) 利润中心

1. 利润中心的含义

一个责任中心如果能同时控制生产和销售,既要对成本负责又要对收入负责,但没有能力决定该中心的资产投资水平,只根据其利润的多少来评价该中心的业绩,这类中心就可称为利润中心。

2. 利润中心的类型

利润中心的类型可分为自然利润中心和人为利润中心。

自然利润中心可以直接向企业外部销售产品,在市场上进行购销业务。它是企业内部的一个部门,功能和独立企业类似。最典型的形式是公司内部的事业部,每个事业部均有销售、生产、采购的功能,有很大的独立性,能独立地控制成本并取得收入。

人为利润中心只对内部责任单位提供产品或服务,从而取得内部销售收入。这种利润中心一般不直接对外销售产品。人为利润中心一般也具有相对独立的经营权。

3. 利润中心的考核指标

评价利润中心业绩时,可根据具体情况选择以下四个指标:边际贡献、可控边际贡献、部门边际贡献和税前部门利润。

(三) 投资中心

1. 投资中心的含义

如果一个责任中心既要对成本和利润负责,又要对投资效果负责,则该责任中心为投资中心。由于投资的目的是获取利润,因此投资中心同时也是利润中心,区别在于投资中心拥有决策权,其承担的责任是最大的。

2. 投资中心的考核指标

投资中心的考核指标主要有投资利润率和剩余收益两个指标。

$$投资利润率 = \frac{利润}{投资额} \times 100\%$$

$$剩余收益 = 利润 - 投资额 \times 预期的最低投资利润率$$

议一议

1. 对企业财务活动进行控制有何意义?
2. 各类财务控制之间有什么联系?
3. 三类责任中心的责任有何区别?在进行考核时应注意什么?

模块二　认识财务分析

学习目标

1. 认知财务分析的意义与内容。
2. 认知反映财务状况和经营成果的指标。
3. 掌握财务分析的基本方法。
4. 树立诚信、严谨的财务报表分析理念,不弄虚作假,不误导信息使用者,拥有职业操守。

学习重点

1. 财务分析的基本方法。
2. 反映财务状况和经营成果的指标。

学习难点

财务分析基本方法的运用。

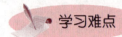 **案例导入**

在市场经济高度发展的环境下,与企业有着各种利益关系的组织和个人日益多元化,他们在不同程度上关心企业的财务状况和经营成果。巴菲特曾经说过:"对一家企业进行投资,我主要分析这家企业的财务报表。"

请思考:有哪些主体关注企业对外公布的财务报表?可以利用报表的数据进行哪些分析?

一、财务分析的含义与内容

(一) 财务分析的含义

财务分析是以企业财务报表反映的财务指标为主要依据,运用一系列专门的财务分析技术和方法对企业财务状况、经营成果及未来前景进行分析,从而了解企业财务活动状况、预测财务发展趋势和进行经营决策的一项财务管理活动。

(二) 财务分析的内容

一般来说,财务报告的使用者主要有股东、债权人、公司经营者、政府相关部门等。由于不同的使用者与公司有着不同的利害关系,因此,财务分析的目的也有所不同,其分析的内容和侧重点也就各不相同。归纳起来主要包括以下几个方面。

1. 偿债能力分析

偿债能力分析主要是分析评价企业如期偿付债务的能力。能否及时偿还到期债务,是反映企业财务状况好坏的重要标志。它包括短期偿债能力和长期偿债能力。

2. 营运能力分析

营运能力分析主要是对企业所运用的资产进行全面分析,分析企业各项资产的使用效果、资金周转的快慢以及挖掘资金的潜力,提高资金的使用效果。

3. 盈利能力分析

盈利能力分析主要通过将资产、负债、所有者权益与经营成果相结合来分析企业的各项报酬率指标,从不同角度判断企业的获利能力。

4. 综合能力分析

综合能力分析是将企业偿债能力、营运能力和盈利能力以及发展趋势等各方面的分析指标纳入一个有机的分析系统之中,全面地对企业财务状况、经营成果进行解剖和分析,从而对企业经济效益做出较为准确的评价与判断。

二、财务分析的方法

（一）比较分析法

比较分析法是通过对有关财务报表数据或财务比率指标在不同时期或不同情况下的数量上的比较，来揭示企业财务指标之间的数量关系和数量差异的一种方法。比较分析法是最基本的分析方法。

实际工作中，企业对财务指标的对比主要有以下几种形式：一是实际与计划比；二是本期实际与上期实际或历史最高水平比；三是本企业实际与同类企业比。

（二）比率分析法

比率分析法是指利用财务报表中两项相关数值的比率来揭示企业财务状况和经营成果的一种分析方法。它是当前财务分析的主要方法。其常用的财务比率有结构比率和相关比率。

（三）趋势分析法

趋势分析法是将两期或连续数期财务报告中的相同指标进行对比，确定其增减变动的方向、数额和幅度，以说明企业财务状况及经营成果变化趋势的一种方法。进行趋势分析时，可以把若干时期的同一指标按时间顺序排列成动态数列，或者计算动态相对数，以此观察其变动趋势。动态相对数指标有两种形式：定基动态比率和环比动态比率。

（四）因素分析法

因素分析法是在对某个经济指标进行比较分析的基础上，进一步研究指标的影响因素及影响关系，并按一定的计算程序和方法从数量上测算各因素变动对分析指标影响程度的一种分析方法。常用的计算方法有两种：连环替代法和差额计算法。

三、常见财务分析指标

（一）偿债能力指标

1. 流动比率

流动比率是企业的流动资产与流动负债的比率，表示企业以其流动资产偿还流动负债的能力。一般来说，流动比率越高，表明企业的偿还保障程度越高。但如果该比率过高，则说明企业将较多的资金占用在流动资产上，影响企业的营运能力和获利能力。因此，流动比率应保持在一个合理的水平，根据国际惯例，流动比率通常以2为宜。

2. 速动比率

速动比率是企业的速动资产与流动负债的比率。速动资产是指能迅速转化为现金的资产,主要包括货币资金、交易性金融资产、应收及预付款项等,即流动资产减去存货。速动比率在计算时,剔除了存货,其计算出来的比率能更好地反映企业偿还流动负债的能力。习惯上,该比率的评价标准为1。但这个标准也不是绝对的,在进行具体分析时,还应考虑企业的具体情况和所在行业的特点。

3. 现金比率

现金比率是企业的现金与流动负债的比率。此处现金指的是企业可立即动用的资金,包括库存现金和银行活期存款,如果企业持有的交易性金融资产的变现能力极强,也可以看作是可立即动用的资金。该指标是反映企业偿还流动负债最为谨慎的指标,主要用于分析那些应收账款和存货的变现能力都存在问题的企业。这一指标越高,反映其偿还能力越强。具体标准应根据行业的实际情况来定。

4. 资产负债率

资产负债率又称为负债比率或负债对资产的比率,是企业的负债总额与资产总额的比率。资产负债比率反映的是企业全部资金中有多少比率的资金是通过负债而筹集的,因此,这一比率能反映企业资产对负债的保障程度。对于该指标的分析,应注意分析者的角度,如果从债权人的角度看,该比率低一点,对其利益比较好,能保证其借出资金的安全;而从所有者的角度来看,他们关注的是投资收益率的高低,如果负债的利息率低于总资产的报酬率,则希望该比率越高越好;但对于企业的经营者而言,他们则希望将该比率控制在一个比较合理的水平。通常资产负债率一般控制在50%左右。

> ☞ 提醒您
>
> 对企业资产负债率的评价,应结合企业的获利能力进行,如果企业经营前景比较好,可以适当提高资产负债率,通过杠杆作用提高净资产的收益率;若企业经营前景不佳,则应当降低资产负债率,降低财务风险,从而减少负债经营的不确定性,确保投资收益的相对稳定性。

5. 产权比率

产权比率是指企业的负债总额与股东权益总额的比率。该比率能衡量主权资本对借入资本的保障程度,同时也反映企业的基本财务结构是否合理。产权比率高,是高风险、高报酬的财务结构;产权比率低,是低风险、低报酬的财务结构。一般来说,产权比率应小于1,即借入资本应小于股东资本较好。

想 一 想 资产负债率与产权比率之间有何关系?

6. 利息保障倍数

利息保障倍数是企业的息税前利润与利息费用的比值,又称为已获利息倍数。它反映企业经营业务收益支付利息的能力,息税前利润=税后利润+所得税+利息费用。一般说来,利息保障倍数较高,说明支付利息的能力较强;反之,则说明支付利息的能力较弱,企业存在较大的财务风险。

> **请注意**
>
> 以上六个指标都是反映企业偿债能力的指标。但是，流动比率、速动比率和现金比率这三个指标是反映企业偿还流动负债的能力，因此，这三个指标称为反映企业短期偿债能力的指标；而资产负债率、产权比率和利息保障倍数这三个指标是反映企业偿还整体负债的能力，尤其是反映企业偿还长期负债的能力，因此，这三个指标称为反映企业长期偿债能力的指标。

（二）获利能力指标

1. 销售毛利率

销售毛利率是企业实现的销售毛利与营业收入净额的比率。该指标反映企业产品或商品销售的初始获利能力。从企业营销策略来看，没有足够大的毛利率便不能形成较大的获利。由于销售毛利率是一个相对数，分析时要与销售毛利额相结合，才能评价企业对管理费用、销售费用、财务费用等期间费用的承受能力。

2. 销售净利率

销售净利率是指企业净利润与营业收入净额的比率。该指标是企业销售的最终获利能力指标，该指标的值越高，说明企业的获利能力越强。

3. 总资产报酬率

总资产报酬率是指企业的息税前利润与总资产的比值，可用以判断收益水平的高低，但应当与同行业的平均收益水平相比，才能做出正确的判断。

4. 净资产收益率

净资产收益率又称为股东权益报酬率，它是指企业的净利润与平均股东权益的比率。该指标越高，投资者投入企业的资本所获得的收益就越高，对投资者的吸引力就越大。

（三）企业营运能力分析

1. 应收账款周转率

应收账款周转率是由赊销收入净额与应收账款平均占用额进行对比所确定的一个指标，有周转次数和周转天数两种表示方法。一定时期内应收账款的周转次数越多越好，说明应收账款的周转速度快，应收账款的利用效果好。应收账款周转天数又称为应收账款占用天数、应收账款账龄、应收账款平均收账期，是反映应收账款周转情况的另一重要指标，周转天数越少，说明应收账款周转越快，利用效果越好。

2. 存货周转率

存货周转率是由销售成本与存货平均占用额进行对比所确定的指标，有存货周转次数和存货周转天数两种表示方法。一定时期内存货的周转次数越多越好，说明存货的周转速度快，存货利用效果好。而存货周转的天数越少，说明存货周转越快，利用效果越好。

3. 流动资产周转率

流动资产周转率是由销售收入与流动资产平均占用额进行对比所确定的指标，有流动资产周转次数和流动资产周转天数两种表示方法。一定时期内流动资产的周转次数越多越好,说明流动资产的周转速度快,利用效果好。而流动资产周转的天数越少,说明流动资产周转越快,利用效果越好。

4. 固定资产周转率

固定资产周转率是由销售收入与固定资产净值总额进行对比所确定的一个指标。评价时应该结合公司的具体情况进行分析。

5. 总资产周转率

总资产周转率是由销售收入与资产总额进行对比所确定的一个比率。评价时需要与企业的历史水平及行业平均水平进行比较。

四、综合指标分析

(一) 杜邦财务分析法

杜邦财务分析法是利用相关财务比率的内在联系构建一个综合的指标体系,来考察企业整体财务状况和经营成果的一种分析方法。这种方法由美国杜邦(Dupont)公司在20世纪20年代率先采用,故称杜邦财务分析法。

杜邦财务分析法是采用"杜邦分析图",将有关分析指标按内在联系排列,如图7-1所示。

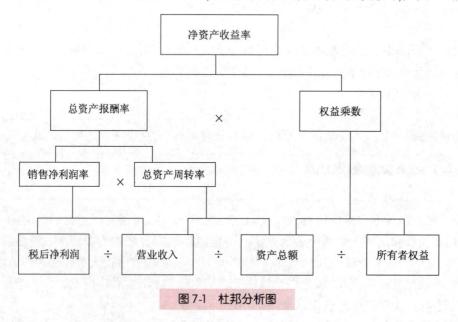

图7-1 杜邦分析图

(二) 沃尔比重评分法

沃尔比重评分法的先驱者之一是亚历山大·沃尔。他在20世纪初出版的《信用晴雨表研究》和《财务报表比率分析》中提出了信用能力指数的概念,把流动比率、产权比率、固定资产比率、存货周转率、应收账款周转率、固定资产周转率、自有资金周转率七项财务比率用线性关系结合起来,并分别给定各自的分数比重,然后通过与标准比率进行比较,确定各项指标的得分及总体指标的累计分数,从而对企业的信用水平做出评价。

这一方法的优点在于简单易用,便于操作。但它在理论上存在着一定的缺陷:它未能说明为什么选择这七个财务比率,而不是更多或者更少,或者选择其他财务比率;它未能证明各个财务比率所占权重的合理性;它也未能说明比率的标准值是如何确定的。

议一议

1. 在运用比较分析法时,为了客观评价企业的财务状况和经营成果,应如何选择评价标准?
2. 反映企业盈利能力的指标与营运能力的指标之间有没有内在联系?
3. 单项财务指标分析与综合财务指标分析有何区别?

【搜索关键词】

财务控制　责任中心　财务分析　偿债能力　获利能力　营运能力　杜邦分析　沃尔比重评分

【单元小结】

财务控制是以计划任务和各项定额为依据,对资金的收入、支出、占用、耗费进行日常的核算,利用相关财务信息和特定手段对企业财务活动施加影响和进行调节,以便实现计划规定的财务目标。

根据企业内部责任中心的权限范围及业务活动的特点不同,可将其分为成本中心、利润中心和投资中心。

财务分析是以企业财务报表反映的财务指标为主要依据,运用一系列专门的财务分析技术和方法对企业财务状况、经营成果及未来前景进行分析,从而了解企业财务活动状况、预测财务发展趋势和进行经营决策的一项财务管理活动。

财务分析的基本方法有比较分析法、比率分析法、趋势分析法和因素分析法。

财务指标分析包括单项财务指标分析和综合财务指标分析,单项财务指标分析指企业的偿债能力分析、获利能力分析、营运能力分析等;综合财务指标分析指杜邦财务分析法和沃尔比重评分法分析。

偿债能力指标	获利能力指标	营运能力指标
流动比率	销售毛利率	应收账款周转率
速动比率	销售净利率	存货周转率
现金比率	总资产报酬率	流动资产周转率
资产负债率	净资产收益率	固定资产周转率
产权比率		总资产周转率
利息保障倍数		

【主要名词中英文】

财务控制　　　　　　　　Financial Control
责任中心　　　　　　　　Responsibility Center

财务分析	Financial Analysis
偿债能力	Debt-paying Ability 或者 Solvency
获利能力	Profit Ability 或者 Earnings-generating Capacity
营运能力	Operating Capacity

附 录

附表一（1 元的终值）

复利终值系数表（1）

期数	1%	2%	3%	4%	5%	6%	7%	8%	9%	10%
1	1.010 0	1.020 0	1.030 0	1.040 0	1.050 0	1.060 0	1.070 0	1.080 0	1.090 0	1.100 0
2	1.020 1	1.040 4	1.060 9	1.081 6	1.102 5	1.123 6	1.144 9	1.166 4	1.188 1	1.210 0
3	1.030 3	1.061 2	1.092 7	1.124 9	1.157 6	1.191 0	1.225 0	1.259 7	1.295 0	1.331 0
4	1.040 6	1.082 4	1.125 5	1.169 9	1.215 5	1.262 5	1.310 8	1.360 5	1.411 6	1.464 1
5	1.051 0	1.104 1	1.159 3	1.216 7	1.276 3	1.338 2	1.402 6	1.469 3	1.538 6	1.610 5
6	1.061 5	1.126 2	1.194 1	1.265 3	1.340 1	1.418 5	1.500 7	1.580 9	1.677 1	1.771 6
7	1.072 1	1.148 7	1.229 9	1.315 9	1.407 1	1.503 6	1.605 8	1.713 8	1.828 0	1.948 7
8	1.085 9	1.171 7	1.266 8	1.368 6	1.477 5	1.593 8	1.718 2	1.850 9	1.992 6	2.143 6
9	1.093 7	1.195 1	1.304 8	1.423 3	1.551 3	1.689 5	1.838 5	1.999 0	2.171 9	2.357 9
10	1.104 6	1.219 0	1.343 9	1.480 2	1.628 9	1.790 8	1.967 2	2.158 9	2.367 4	2.593 7
11	1.115 7	1.243 4	1.384 2	1.539 5	1.710 3	1.898 3	2.104 9	2.331 6	2.580 4	2.583 1
12	1.126 8	1.268 2	1.425 8	1.601 0	1.795 9	2.012 2	2.252 2	2.518 2	2.812 7	3.138 4
13	1.138 1	1.293 6	1.468 5	1.665 1	1.885 6	2.132 9	2.409 8	2.719 6	3.065 8	3.452 3
14	1.149 5	1.319 5	1.512 6	1.731 7	1.979 9	2.260 9	2.578 5	2.937 2	3.341 7	3.797 5
15	1.161 0	1.345 9	1.558 0	1.800 9	2.078 9	2.396 6	2.759 0	3.172 2	3.642 5	4.177 2

复利终值系数表(2)

期数	1%	2%	3%	4%	5%	6%	7%	8%	9%	10%
16	1.172 6	1.372 8	1.604 7	1.873 0	2.182 9	2.540 4	2.952 2	3.425 9	3.970 3	4.595 0
17	1.184 3	1.400 2	1.652 8	1.947 9	2.292 0	2.692 8	3.158 8	3.700 0	4.327 6	5.054 5
18	1.196 1	1.428 2	1.702 4	2.025 8	2.406 6	2.854 3	3.379 9	3.996 0	4.717 1	5.559 9
19	1.208 1	1.456 8	1.753 5	2.106 8	2.527 0	3.025 6	3.616 5	4.315 7	5.141 7	6.115 9
20	1.220 2	1.485 9	1.806 1	2.191 1	2.653 3	3.207 1	3.869 7	4.661 0	5.604 4	6.727 5
21	1.232 4	1.515 7	1.860 3	2.278 8	2.786 0	3.399 6	4.140 6	5.033 8	6.108 8	7.400 2
22	1.244 7	1.546 0	1.916 1	2.369 9	2.925 3	3.603 5	4.430 4	5.436 5	6.658 6	8.140 3
23	1.257 2	1.576 9	1.973 6	2.464 7	3.071 5	3.819 7	4.740 5	5.871 5	7.257 9	8.954 3
24	1.269 7	1.608 4	2.032 8	2.563 3	3.225 1	4.048 9	5.072 4	6.341 2	7.911 1	9.849 7
25	1.282 4	1.640 6	2.093 8	2.665 8	3.386 4	4.291 9	5.427 4	6.848 5	8.623 1	10.835
26	1.295 3	1.673 4	2.156 6	2.772 5	3.555 7	4.549 4	5.807 4	7.396 4	9.399 2	11.918
30	1.347 8	1.811 4	2.427 3	3.243 4	4.321 9	5.743 5	7.612 3	10.063	13.268	17.449
40	1.488 9	2.208 0	3.262 0	4.801 0	7.040 0	10.286	14.794	21.725	31.408	45.259
50	1.644 6	2.691 6	4.383 9	7.106 7	11.467	18.420	29.457	46.902	74.358	117.39
60	1.816 7	3.281 0	5.891 6	10.520	18.679	32.988	57.946	101.26	176.03	304.48

复利终值系数表(3)

期数	12%	14%	15%	16%	18%	20%	24%	28%	32%	36%
1	1.120 0	1.140 0	1.150 0	1.160 0	1.180 0	1.200 0	1.240 0	1.280 0	1.320 0	1.360 0
2	1.254 4	1.299 6	1.322 5	1.345 6	1.392 4	1.440 0	1.537 6	1.638 4	1.742 4	1.849 6
3	1.404 9	1.481 5	1.520 9	1.560 9	1.643 0	1.728 0	1.906 6	2.087 2	2.300 0	2.515 5
4	1.573 5	1.689 0	1.749 0	1.810 6	1.938 8	2.073 6	2.364 2	2.684 4	3.036 0	3.421 0
5	1.762 3	1.925 4	2.011 4	2.100 3	2.287 8	2.488 3	2.931 6	3.436 0	4.007 5	4.652 5
6	1.973 8	2.195 0	2.313 1	2.436 4	2.699 6	2.986 0	3.635 2	4.398 0	5.289 9	6.327 5
7	2.210 7	2.502 3	2.660 0	2.826 2	3.185 5	3.583 2	4.507 7	5.629 7	6.982 6	8.605 4
8	2.476 0	2.852 6	3.059 0	3.278 4	3.758 9	4.299 8	5.589 8	7.205 8	9.217 0	11.703
9	2.773 1	3.251 9	3.517 9	3.803 0	4.435 5	5.159 8	6.931 0	9.223 4	12.166	15.917
10	3.105 8	3.707 2	4.045 6	4.411 4	5.233 8	6.191 7	8.594 4	11.806	16.060	21.647
11	3.478 5	4.226 2	4.652 4	5.117 3	6.175 9	7.430 1	10.657	15.112	21.199	29.439
12	3.896 0	4.817 9	5.350 3	5.936 0	7.287 6	8.916 1	13.215	19.343	27.983	40.037
13	4.363 5	5.492 4	6.152 8	6.885 8	8.599 4	10.699	16.386	24.759	36.937	54.451
14	4.887 1	6.261 3	7.075 7	7.987 5	10.147	12.839	20.319	31.691	48.757	74.053
15	5.473 6	7.137 9	8.137 1	9.265 5	11.974	15.407	25.196	40.565	64.359	100.71

复利终值系数表(4)

期数	12%	14%	15%	16%	18%	20%	24%	28%	32%	36%
16	6.130 4	8.137 2	9.357 6	10.748	14.129	18.488	31.243	51.923	84.954	136.97
17	6.866 0	9.276 5	10.761	12.468	16.672	22.186	38.741	66.461	112.14	186.28
18	7.690 0	10.575	12.375	14.463	19.673	26.623	48.039	86.071	148.02	253.34
19	8.612 8	12.056	14.232	16.777	23.214	31.948	59.568	108.89	195.39	344.54
20	9.646 3	13.743	16.367	19.461	27.393	38.338	73.864	139.38	257.92	468.57
21	10.804	15.668	18.822	22.574	32.324	46.005	91.592	178.41	340.45	637.26
22	12.100	17.861	21.645	26.186	38.142	55.206	113.57	228.36	449.39	866.67
23	13.552	20.362	24.891	30.376	45.008	66.247	140.83	292.30	593.20	1 178.7
24	15.179	23.212	28.625	35.236	53.109	79.497	174.63	374.14	783.02	1 603.0
25	17.000	26.462	32.919	40.874	62.669	95.396	216.54	478.90	1 033.6	2 180.1
26	19.040	30.167	37.857	47.414	73.949	114.48	368.51	613.00	1 364.3	2 964.9
30	29.960	50.950	66.212	85.850	143.37	237.38	634.82	1 645.5	4 142.1	1 0143.
40	93.051	188.83	267.86	378.72	750.38	1 469.8	5 455.9	19 427.	66 521.	*
50	289.00	700.23	1 083.7	1 670.7	3 927.4	9 100.4	46 890.	*	*	*
60	897.60	2 595.9	4 384.0	7 370.2	20 555.	56 348.	*	*	*	*

附表二(1元的现值)

复利现值系数表(1)

期数	1%	2%	3%	4%	5%	6%	7%	8%	9%	10%
1	0.990 1	0.980 4	0.970 9	0.961 5	0.952 4	0.943 4	0.934 6	0.925 9	0.917 4	0.909 1
2	0.980 3	0.961 2	0.942 6	0.924 6	0.907 0	0.890 0	0.873 4	0.857 3	0.841 7	0.826 4
3	0.970 6	0.942 3	0.915 1	0.889 0	0.863 8	0.839 6	0.816 3	0.793 8	0.772 2	0.751 3
4	0.961 0	0.923 8	0.888 5	0.854 8	0.822 7	0.792 1	0.762 9	0.735 0	0.708 4	0.683 0
5	0.951 5	0.905 7	0.862 6	0.821 9	0.783 5	0.747 3	0.713 0	0.680 6	0.649 9	0.620 9
6	0.942 0	0.888 0	0.837 5	0.790 3	0.746 2	0.705 0	0.666 3	0.630 2	0.596 3	0.564 5
7	0.932 7	0.860 6	0.813 1	0.759 9	0.710 7	0.665 1	0.622 7	0.583 5	0.547 0	0.513 2
8	0.923 5	0.853 5	0.787 4	0.730 7	0.676 8	0.627 4	0.582 0	0.540 3	0.501 9	0.466 5
9	0.914 3	0.836 8	0.766 4	0.402 6	0.644 6	0.591 9	0.543 9	0.500 2	0.460 4	0.424 1
10	0.905 3	0.820 3	0.744 1	0.675 6	0.613 9	0.558 4	0.508 3	0.463 2	0.422 4	0.385 5
11	0.896 3	0.804 3	0.722 4	0.649 6	0.584 7	0.526 8	0.475 1	0.428 9	0.387 5	0.350 5
12	0.887 4	0.788 5	0.701 4	0.624 6	0.556 8	0.497 0	0.444 0	0.397 1	0.355 5	0.318 6
13	0.878 7	0.773 0	0.681 0	0.600 6	0.530 3	0.468 8	0.415 0	0.367 7	0.326 2	0.289 7
14	0.870 0	0.757 9	0.661 1	0.577 5	0.505 1	0.442 3	0.387 8	0.340 5	0.299 2	0.263 3
15	0.861 3	0.743 0	0.641 9	0.555 3	0.481 0	0.417 3	0.362 4	0.315 2	0.274 5	0.239 4

复利现值系数表(2)

期数	1%	2%	3%	4%	5%	6%	7%	8%	9%	10%
16	0.852 8	0.728 4	0.623 2	0.533 9	0.458 1	0.393 6	0.338 7	0.291 9	0.251 9	0.217 6
17	0.844 4	0.714 2	0.605 0	0.513 4	0.436 3	0.371 4	0.316 6	0.270 3	0.231 1	0.197 8
18	0.836 0	0.700 2	0.587 4	0.493 6	0.415 5	0.350 3	0.295 9	0.250 2	0.212 0	0.179 9
19	0.827 7	0.686 4	0.570 3	0.474 6	0.395 7	0.330 5	0.276 5	0.231 7	0.194 5	0.163 5
20	0.819 5	0.673 0	0.553 7	0.456 4	0.376 9	0.311 8	0.258 4	0.214 5	0.178 4	0.148 6
21	0.811 4	0.659 8	0.537 5	0.438 8	0.358 9	0.294 2	0.241 5	0.198 7	0.163 7	0.135 1
22	0.803 4	0.646 8	0.521 9	0.422 0	0.341 8	0.277 5	0.225 7	0.183 9	0.150 2	0.122 8
23	0.795 4	0.634 2	0.506 7	0.405 7	0.325 6	0.261 8	0.210 9	0.170 3	0.137 8	0.111 7
24	0.787 6	0.621 7	0.491 9	0.390 1	0.310 1	0.247 0	0.197 1	0.157 7	0.126 4	0.101 5
25	0.779 8	0.609 5	0.477 6	0.375 1	0.295 3	0.233 0	0.184 2	0.146 0	0.116 0	0.092 3
26	0.772 0	0.597 6	0.463 7	0.360 4	0.281 2	0.219 8	0.172 2	0.135 2	0.106 4	0.083 9
30	0.741 9	0.552 1	0.412 0	0.308 3	0.231 4	0.174 1	0.131 4	0.099 4	0.075 4	0.057 3
40	0.671 7	0.452 9	0.306 6	0.208 3	0.142 0	0.097 2	0.066 8	0.046 0	0.031 8	0.022 1
50	0.608 0	0.371 5	0.228 1	0.140 7	0.087 2	0.054 3	0.033 9	0.021 3	0.013 4	0.008 5
55	0.578 5	0.336 5	0.196 8	0.115 7	0.068 3	0.040 6	0.024 2	0.014 5	0.008 7	0.005 3

复利现值系数表(3)

期数	12%	14%	15%	16%	18%	20%	24%	28%	32%	36%
1	0.892 9	0.877 2	0.869 6	0.862 1	0.847 5	0.833 3	0.806 5	0.781 3	0.757 6	0.735 3
2	0.797 2	0.769 5	0.756 1	0.743 2	0.718 2	0.694 4	0.650 4	0.610 4	0.573 9	0.540 7
3	0.711 8	0.675 0	0.657 5	0.640 7	0.608 6	0.578 7	0.524 5	0.476 8	0.434 8	0.397 5
4	0.635 5	0.592 1	0.571 8	0.552 3	0.515 8	0.482 3	0.423 0	0.372 5	0.329 4	0.292 3
5	0.567 4	0.519 4	0.497 2	0.476 2	0.437 1	0.401 9	0.341 1	0.291 0	0.249 5	0.214 9
6	0.506 6	0.455 6	0.432 3	0.410 4	0.370 4	0.334 9	0.275 1	0.227 4	0.189 0	0.158 0
7	0.452 3	0.399 6	0.375 9	0.353 8	0.313 9	0.279 1	0.221 8	0.177 6	0.143 2	0.116 2
8	0.403 9	0.350 6	0.326 9	0.305 0	0.266 0	0.232 6	0.178 9	0.138 8	0.108 5	0.085 4
9	0.360 6	0.307 5	0.284 3	0.263 0	0.225 5	0.193 8	0.144 3	0.108 4	0.082 2	0.062 8
10	0.322 0	0.269 7	0.247 2	0.226 7	0.191 1	0.161 5	0.116 4	0.084 7	0.062 3	0.046 2
11	0.287 5	0.236 6	0.214 9	0.195 4	0.161 9	0.134 6	0.093 8	0.066 2	0.047 2	0.034 0
12	0.256 7	0.207 6	0.186 9	0.168 5	0.137 3	0.112 2	0.075 7	0.051 7	0.035 7	0.025 0
13	0.229 2	0.182 1	0.162 5	0.145 2	0.116 3	0.093 5	0.061 0	0.040 4	0.027 1	0.018 4
14	0.204 6	0.159 7	0.141 3	0.125 2	0.098 5	0.077 9	0.049 2	0.031 6	0.020 5	0.013 5
15	0.182 7	0.170 1	0.122 9	0.107 9	0.083 5	0.064 9	0.039 7	0.024 7	0.015 5	0.009 9

复利现值系数表（4）

期数	12%	14%	15%	16%	18%	20%	24%	28%	32%	36%
16	0.163 1	0.122 9	0.106 9	0.098 0	0.070 9	0.054 1	0.032 0	0.019 3	0.011 8	0.007 3
17	0.145 6	0.107 8	0.092 9	0.080 2	0.060 0	0.045 1	0.025 9	0.015 0	0.008 9	0.005 4
18	0.130 0	0.094 6	0.080 8	0.069 1	0.050 8	0.037 6	0.020 8	0.011 8	0.006 8	0.003 9
19	0.116 1	0.082 9	0.070 3	0.059 6	0.043 1	0.031 3	0.016 8	0.009 2	0.005 1	0.002 9
20	0.103 7	0.072 8	0.061 1	0.051 5	0.036 5	0.026 1	0.013 5	0.007 2	0.003 9	0.3002 1
21	0.092 6	0.063 8	0.053 1	0.044 3	0.030 9	0.021 7	0.010 9	0.005 6	0.002 9	0.001 6
22	0.082 6	0.056 0	0.046 2	0.038 2	0.026 2	0.018 1	0.008 8	0.004 4	0.002 2	0.001 2
23	0.073 8	0.049 1	0.040 2	0.032 9	0.022 2	0.015 1	0.007 1	0.003 4	0.001 7	0.000 8
24	0.065 9	0.043 1	0.034 9	0.028 4	0.018 8	0.012 6	0.005 7	0.002 7	0.001 3	0.000 6
25	0.058 8	0.037 8	0.030 4	0.024 5	0.016 0	0.010 5	0.004 6	0.002 1	0.001 0	0.000 5
26	0.052 5	0.033 1	0.026 4	0.021 1	0.013 5	0.008 7	0.003 7	0.001 6	0.000 7	0.000 3
30	0.033 4	0.019 6	0.015 1	0.011 6	0.007 0	0.004 2	0.001 6	0.000 6	0.000 2	0.000 1
40	0.010 7	0.005 3	0.003 7	0.002 6	0.001 3	0.000 7	0.000 2	0.000 1	*	*
50	0.003 5	0.001 4	0.000 9	0.000 6	0.000 3	0.000 1	*	*	*	*
55	0.002 0	0.000 7	0.000 5	0.000 3	0.000 1	*	*	*	*	*

附表三（1元年金的终值）

年金终值系数表（1）

期数	1%	2%	3%	4%	5%	6%	7%	8%	9%	10%
1	1.000 0	1.000 0	1.000 0	1.000 0	1.000 0	1.000 0	1.000 0	1.000 0	1.000 0	1.000 0
2	2.010 0	2.020 0	2.030 0	2.040 0	2.050 0	2.060 0	2.070 0	2.080 0	2.090 0	2.100 0
3	3.030 1	3.060 4	3.090 9	3.121 6	3.152 5	3.183 6	2.214 9	3.246 4	3.278 1	3.310 0
4	4.060 4	4.121 6	4.183 6	4.246 5	4.310 1	4.374 6	4.439 9	4.506 1	4.573 1	4.641 0
5	5.101 0	5.204 0	5.309 1	5.416 3	5.525 6	5.637 1	5.750 7	5.866 6	5.984 7	6.105 1
6	6.152 0	6.308 1	6.468 4	6.633 0	6.801 9	6.975 3	7.153 3	7.335 9	7.523 3	7.715 6
7	7.213 5	7.434 3	7.662 5	7.898 3	8.142 0	8.393 8	8.654 0	8.922 8	9.200 4	9.487 2
8	8.285 7	8.583 0	8.892 3	9.214 2	9.549 1	9.897 5	10.26 0	10.637	11.028	11.436
9	9.368 5	9.754 6	10.159	10.583	11.027	11.491	11.978	12.488	13.021	13.579
10	10.462	10.950	11.464	12.006	12.578	13.181	13.816	14.487	15.193	15.937
11	11.567	12.169	12.808	13.486	14.207	14.972	15.784	16.645	17.560	18.531
12	12.683	13.412	14.192	15.026	15.917	16.870	17.888	18.977	20.141	21.384
13	13.809	14.680	15.618	16.627	17.713	18.882	20.141	21.495	22.953	24.523
14	14.947	15.974	17.086	18.292	19.599	21.015	22.550	24.214	26.019	27.975
15	16.097	17.293	18.599	20.024	21.579	23.276	25.129	27.152	29.361	31.772

年金终值系数表(2)

期数	1%	2%	3%	4%	5%	6%	7%	8%	9%	10%
16	17.258	18.639	20.157	21.825	23.657	25.673	27.888	30.324	33.003	35.950
17	18.430	20.012	21.762	23.698	25.840	28.213	30.840	33.750	36.974	40.545
18	19.615	21.412	23.414	25.645	28.132	30.906	33.999	37.450	41.301	45.599
19	20.811	22.841	25.117	27.671	30.539	33.760	37.379	41.446	46.018	51.159
20	22.019	24.297	26.870	29.778	33.066	36.786	40.995	45.752	51.160	57.275
21	23.239	25.783	28.676	31.969	35.719	39.993	44.865	50.423	56.765	64.002
22	24.472	27.299	30.537	34.248	38.505	43.392	49.006	55.457	62.873	71.403
23	25.716	28.845	32.453	36.618	41.430	46.996	53.436	60.883	69.532	79.543
24	26.973	30.422	34.426	39.083	44.502	50.816	58.177	66.765	76.790	88.497
25	28.243	32.030	36.459	41.646	47.727	54.863	63.249	73.106	84.701	98.347
26	29.526	33.671	38.553	44.312	51.113	59.156	68.676	79.954	93.324	109.18
30	34.785	40.568	47.575	56.085	66.439	79.058	94.461	113.28	136.31	146.49
40	48.886	60.402	75.401	95.026	120.80	154.76	199.64	259.06	337.88	442.59
50	64.463	84.579	112.80	152.67	209.35	290.34	406.53	573.77	815.08	1 163.9
60	81.670	114.05	163.05	237.99	353.58	533.13	813.52	1 253.2	1 944.8	3 034.8

年金终值系数表(3)

期数	12%	14%	15%	16%	18%	20%	24%	28%	32%	36%
1	1.000 0	1.000 0	1.000 0	1.000 0	1.000 0	1.000 0	1.000 0	1.000 0	1.000 0	1.000 0
2	2.120 0	2.130 0	2.150 0	2.160 0	2.180 0	2.200 0	2.240 0	2.280 0	2.320 0	2.360 0
3	3.374 4	3.439 6	3.472 5	3.505 6	3.572 4	3.640 0	3.777 6	3.918 4	3.062 4	3.209 6
4	4.779 3	4.921 1	4.993 4	5.066 5	5.215 4	5.368 0	5.684 2	6.015 6	6.362 4	6.725 1
5	6.352 8	6.610 1	6.742 4	6.877 1	7.154 2	7.441 6	8.048 4	8.699 9	9.398 3	10.146
6	8.115 2	8.535 5	8.753 7	8.977 5	9.442 0	9.929 9	10.980	12.136	13.406	14.799
7	10.089	10.730	11.067	11.414	12.142	12.916	14.615	16.534	18.696	21.126
8	12.300	13.233	13.727	14.240	15.327	16.499	19.123	22.163	25.678	29.732
9	14.776	16.085	16.786	17.519	19.086	20.799	24.712	29.369	34.895	41.435
10	17.549	19.337	20.304	21.321	23.521	25.959	31.643	38.593	47.062	57.352
11	20.655	23.045	24.349	25.733	28.755	32.150	40.238	50.398	63.122	78.998
12	24.133	27.271	29.002	30.850	34.931	39.581	50.895	65.510	84.320	108.44
13	28.029	32.089	34.352	36.786	42.219	48.497	64.110	84.853	112.30	148.47
14	32.393	37.581	40.505	43.672	50.818	59.196	80.496	109.61	149.24	202.93
15	37.280	43.842	47.580	51.660	60.965	72.035	100.82	141.30	198.00	276.98

年金终值系数表(4)

期数	12%	14%	15%	16%	18%	20%	24%	28%	32%	36%
16	42.753	50.980	55.717	60.925	72.939	87.442	126.01	181.87	262.36	377.69
17	48.884	59.118	65.075	71.673	87.068	105.93	157.25	233.79	347.31	514.66
18	55.750	68.394	75.836	84.141	103.74	128.12	195.99	300.25	459.45	770.94
19	63.440	78.969	88.212	98.603	123.41	154.74	244.03	385.32	607.47	954.28
20	72.052	91.025	102.44	115.38	146.63	186.69	303.60	494.21	802.86	1298.8
21	81.699	104.77	118.81	134.84	174.02	225.03	377.46	633.59	1 060.8	1 767.4
22	92.503	120.44	137.63	175.41	206.34	271.03	469.06	812.00	1 401.2	2 404.7
23	104.60	138.30	159.28	183.60	244.49	326.24	582.63	1 040.4	1 850.6	3 271.3
24	118.16	158.66	184.17	212.98	289.49	392.48	723.46	1 332.7	2 443.8	4 450.0
25	133.33	181.87	212.79	249.21	342.60	471.98	898.09	1 706.8	3 226.8	6 053.0
26	150.33	208.33	245.71	290.09	405.27	567.38	1 114.6	2 185.7	4 260.4	8 233.1
30	241.33	356.79	434.75	530.31	790.95	1 181.9	2 640.9	5 857.2	1 2941.	28 172.
40	767.09	1 342.0	1 779.1	2 360.8	4 163.2	7 343.2	2 729.0	69 377.	*	*
50	2 400.0	4 994.5	7 217.7	10 436.	21 813.	45 497.	*	*	*	*
60	7 471.6	1 8535.	29 220.	46 058.	*	*	*	*	*	*

附表四(1元年金的现值)

年金现值系数表(1)

期数	1%	2%	3%	4%	5%	6%	7%	8%	9%
1	0.990 1	0.980 4	0.970 9	0.961 5	0.952 4	0.943 4	0.934 6	0.925 9	0.917 4
2	1.970 4	1.941 6	1.913 5	1.886 1	1.859 4	1.833 4	1.808 0	1.783 3	1.759 1
3	2.941 0	2.883 9	2.828 6	2.775 1	2.723 2	2.673 0	2.624 3	2.577 1	2.531 3
4	3.902 0	3.087 7	3.717 1	3.629 9	3.546 0	3.465 1	3.387 2	3.312 1	3.239 7
5	4.853 4	4.713 5	4.579 7	4.451 8	4.329 5	4.212 4	4.100 2	3.992 7	3.889 7
6	5.795 5	5.601 4	5.417 2	5.242 1	5.075 7	4.917 3	4.766 5	4.622 9	4.485 9
7	6.728 2	6.472 0	6.230 3	6.002 1	5.786 4	5.582 4	5.389 3	5.206 4	5.033 0
8	7.651 7	7.325 5	7.019 7	6.732 7	6.463 2	6.209 8	5.971 3	5.746 6	5.534 8
9	8.566 0	8.162 2	7.786 1	7.435 3	7.107 8	6.801 7	6.515 2	6.246 9	5.995 2
10	9.471 3	8.982 6	8.530 2	8.110 9	7.721 7	7.360 1	7.023 6	6.710 1	4.417 7
11	10.368	9.786 8	9.252 6	8.760 5	8.306 4	7.886 9	7.498 7	7.139 0	6.805 2
12	11.255	10.575	9.9540	9.385 1	8.863 3	8.383 8	7.942 7	7.536 1	7.160 7
13	12.134	11.348	10.635	9.985 6	9.393 6	8.852 7	8.357 7	7.903 8	7.486 9
14	13.004	12.106	11.296	10.563	9.898 6	9.295 0	8.745 5	8.244 2	7.786 2
15	13.865	12.849	11.938	11.118	10.380	9.712 2	9.107 9	8.559 5	8.060 7

年金现值系数表(2)

期数	1%	2%	3%	4%	5%	6%	7%	8%	9%
16	14.718	13.578	12.561	11.652	10.838	10.106	9.446 6	8.851 4	8.312 6
17	15.562	14.292	13.166	12.166	11.274	10.477	9.763 2	9.121 6	8.543 6
18	16.398	14.992	13.754	12.690	11.690	10.828	10.059	9.371 9	8.755 6
19	17.226	15.679	14.324	13.134	12.085	11.158	10.336	9.603 6	8.960 1
20	18.046	16.351	14.878	13.590	12.462	11.470	10.594	9.818 1	9.128 5
21	18.857	17.011	15.415	14.029	12.821	11.764	10.836	10.167	9.292 2
22	19.660	17.658	15.937	14.451	13.000	12.033	11.061	10.201	9.442 4
23	20.456	18.292	16.444	14.857	13.489	12.303	11.272	10.371	9.580 2
24	21.243	18.914	16.936	15.247	13.799	12.550	11.469	10.529	9.706 6
25	22.023	19.524	17.413	15.622	14.094	12.783	11.654	10.675	9.822 6
26	22.795	20.121	17.877	15.983	14.375	13.003	11.826	10.810	9.929 0
30	22.808	22.397	19.600	17.292	15.373	13.765	12.409	11.258	10.274
40	32.835	27.356	23.115	19.793	17.159	15.046	13.332	11.925	10.757
50	39.196	31.424	25.730	21.482	18.256	15.762	13.801	12.234	10.962
55	42.147	33.175	26.774	22.109	18.634	15.991	13.940	12.319	11.014

年金现值系数表(3)

期数	10%	12%	14%	15%	16%	18%	20%	24%	28%	32%
1	0.909 1	0.892 9	0.877 2	0.869 6	0.862 4	0.847 5	0.833 3	0.806 5	0.781 3	0.757 6
2	1.735 5	1.690 1	1.646 7	1.625 7	1.605 2	1.565 6	1.527 8	1.456 8	1.391 6	1.331 5
3	2.486 9	2.401 8	2.321 6	2.283 2	2.245 9	2.174 3	2.106 5	1.981 3	1.868 4	1.766 3
4	3.169 9	3.037 3	2.917 3	2.855 0	2.798 2	2.690 1	2.588 7	2.404 3	2.241 0	2.095 7
5	3.790 8	3.604 8	3.433 1	3.352 2	3.274 3	3.127 2	2.990 6	2.745 4	2.532 0	2.345 2
6	4.355 3	4.111 4	3.888 7	3.784 5	3.684 7	3.497 6	3.325 5	3.020 5	2.759 4	2.534 2
7	4.868 4	4.563 8	4.288 2	4.160 4	4.038 6	3.811 5	3.604 6	3.242 3	2.937 0	2.677 5
8	5.334 9	4.967 6	4.638 9	4.487 3	4.343 6	4.077 6	3.837 2	3.421 2	3.075 8	2.786 0
9	5.759 0	5.328 2	4.916 4	4.771 6	4.606 5	4.303 0	4.031 0	3.565 5	3.184 2	2.868 1
10	6.144 6	5.650 2	5.216 1	5.018 8	4.833 2	4.494 1	4.192 5	3.681 9	3.268 9	2.930 4
11	6.495 1	5.937 7	5.452 7	5.233 7	5.028 6	4.656 0	4.327 1	3.775 7	3.335 1	2.977 6
12	6.813 7	6.194 4	5.660 3	5.420 6	5.197 1	4.793 2	4.439 2	3.851 4	3.386 8	3.013 3
13	7.103 4	6.423 5	5.842 4	5.583 1	5.342 3	4.909 5	4.532 7	3.912 4	3.427 2	3.040 4
14	7.366 7	6.628 2	6.002 1	5.724 5	5.467 5	5.008 1	4.610 6	3.961 6	3.458 7	3.060 9
15	7.606 1	6.810 9	6.142 2	5.847 4	5.575 5	5.091 6	4.675 5	4.001 3	3.483 5	3.076 4

年金现值系数表(4)

期数	10%	12%	14%	15%	16%	18%	20%	24%	28%	32%
16	7.823 7	6.974 0	6.265 1	5.954 2	5.668 5	5.162 4	4.729 6	4.033 3	3.502 6	3.088 2
17	8.021 6	7.119 6	6.372 9	6.047 2	5.748 7	5.222 3	4.774 6	4.059 1	3.517 7	3.097 1
18	8.201 4	7.249 7	6.467 4	6.128 0	5.817 8	5.273 2	4.812 2	4.079 9	3.529 4	3.103 9
19	8.364 9	7.365 8	6.550 4	6.198 2	5.877 5	5.316 2	4.843 5	4.096 7	3.538 6	3.109 0
20	8.513 6	7.469 4	6.623 1	6.259 3	5.928 8	5.352 7	4.869 6	4.110 3	3.545 8	3.112 9
21	8.648 7	7.562 0	6.687 0	6.312 5	5.973 1	5.383 7	4.891 3	4.121 2	3.551 4	3.115 8
22	8.771 5	7.644 6	6.742 9	6.358 7	6.011 3	5.409 9	4.909 4	4.130 0	3.555 8	3.118 0
23	8.883 2	7.718 4	6.792 1	6.398 8	6.044 2	5.432 1	4.924 5	4.137 1	3.559 2	3.119 7
24	8.994 7	7.784 3	6.835 1	6.433 8	6.072 6	5.450 9	4.937 1	4.142 8	3.561 9	3.121 0
25	9.077 0	7.843 1	6.872 9	6.464 1	6.097 1	5.466 9	4.947 6	4.147 4	3.564 0	3.122 0
26	9.160 9	7.895 7	6.906 1	6.490 6	6.118 2	5.480 4	4.956 3	4.151 1	3.565 6	3.122 7
30	9.426 9	8.055 2	7.002 7	6.566 0	6.177 2	5.516 8	4.978 9	4.160 1	3.569 3	3.124 2
40	9.779 1	8.243 8	7.105 0	6.641 8	6.233 5	5.548 2	4.996 6	4.165 9	3.571 2	3.125 0
50	9.914 8	8.304 5	7.132 7	6.660 5	6.246 3	5.554 1	4.999 5	4.166 6	3.571 4	3.125 0
55	9.947 1	8.317 0	7.137 6	6.663 6	6.248 2	5.554 9	4.999 8	4.166 6	3.571 4	3.125 0